JN430206

올 댓 와인

올댓 와인

와인에 반한 당신이 알아야 할 와인의 모든 것

| 조정용 지음 |

일러두기

본문에 쓰인 사진은 모두 저자가 직접 촬영한 것이며, 그 외의 경우는 사진저작권을 표시하였다. 또한 사진제공에 협조해 주신 곳은 아래와 같다.

p. 28, 80의 1번 팔레드고몽 | p. 199, 272 까브드뱅 | p. 218~219 대유인터내셔널 | p. 256의 2번, 331, 334~335, 336 모에헤네시코리아 | p. 309 비노비노 | p. 340 금양인터내셔널 | p. 344 대유와인 | p. 385 수석무역

와인은 유혹이다

혀는 일정한 틀 속에 있지 않기 때문에 항상 움직이게 마련이다. 그 혀는 여러 기능을 하지만, 그중 가장 중추적인 것이 맛을 보는 일이다. 그러나 무얼 맛볼 때마다 대뇌로부터 명령을 받아 혀를 움직여야 한다면 참 피곤한 일일 테다. 그 대신 혀는 항상 움직이며 자극을 받는 즉시 대뇌로 신호를 보낸다. 스스로 움직이며 주의를 게을리 하지 않는 혀를 통해 우리는 각종 다양한 맛을 본다.

나의 인생은 그동안 혀와 같았다. 나는 혀처럼 항상 움직이며 부지런히 새로운 것을 갈망해 왔다. 끊임없이 움직이는 혀처럼 본능적으로 나 자신을 채울 무언가를 찾고 있었다. 운명이었던 걸까. 내가 찾은 길은 '와인'이었다. 내 인생과 닮았던 혀와 함께 와인을 탐색하는 '와인경매사'를 업으로 삼은 것이다.

와인은 구두와 비슷하다. 와인을 마시면 구두를 신은 것처럼 어디든 갈 수 있다. 새로 도착한 곳에서 새 구두로 무장한 다음 여행을 시작하면 몸도 마음도 편하다. 마치 여행을 떠나는 것처럼 와인은 우리를 미지의 세계로 보내준다. 프랑스 와인은 프랑스로, 이탈리아 와인은 이탈리아로. 호주의 와인은 호주로 우리를 안내한다. 이렇듯 와인은 경험해 보지 못한 새로운 세계로 훌쩍 떠나게 만드는 묘한 매력이 있다. 자유로운 무언가를 찾아 헤매던 내가 와인에 빠진 것도 이런 모습에 매혹된 것이 아닐까.

물론 사람들마다 와인에 관심을 가지는 이유는 여러 가지일 것이다. 마시다 보니 그 맛에 푹 빠져서, 선물을 받았는데 호기심이 생겼다거나 건강에 좋다고 해서 마시기 시작한 사람들도 있을 것이다. 이유야 어쨌든, 와인을 자꾸 접해본 사람들은 이구동성으로 외친다, 알면 알수록 오묘한 맛과 풍미 때문에 빠져든다고. 또한 그렇기에 와인을 아는 게 더 힘들다고도 불평한다. 포도의 품종에 따라, 생산지에 따라, 같은 생산지라도 포도밭에 따라, 제조 방식에 따라 또 국가들의 특성에 따라 와인이 달라지기 때문에 와인은 그 속을 알다가도 모를 여인네처럼 느껴진다는 것이다.

사실 와인은 친절한 음료나 주류가 아니다. 알면 알수록 그 풍미를 더 잘 느낄 수 있기에 마시는 사람들로 하여금 더 많이 깨닫기를 요구하는 음료다. 알코올 음료 하나 마시는데 공부까지 해야 하나 생각하는 사람들도 있을 것이다. 그러나 와인을 마시는 것은 다양하고도 드넓은 유럽의 역사와 문화를 만나는 일이다. 인류와 함께 탄생하고 성장해 온 와인이기에 오랜 인류의 문화유산을 온몸으로 체험하는 것과 같은 이치라 나는 말하고 싶다.

내가 이 책을 쓴 계기도 이런 것이다. 사람들이 와인을 마시되, 내재된 아름다움을 깨쳐가며 마실 수 있게 돕고 싶었다. 하지만 단순 나열식으로 포도 품종을 외우고, 빈티지를 외우며, 샤토와 와인의 이름을 외우는 게 무슨 소용이랴. 그 와인의 탄생과 역사, 또 어떤 이야기가 숨어 있는지를 읽어나가다 보면, 분명 와인이 더 가깝게 다가올 것이다. 비록 세련되거나 힘이 넘치는 필력을 가진 글은 아니더라도 와인을 사랑하는 마음만은 듬뿍 담으려 했다. 와인에 대한 나의 열정과 사랑이 부디 독자들에게도 아름다운 풍미로 다가가길 바라는 마음이다.

책이 나오기까지 도움을 주신 많은 분들이 있다.

먼저 아내에게 감사를 전하고 싶다. 어찌 보면 갈팡질팡했던 내 인생 경로가 아내에게만 직선으로 보였을 리 만무하지만, 인생의 변곡점마다 일관된 성원과 적극적인 지지로 나를 와인의 한복판까지 안내한 공로자다. 지난 여러 해 동안 자료 수집하러 다니느라 주변을 제대로 돌보지 못했는데도 출장 다녀올 때마다 콩나물처럼 쑥쑥 자라는 아들 주환에게도 감사한다. 날마다 날 위해 새벽기도하시는 어머니, 하늘은 스스로 돕는 자를 돕는다며 깊은 믿음을 보여주신 장인, 장모님께도 역시 깊은 감사의 말씀을 올린다. 연락하지 않는다고 푸념했던 친구들에게는 그동안의 미안했던 마음을 감사함으로 대신 전하고 싶다.

내 젊음을 아낌없이 바쳤던 하나은행의 김승유 회장님, 윤교중 사장님, 김종열 행장님, 미술품과 와인 경매의 기초를 다졌던 서울옥션의 김순응 전대표님(현 케이옥션 대표), 와인 과목을 개설하여 내게 선생의 역할을 믿고 맡기신 고려대학교 어윤대 총장님과 박원목 교수님, 신입행원 시절부터 지금까지 격려를 아끼지 않고 있는 이원석 성형외과 원장님, 경험보다는 잠재력을 평가한 현대백화점 백성혜 차장님, 그리고 뱅커에서 와인경매사로의 변신에 박수를 보낸 조선일보 임동범 차장님과 편집부에게 뜨거운 감사의 말씀을 드린다.

정리되지 않은 내 생각을 분명하게 파악하여 원고 구성에 결정적인 도움을 준 해냄출판사 송복란 씨에게도 역시 깊은 감사의 뜻을 전한다.

좋은 사진을 기꺼이 빌려주셨던 분들에게도 감사의 뜻을 밝힌다. 특히 팔레드고몽의 서현민 대표와 소더비 와인경매의 최고책임자 세레나 서클리프의 협조에 감사를 전한다. 한편 죠스패밀리 회원들과 다음 카페 보르도와인 회원들과 아트옥션의 와인경매 참가자들에게도 심심한 감사를 표한다.

이 책이 애초에 원했던 만큼의 완성도를 갖추지 못했다면 이는 전적으로 필자 본인의 책임이다. 부디 많은 사람들이 이 책을 통해 균형된 와인 식견을 갖게 된다면 그 이상 바랄 것이 없겠다.

조정용

3 와인 지식검색

4 인간이 만든 신의 술

5 현대의 디오니소스들

와인은 왠지 어렵다. 어려워서 두렵기까지 하다. 셀러? 빈티지? 샤토? 보졸레 누보?
도대체 무슨 말인지 알 수가 없다. 이런 생각을 한번쯤은 해보았을 것이다.
알기도 전에 지쳐서 쉽게 다가가지 못하는 어떤 성역과 같은 부분이 와인에 분명히 존재했다.
하지만 지레짐작으로 두려워할 필요가 없다. 와인을 가장 잘 아는 방법은 호기심과 관심을
갖고 '즐기는' 것이다. 일단 즐겨보라. 즐기다 보면 와인으로 향하는 길이 열릴 것이다.

1

두려워 말고 즐겨라

1 마치 소라의 속을 걷는 기분, 보르도 시내에 있는 와인숍, 랭탕당(L'Intendant)
2 동경 에비스에 있는 와인숍 파티와인(Party wine)
3 "내가 좋아하는 와인이 있나 어디 한번 찾아봅시다!" 롯데호텔 와인숍 바인(Vine)
4 "이 먼 곳까지 오신 손님들에게 시음비를 받는 것은 예의가 아니지요." 키안티 클라시코에
   있는 카스텔로 디 브롤리오(Castello di Brolio)의 성주 프란체스코의 대답.

와인강좌가 늘고 있다

그야말로 와인 열풍이다. 와인을 더 알고자 하는 동호회도 인터넷을 중심으로 많이 생겨났고, 와인을 좀더 깊게 알고 싶은 욕구를 겨냥한 다양한 강좌도 열린다. 젊은 직장인 남녀, 대학생, 가정주부, 전문직 종사자, 사업가 등 다양한 직종의 성인들이 토요일마다 문화센터의 강의실을 가득 채우고, 와인을 더 알고자 눈을 초롱초롱 빛낸다. 한때 지나가는 호기심으로 치부하기엔 지금의 와인 열풍은 상당히 일상으로 자리 잡은 듯하다.

정말로 와인에 대한 사람들의 호기심이 얼마나 대단한지, 한 대학에서는 2학점 교양과목으로 '포도주개론'이란 수업을 개설했다. 2006년 봄학기를 포함하여 4학기째 강의를 진행하고 있다. 또한 나는 한 백화점의 문화센터에서도 와인강좌를 맡고 있는데, 언제나 사람이 넘칠 정도로 인기가 많다.

한때 와인은 특별한 사람이나 마시는 주류이고, 당연히 가격이 비쌀 것이라고 받아들여졌던 것이 사실이다. 하지만 저변이 확대되면서 대중적으로 와인을 즐기는 사람들이 늘어나고 있다. 그 대중성을 가장 잘 나타내는 사람들이 와인을 배우고자 나의 강좌에 오는 사람들이 아닐까?

│ 와인백서 첫 번째, 호기심과 관심

"와인 마시는 기회가 많아졌어요. 그동안 무턱대고 마셨는데, 도무지 무슨 맛인지 분간이 가지 않아서 이 강좌에 오게 되었습니다."

"건강에 좋다고 해서 와인을 좀 마시려고 하는데, 뭘 아는 게 있어야죠. 그래서 강좌에 등록했습니다."

"와인 에티켓을 몰라서 마실 때마다 제가 제대로 하고 있는지 신경이 쓰였어요. 어떻게 하면 매너 있게 와인을 마시는 것인지 좀 알고 싶어서 왔어요."

"와인은 서양에서 비롯된 것이니, 와인과 관련된 주변 얘기를 들으면 와인 이해가 더 빠를 것 같아서요. 그래서 왔지요."

강좌가 열리는 첫 시간, 나는 늘 사람들에게 이 강좌를 왜 듣게 되었는지를 물어보는데, 사람들이 첫 시간에 늘 하는 이야기가 바로 이런 대답들이다. 이 '학생들'은 와인을 전혀 모르는 사람들은 아니나, 그렇다고 일상처럼 즐기는 부류도 아니다. 그야말로 어느 정도 와인과 접해보았으나 와인을 잘 알지는 못하는, 바로 평범한 우리와 비슷한 사람들이다. 이렇듯 강좌를 찾은 이유는 다양하지만 한결같은 대답이 있는데, 바로 '와인을 제대로 이해하기 위해서'란다.

와인은 어렵다고 한다. 와인은 친절하지 않다고도 한다. 한 병을

까면 그 자리에서 모든 것을 다 알아야 하는데, 와인은 그 정체를 파악하기가 힘들다고 한다. 와인 역시 다른 게임과 마찬가지로 좀더 가까이 놀기 위해서는 그 게임의 규칙을 알 필요가 있다.

학생들이나 수강생들이 가장 어려워하는 부분은 특정 언어로 된 고유명사다. 프랑스 와인 시간에는 프랑스어 때문에 어렵다. 독일 와인 시간에는 독일어, 이탈리아 와인 시간에는 이탈리아어 때문에 어렵게 느낀다. 사실 내용을 따지면 그리 어렵지 않다. 말 자체에서 오는 것들이 문제가 될 뿐이다. 예를 들어 포도의 이름, 마을의 이름, 포도밭 이름 따위 말이다. 샤토(Château, 원뜻은 중세 시대에 봉건 영주들이 거주했던 성. 와인에 한해서 자기 포도원을 소유하고 있으며 내부에 양조장을 두고 있을 때 붙이는 이름)나 빈티지(Vintage, 포도를 수확한 연도)도 마찬가지다. 익숙하게 익히는 방법 외에는 별 뾰족한 수가 없다.

그래서 첫 시간에는 포도 이름부터 같이 읽어본다. 내가 먼저 "카베르네 소비뇽(Cabernet Sauvignon)"이라 말하고, 학생들에게 복창하게 한다. 그렇게 여러 가지 품종 이름을 익힌다. 그런 후에 마을 이름을 익히게 한다. 보르도(Bordeaux), 부르고뉴(Bourgogne), 샴페인(Champagne), 토스카나(Toscana), 피에몬테(Piemonte), 라인가우(Rheingau) 등, 포도와 마을 이름이 와인의 첫걸음이기 때문이다.

물론 실제로는 와인을 다 알기도 힘들 정도로 그 범위가 아주 넓고 서양 역사와 생활 전반에 모두 녹아 있다. 하지만 천리길도 한 걸음부터다. 모든 일의 시작이 그렇듯, 와인을 잘 알기 위해서도 언제나 필요한 건 호기심과 꾸준한 관심이라 하겠다.

와인, 지명과 시음에서 출발한다

와인의 스펙트럼은 대단하다. 역사, 정치, 종교, 지리, 예술, 과학 등 어디 한군데 걸치지 않은 분야가 없다. 인류 문명의 발달과 함께 와인 역시 발전해 왔다 해도 과언이 아니다.

과학자 파스퇴르는 산소가 없더라도 포도주는 숙성할 수 있다는 사실을 맨 처음 깨달았다. 처음에는 흙이나 짐승의 가죽에 와인이 담기지만, 밀봉을 위해 바르는 송진으로 인해 와인 특유의 맛을 맛보기 어려웠다. 하지만 무취의 유리가 발명되어 와인의 제맛을 그대로 즐길 수 있게 되었다. 또한 발효주는 자외선에 쉽사리 상한다는 사실을 깨닫고 착색한 불투명 와인병이 개발되었다.

발효를 통해 알코올과 이산화탄소가 생성됨을 깨닫고는 거품이 가득한 스파클링(Sparkling) 와인을 양산하게 되었다. 이는 화학의 큰 발견이다. 영국과 프랑스가 중세에 수백 년간 전쟁을 벌인 것은 천혜의 땅 보르도의 지배권을 둘러싼 문제였다. 옛날 포도밭은 대부분 왕실이나 교회 소유라서 일반인들은 와인을 마음껏 마시기 힘들었다.

와인은 교회에서 예식을 거행하는 데 필수품이었다. 성찬식에서 나누는 와인은 기독교의 필수불가결한 소품이다. 다 빈치, 미켈란젤로, 루벤스 등이 그린 정물화에는 와인 잔이 단골로 등장한다. 이렇듯 어마어마한 정보를 함축하고 있는 와인의 세계를 제대로 이해하자면 독서, 시음, 여행 등을 오랫동안 지속해야 한다. 그래서 수십 년 전까지는 와인을 많이 아는 것 자체가 힘들었다.

그러나 다행히 현대 사회는 인터넷을 통해 개인들이 엄청난 양의 정보를 되도록 쉽게 접할 수 있다. 와인관련 잡지나 서적들이 쏟아지고 있고, 해외여행도 간편해졌다. 이제는 옛날과 다르게 와인 업계와 상관없는 사람도 얼마든지 와인 지식을 갖출 수 있게 되었다. 그 와인 지식 중 가장 기본적인 것이 와인의 원산지, 즉 지명을 아는 것이다.

한국의 사과는 맛있다. 특히 대구 사과는 그 품질이 뛰어나다. 무덥고 습한 대구 지역의 날씨와 토양이 사과를 특별하게 만든다. 이 사과를 수출한다고 해보자. 독일 사람에게 한국 사과를 팔 때 어떤 경우의 사과가 가장 좋을까?

"이 사과는 한국 사과입니다."

"이 사과는 경상도 사과입니다."

"이 사과는 대구 사과입니다."

"이 사과는 대구 홍길동 과수원의 사과입니다."

당연히 대구 홍길동 과수원의 사과라고 할 때 사과 품질이 가장 좋다. 사과하면 대구 사과이고, 또한 특정 과수원까지 지칭했으니 품질이 보장되기 때문이다. 한국보다는 경상도, 경상도보다는 대구, 대구보다는 대구 홍길동 과수원이 훨씬 좁은 지역이다. 결국 원산지의 범위가 좁을수록 품질이 좋은 셈이다.

우리는 경상도, 대구 같은 지역의 범위에 익숙하다. 하지만 이런 사실을 모르는 외국인은 경상도 사과가 좋은지 대구 사과가 좋은지 구분하기 어렵다. 독일인은 경상도가 큰지, 대구가 큰지 잘 모르기 때문이다. 또한 홍길동이 지역명인지 인명인지 아니면 사과 품종명인지도 모른다. 과수원 역시 인명인지 지명인지 헷갈릴 수 있다.

자, 이제 와인으로 넘어가 보자. 프랑스 와인, 보르도 와인, 메독(Médoc) 와인, 생줄리앙(St-Julien) 와인. 이 네 가지 와인 중에서 어떤 와인이 가장 좋을까?

생줄리앙 초입에 있는 샤토 베이슈벨(Château Beychevelle)은 16세기 프랑스 해군제독
의 영지. 지롱드 강변에 위치한 샤토 베이슈벨을 지나는 모든 범선들은 돛을 내려 경의를
표한 것에서 그 이름이 유래하였다. 돛을 내려라!(Baisse voile!)

　일반적으로 프랑스 와인보다는 보르도 와인, 보르도 와인보다는 메독 와인, 메독 와인보다는 생줄리앙 와인이 더 좋다. 생줄리앙 쪽으로 갈수록 지역의 범위가 좁아지기 때문이다. 지역이 구체화되면 될수록 품질이 보장되므로 와인에서 이러한 지역명은 참 중요하다. 따라서 어떤 지역 이름이 큰 범위이고, 어떤 지역이름이 작은 범위인지를 알면 그만큼 쉽다.

　이렇게 공부하면, 수강생이든 학생이든 한 학기를 마친 후에는 어느 정도 와인에 대한 감을 잡고 대충 규칙을 이해하게 된다. 이제 남은 일은 와인의 바다에 자신을 던지는 일이다. 식탁 위에서 와인과 스킨십을 통해 와인의 바다로 나아갈 수 있다. 와인에 대한 지식도 중요하지만, 와인은 무엇보다 자신의 감각을 사용해 온몸으로 체감하는 것이다. 따라서 코로 느끼고, 혀로 판단하는 시음이 와인을 잘 알기 위한 최선의 방법이라 할 수 있다.

　무얼 망설이는가? 시음이 지속되고 독서량이 증가할수록 와인 규칙이 쉬워진다. 아는 만큼 느끼게 되는 것이다. 그러니 우선 와인 그 자체를 즐기자. 그런 식으로 더 나아가면 유쾌한 심미주의에 이를 수 있다. 와인으로 절인 인문학적 교양은 우리에게 삶의 희열을 준다. 그것은 지성인으로 느끼는 최고의 호사다.

왼쪽은 보르도 슈퍼마켓의 와인 코너, 나머지는 생테밀리옹의 아기자기한 와인숍들

와인 쇼핑가이드

와인을 잘 사는 방법은 따로 있다. 와인은 결코 호사품이 아니다. 물론 품질이나 그 맛과 향에 있어 최고급인 와인들도 많지만, 일상에서 즐기는 와인은 형편에 맞게 다양하게 즐기면 된다. 와인은 즐기는 것이 목적이지 와인 그 자체가 목적이 되어서 마치 부를 축적하거나 자랑하는 대상으로 여겨져서는 안 된다. 그렇다면 와인을 살 때 어떻게 하면 자신에게 맞는 와인을 고를 수 있을까.

그리 비싼 것을 살 필요는 없다. 보통 오래된 것이 좋다는 생각이 많은데, 그것은 샤토의 셀러에서 잘 보관된 와인에 한해서다. 보통 선물용이나 파티용 혹은 직접 마실 목적으로 사는 것이라면 최근 빈티지를 고르는 게 실패할 확률이 낮다.

화이트인 경우는 더 그렇다. 기대보다 와인의 수명이 짧아서다. 만약 고급 와인을 사게 된다면 우선 캡슐을 돌려본다. 잘 돌아가야 정상이다. 와인이 새면 캡슐이 뻑뻑해 돌아가지 않는다. 양호하게

보관되면 새려야 샐 수가 없다.

코르크의 상태를 살피는 것도 좋은 방법이다. 코르크가 병보다 솟아오른 와인은 피한다. 높은 온도로 인해 와인이 끓어 넘치면 코르크가 밀려 올라와 캡슐을 봉긋 솟게 한다. 병보다 조금 낮게 박힌 코르크는 문제가 없다. 또한 진열장에 오래 서 있던 와인도 피하는 게 좋다. 코르크가 말라 움츠러들고 틈이 생기니 그 틈을 통해 들어온 공기가 와인을 산화시켜 버린다. 산화된 와인은 더 이상 진정한 와인이 아니다. 조명을 받고 있는 와인도 마찬가지다. 온도 상승으로 와인이 상하기 쉬우므로 절대 피한다.

눈금이 현저히 낮은 와인 역시 필시 문제가 있다. 코르크 틈 사이로 와인이 증발한 것으로 추정된다. 결국 과다한 산화가 진행된 흔적이라 하겠다. 라벨과 캡슐을 살펴 병 자체에서 와인이 흘러내린 자국이 있으면 곤란하다. 라벨 반대편을 보라. 수입회사 이름이 인쇄되어 있을 것이다. 와인전문 수입회사는 운송, 하역, 보관에 대해 세심하게 관리하니 안심하고 골라도 된다.

사람들이 가장 빈번하게 행하는 실수가 빈티지만을 철썩 같이 믿는 것이다. 빈티지를 맹신하지 말라. 빈티지는 광활한 지역에 미친 토양과 기후의 상호작용이기 때문에 국지적으로 변화가 심하다.

가장 안전한 방법은 와인 전문매장의 단골이 되는 것이다. 정직하고 알뜰한 구매 정보를 시의적절하게 받을 수 있으므로, 초보자에겐 이것보다 더 안전하고 확실한 방법은 없다 하겠다.

많이 마셔보는 게 좋지만, 제대로 된 와인을 마셔봐야 그게 실질적인 와인에 대한 정보가 되지 않겠는가. 제대로 된 와인을 잘 고르는 요령도 와인 공부를 잘하기 위한 방법임을 잊지 말자.

BYOB씨, 레스토랑에 가다

    좋은 날에는 레스토랑에 가서 분위기 잡고 멋지게 식사하고 싶다. 근사한 옷을 고르고 또 골라 꽃단장을 하고 길을 나서는 두 사람, 바로 비와이오비(BYOB) 씨와 그의 부인이다. 그들은 결혼 10주년 기념을 자축하기 위해 나설 채비를 서둘렀다. 부인이 시동을 켜 부르릉거리며 차가 막 출발하려는 순간, 비와이오비 씨가 외친다. "잠깐만!" 싱크대 옆 찬장에 둔 와인잔 세트와 코르크스크루(Corkscrew) 그리고 레드와인 한 병을 깜빡한 것이다. 레스토랑에 식사를 하러 가는데 이런 것들을 들고 간다니 참 이상하다. 거기에 가면 다 있는 것들인데, 왜 그걸 챙기려 했을까?

무엇이 좋은 레스토랑인가?

와인이 없어서는 안 되는 곳 레스토랑. 그 레스토랑은 원기를 회복시킨다는 의미의 프랑스어 'restaurer'에서 유래되었다. 진정한 의미의 레스토랑은 건물의 외양, 인테리어, 서비스, 요리, 분위기 그리고 와인리스트로 구성된다. 『미슐랭 가이드(*Michelin Guide*)』(국제적인 여행 안내서로 호텔, 레스토랑 등의 평가가 수록되어 있다)나 와인잡지《와인 스펙테이터(*Wine Spectator*)》의 식당 평가에도 마찬가지로 와인이 중요한 비중을 차지한다.

좋은 레스토랑은 이러한 구성요소가 균형을 이루고 있다. 예를 들어 분위기로 본다면 손님들의 도란도란 속삭이는 소리, 포크와 나이프가 식기에 부딪혀 발생하는 맑고 투명한 공명된 소리, 눈처럼 흰 테이블보, 지글거리는 구이소리 등이 그것이다.

와인리스트를 볼 것 같으면, 거의 성경책 두께의 큰 메뉴를 건네준다. 나라마다 특색이 있지만, 프랑스와 일본의 고급 식당에는 샴페인, 스파클링 와인, 부르고뉴 와인, 보르도 와인 순서로 소개된다. 미국 뉴욕이나 샌프란시스코 식당에서는 캘리포니아 와인을 맨 앞으로 도열시키기도 한다. 이렇게 많은 와인이 소개되면, 보통은 당황하기 마련이다. 처음부터 읽어봐도 도무지 어떤 와인을 시켜야 할지 감이 잡히지 않는다.

와인을 자주 마실수록 와인애호가가 빨리 된다. 맛있는 와인을 많이 마시고 또 자주 마시게 되면 아무래도 그 매력을 일찍 깨닫는다. 그래서 와인애호가는 와인 관련 서적을 탐독하기도 하고, 와인관련 행사에 참석하기도 하며, 와인동호회에 가입 혹은 동호회를 결성하기도 한다.

어느 정도 경험이 쌓이면 애호가는 와인숍에서 파는 값과 레스토랑에서 파는 값에 큰 차이가 있음을 알게 된다. 식당에서 주문하는 가운데 마음속으로 '이거 6만 원이면 사는데, 여기서는 10만 원이네! 비싸군' 하며 속 쓰려 한다. 이런 놀람은 식당이 고급스러울수록 그 정도가 심해진다.

와인 붐이 일기 시작한 우리나라의 애호가들은 웬만한 와인의 수입상과 가격을 손바닥 들여다보는 것처럼 훤히 잘 알고 있다. 이러니 이들이 어떤 식당에 가서 와인을 주문할 경우에 가격의 차에서 오는 부담감을 얼마나 크게 느낄지 능히 짐작할 수 있다.

더구나 서비스가 좋지 않은 경우에는 정말 다시 가고 싶지 않은 식당이 된다. 다른 나라의 와인애호가 역시 우리랑 비슷한 처지에 있다. 와인가게와 레스토랑의 가격 차이로 인해 와인애호가들은 웬만한 일 아니면 레스토랑에 잘 가지 않게 된다. 그러니 와인은 제쳐두고 식사메뉴만 주문하는 손님을 쉽사리 볼 수 있다. 식당의 외양과 인테리어에 막대한 자금을 쏟아 붓고 매상 오르기만 기다리는 식당주인 입장에서 보면 참 딱한 노릇이다.

이런 경우에 사람들에게 포만감을 주는 대가로 영위하는 식당이 아주 배가 고파서 외치는 마지막 한마디가 있다. "BYOB(Bring Your Own Bottle)!" BYOB는 자신의 와인을 병째로 가져와서 마시게 하는 영미계의 마케팅 수단이다.

BYOB, 어떤 점이 좋은가

비와이오비 씨는 오늘 월요일이 다행히 결혼기념일과 겹쳐서 여

높은 천장, 클래식한 인테리어, 우아한 조명, 가지런한 식기, 프렌치 레스토랑 팔레드고몽.

간 기쁜 것이 아니다. 평소에는 와인을 들고 가면, 30달러 정도를 서비스 비용으로 지불해야 했다. 와인 마개를 개봉해 주고, 와인 잔을 각자에게 주는 등의 서비스를 제공하는 대가다. 이를 '코키지(Corkage)'라고 한다. 하지만 오늘은 월요일이라서 그 30달러가 면제된다.

어렵게 구한 보게(Georges de Vogüé, 부르고뉴의 유명한 와인생산자)의 부르고뉴 레드와인 뮈지니(Musigny, 샹볼뮈지니 마을의 가장 좋은 포도밭으로 원산지를 포도밭 이름으로만 표시한다) 2001을 확인하고 뿌듯해하는 비와이오비 씨. 그는 그 식당에 피노 누와의 매력을 제대로 표현해 낼만한 잔이 없음을 알고 오늘을 위해 잔도 마련했다. 그래서 대형도시락 가방 같기도 한 특수포장 속에는 뮈지니 한 병, 튤립 모양의 와인 잔 두 개, 그리고 혹시 몰라 코르크스크루까지 챙겼다. 그 포장은 최근에 시판되고 있는 소위 'BYOB Kit'라는 것인데, 많은 애호가들의 사랑을 받고 있는 발명품이다. BYOB가 하나의 문화로 자리 잡고 있음을 볼 수 있는 대목이다.

우리나라에도 BYOB를 여러 식당에서 시행하고 있다. 특급호텔 중에서는 그랜드 인터컨티넨탈 그랑카페가 토요일에 코키지를 면제하며 기타 요일에는 코키지를 받는데, 와인가격에 따라 연동되는 시스템이다. 소공동 롯데호텔은 월요일과 토요일에 코키지 면제를 실시하고 있다. 단 와인 잔은 일인당 최고 세 개만 제공한다. 강남 일대의 레스토랑에는 병당 2만 원에서 3만 원이 기본이다. 한편 서양 중에서 미국, 영국, 캐나다, 호주 등에서는 와인 반입이 일반적이지만, 프랑스에서는 거의 불가능하다. 맨해튼의 프렌치 레스토랑 몽트라쉐는 매주 월요일에 코키지를 면제하고 있다.

BYOB는 경제적인 이득 외에도 여러 가지 장점이 있다. 우선 메뉴를 자세히 훑어보며 무엇을 먹을까 궁리하는 시간에 가져온 와인을 미리 따서 홀짝거릴 수 있다. 주문 후 식사가 오기까지 마냥 기다려야 했던 이전보다는 훨씬 분위기가 좋아진다.

또한 식당들 간의 경쟁을 유발한다는 장점이 있다. 와인이 잘 구비된 고급 식당은 와인과 요리의 균형을 이루고 있다. 반면에 작은 식당은 보통 주방장의 솜씨에 기대어 요리는 제법 괜찮은데 와인메뉴가 영 신통치 않다. 이런 경우에 BYOB는 작은 식당의 단점인 와인리스트를 보완하는 역할을 한다. 그러니 작은 식당과 고급 식당의 요리 경쟁이 선순환을 일으켜 미식가를 즐겁게 할 수 있다. 작은 식당은 음식만으로 고급 식당에 도전장을 내던지는 효과를 보는 것이다.

주량이 약한 사람은 무리해서 와인을 다 마실 필요가 없다. 마개를 막고 집으로 가져가면 되기 때문이다. 와인을 좋아하지 않는 일행은 다른 음료를 주문하면 된다. 한편 와인 고르기에 서툰 사람도 평소에 즐기는 와인을 가져와서 마실 수 있어 좋다. BYOB는 또한 무명 와인회사의 홍보에도 일조한다. 즉, 손님이 가져온 와인을 맛본 후 그 맛에 반한 소믈리에가 와인회사에 납품 요청하는 일이 종종 생긴다. 캘리포니아 식당에서는 지역 와인에 대해서 상대적으로 저렴한 코키지를 적용하는 것이 그 한 예다.

혹자는 왜 와인만 되고 맥주나 위스키는 가져오면 안 되냐고 질문하기도 하는데, 주류 중에서 음식과 가장 잘 어울리는 것이 와인이라는 사실에 모두 공감하기 때문에 와인만이 BYOB의 대상이 된다. 식탁 위에서 가장 빛이 나는 와인에 한해서 식당 주인의 마음이 열리는 것이다.

BYOB의 대상은 일반적으로 테이블 와인에 한한다. 스파클링 와인이나 주정강화 와인 등은 대상이 되지 않는다. 특히 스파클링 와인은 이동 중에 부글부글 끓어 레스토랑 안에서 터질 수도 있어 조심해야 한다.

하지만 모든 테이블 와인이 대상이 되는 것은 아니다. 예를 들어, 집에서 본인이 직접 만든 와인, 이른바 홈메이드(Home-made) 와인이나 그 지방에서 생산된 혹은 판매된 와인에 한하는 경우인데, 이런

석회암 동굴 속에 차려진 생테밀리옹의 레스토랑 라르 에 부숑(Lard et Bouchon), 베이컨과 코르크마개라는 뜻이다.

때에는 특별함의 의미를 위해 BYOB가 존재한다고 말할 수 있겠다.

BYOB는 대도시의 품격 높은 문화인데, 이는 시민의 혜택이지 특혜가 아니므로 지켜야 할 몇 가지 에티켓이 있다. 우선 아무리 코키지가 없다고 해도 서빙해 주는 소믈리에에게 와인 한 잔을 팁으로 주는 것이 좋다. 그에게 먼저 건네주어 주방장, 직원들이 다함께 맛보게 하는 것이 지혜로운 일이다. 경험이 소중한 자산이 되는 소믈리에에게 귀한 와인 한 잔은 값진 선물이다. 자신에게 경쟁력이 되는 것을 선물하는 고객을 소믈리에는 잊지 않는다.

일반 식당에서는 가져온 병 전부를 다 올려놓고 마셔도 되겠지만, 고급 식당에서는 한 병만 식탁 위에 올리고 나머지는 식탁 밑에 놓아두는 게 예의다. 심혈을 기울여 완성한 인테리어에 대하여 과도한 양의 와인이 주는 아우라는 별로 어울리지 않는다.

한편, 병의 기준은 750밀리리터임을 명심하자. 어떤 사람은 매그넘(magnum)이나 더블 매그넘(double magnum)처럼 용량이 표준의 두 배 내지는 네 배의 와인을 반입하려 한다. 병의 기준은 표준 용량이다. 양이 많으면 팁을 더 줘야 하는 게 당연하다.

와인은 식탁 위에서 더욱 빛난다

와인은 식탁에 머물러 있어야 그 존재가치를 가장 잘 살릴 수 있다. 음식과 함께하면 와인의 즐거움이 배가된다. 그러므로 식사 시간을 좀 길게 가지는 것이 도움이 된다 하겠다.

우린 와인을 즐길 좋은 문화를 이미 가지고 있다. 반주 문화가 바로 그것이다. 와인은 반주일 때 가장 맛있다. 반주는 식사의 속도를 늦춘다. 말이 없던 아버지도 반주 한잔에 무거운 입을 연다. 반주는 고독이 흐르던 식탁을 대화가 넘치게 한다. 그러니 반주 메뉴에 그저 와인을 끼우기만 하면 된다.

많은 수강생들이 하는 말이다. "주로 잠들기 전에 와인을 마셔요. 정작 식사할 때는 잘 안 마시게 되더라고요." 우리나라 대부분 사람들도 식사는 식사대로 하고, 와인을 일종의 수면제처럼 사용한다. 자기 전에 마시니 맛보다는 약으로 먹는 경우다. 특히 레드와인을 마신다. 레드와인이 심장과 혈관에 좋다는 것은 이미 많은 연구결과에 의해 증명된 사실이다. 그러나 여기에는 즐거움이 없고 보신주의

왼쪽에서 세번째 접시는 거위간(Foie Gras) 요리. 나머지는 토스카나의 살라미와 전통 양젖 치즈 페코리노.

만 있다. 와인의 준거집단은 식탁이어야 한다. 와인은 식탁 위에서 더욱 빛나는 법이다.

오늘밤 비와이오비 씨는 아페리티프(Apéritif, 입맛을 돋우기 위해 식전에 마시는 술)로 시킨 샴페인 속에 미리 준비한 금반지를 몰래 집었다. 결혼 기념을 축하하며 아내에게 선사하려고 준비한 것이다. 잔을 비우려는 순간 속에 든 반지를 발견한 부인은 준비한 성의에 감복한다. 깜짝 이벤트가 성공하여 기쁘고 행복한 비와이오비 씨와 뮈지니를 커다란 튤립 잔에 쏟고 넘치는 체리향와 자두향에 연신 싱글벙글해 하는 그의 아내. 부인 손가락에 낀 금반지가 샹들리에 불빛에 반짝 반짝거린다. 와인이 있는 식탁은 바로 삶의 기쁨이다.

당신의 와인 도우미, 소믈리에

평소에 와인에 대해 관심이 많아 혼자 와인을 사서 마셔보기도 하고 책도 열심히 보며, 동호회 활동도 활발하게 해온 A씨. 와인에 대해 어느 정도 자신감이 붙었다고 생각했는지 실제로 현장에서 그 경험을 해보기로 도전한다.

그가 찾은 곳은 좋은 와인이 많기로 유명한 한 프렌치 레스토랑. 그런데 이게 무슨 일인가. 레스토랑의 식탁에 앉기까지는 성공한 A씨지만, 와인리스트를 받아든 순간 가슴이 뛰고 열이 오르고 땀이 찬다. 도대체 무슨 와인의 종류가 이렇게 많은 건지!

어쩔 줄 몰라 하는 당신, 바로 옆을 쳐다보라. 당신을 도와주기 위해 와인 도우미가 항상 대기하고 있다. 바로 '소믈리에(Sommelier)'다.

│ 와인을 선택하는 사람, 소믈리에

요즘 많이 회자되는 소믈리에는 몇 년 전까지만 해도 극소수의 애호가들이나 알고 있던 단어다. 프랑스어로는 소믈리에, 이탈리아어로는 소멜리에라고 하는데 말은 달라도 뜻은 하나다. 어떤 레스토랑이냐에 따라, 즉 프렌치 레스토랑이면 소믈리에, 이탈리언 레스토랑이면 소멜리에라고 말한다. 소믈리에는 사실 소멜리에에서 파생되었지만, 소믈리에로 더 많이 쓰인다.

소믈리에는 레스토랑에서 와인 관련 일을 맡는다. 와인의 추천, 구매, 보관 등 일체의 활동을 담당한다. 흔히 알려진 와인 전문가와는 상관이 없다. 소믈리에는 자격이 아니라 역할을 뜻하기 때문이다. 하지만 소믈리에 중에는 전문가 수준의 와인 지식을 갖춘 이도 많다.

소믈리에를 두고 보석전문가로 오해하는 이도 더러 있다. 목에 찬 은그릇(taste-vin, 은으로 된 작은 용기로, 어두운 지하에서 와인의 맛을 보기 위해 휴대하는 도구)을 보고 품은 생각이리라. 소믈리에는 현대에 들어서 그 중요성이 더해지고 있는 직종인데, 레스토랑에서는 없어서는 안 될 직종이다. 아주 옛날 궁궐에서 왕에게 술잔을 따르는 역할이 조금씩 변하여, 현대에 이르러 식당에서 와인의 구매, 재고관리, 서빙 등의 일을 관장하는 역할로 변모하였다.

무엇보다 소믈리에의 매력은 와인이라는 렌즈를 통해 문화를 바라볼 수 있다는 점이다. 또한 다른 분야와는 달리 마시는 즐거움, 즉 시음의 기쁨이 있다. 소믈리에의 우수성은 와인리스트 작성에서 일차적으로 드러난다. 요리는 대체로 비슷비슷하니 와인의 차별화가 바로 레스토랑의 차별화로 직결된다. 비싸고 좋은 것으로 채우는 거야 식은 죽 먹기지만, 흔하지 않고 저렴하면서도 맛이 좋은 와인으로 구성하는 것이 소믈리에의 경쟁력인 셈이다. 요즘의 레스토랑 이용자들은 와인에 대해 웬만한 상식은 다 알고 있기 때문에

부르고뉴의 어떤 셀러지기가 고안한 타스트뱅. 요즘은 별 쓸모가 없어 목에 거는 소믈리에의 배지로 이용된다.

소믈리에는 해당 와인의 원산지, 양조기법, 기후적 특성, 품종 등에 대해 해박하게 안내를 해야 하는 숙제를 안고 있다.

사실 처음 접하면 부담스러운 존재인 소믈리에이지만, 어느덧 요즘 젊은이들에게는 인기 있는 직종이 되었다. 과거에는 호텔에서조차 소믈리에를 지망하는 직원은 거의 없었지만, 와인의 관심이 증폭되는 가운데 유망 직업으로 부상한 것이다. 국내에도 소믈리에 경연대회가 있어 매년 시행되는데, 2003년에는 여성이 1위에 선발되어 세심하고 세련된 서빙 실력을 뽐냈다.

이러한 사실은 서양도 예외가 아니다. 맨해튼, 몬트리올의 잘 나가는 레스토랑의 소믈리에 역시 애초에 소믈리에를 꿈꾸던 사람들이 아니다. 우연한 기회에 본인의 관심이 와인에 미치든지 아니면 뛰어난 미각을 나중에 발견하고 나서야 비로소 와인의 세계로 눈을 돌린 경우가 대부분이다. 홀과 셀러를 수십 번 왔다 갔다 해야 하는 소믈리에는 튼튼한 체력이 필수조건이다. 하지만 소믈리에의 가장 중요한 조건은 와인을 사랑하는 마음이 아닐까.

뱉어야 산다

소믈리에가 주로 하는 일은 시음이다. 엄마가 밥상에 음식을 차리기 전까지 몇 차례 맛을 보는 것처럼, 소믈리에도 미리 와인 맛을 본다. 손님이 와인을 잔으로 주문하면, 소믈리에는 미리 개봉한 와인이라면 먼저 맛 본 후 이상이 없으면 손님 잔에 따른다. 미리 개봉한 와인 병이 없다면 새로운 병을 개봉하여 맛을 본 후 손님 잔에 따른다. 물론 병째 주문하면 소믈리에는 고객이 먼저 맛을 보도록 한다.

이러한 시음과 음용은 다르다. 시음은 와인을 마시는 것이 아니라 와인의 맛만 보는 것, 즉 삼키지 않는 것이다. 음용은 즐거움이지만, 시음은 노동이다. 얼마 전에 제빵 기술자가 방송에 소개되었다. 그는 어떤 제과점의 제빵 최고 책임자다. 그래서 매일 여러 지점을 돌아다니면서 빵의 품질을 감별한다. 그는 빵을 씹었지만 삼키지는 않는다. 삼켜서는 배가 불러 맛을 보기 힘들기 때문이다.

소믈리에 역시 마찬가지다. 와인을 삼켜서는 여러 가지 와인 맛을 다 볼 수 없다. 배야 부르지 않겠지만, 취해서 못한다. 이런 이유로 술을 못해도 소믈리에가 될 수 있다. 삼키지 않고도 와인의 내용을 파악할 수 있기 때문이다. 코만으로도 와인의 향내를 맡아 80퍼센트까지 이해할 수 있다. 나머지 20퍼센트를 채우기 위해 입이 나선다.

매년 봄철에 와인박람회가 열린다. 거기에서는 수백 가지의 와인을 맛볼 수 있다. 술 앞에는 장사가 없다. 그러니 여러 와인을 맛보려면 뱉어야 한다. 그래서 부스 앞에는 항상 통이 마련되어 있다. 수박 먹은 후 씨를 톡톡 뱉는 것처럼 와인 맛을 본 후 퉤퉤 뱉는다. 사려 깊은 와인 회사는 통 밑에 분쇄된 종이를 담아 와인이 튀는 것을 예방한다. 준비성 있는 참가자는 짙은 붉은색 옷을 입어 튀는 와인을 막아낸다. 뱉는 것이 시음에서는 필수 코스다. 마시지 않고도 충분히 와인의 맛과 향을 알 수 있다.

와인 시음은 그 자체가 목적이 아니다. 소믈리에가 와인을 맛보는 이유는 고객에게 더 맛난 와인을 추천하기 위함이다. 와인의 본질은 마시는 데 있다. 하지만 요즘 우리나라 사람들은 너나 할 것 없이 음용의 즐거움은 놔둔 채 시음의 세계로만 달려가고 있는 것 같다. 어느 정도의 시음은 피할 수 없지만, 시음을 너무 강조한 나머지 와인이 가진 본질을 망각하는 일들이 다반사로 일어난다.

예를 들어, 레스토랑보다는 와인 바가 개업경쟁을 벌이고 있는 것이 한 예다. 또 스치고 지나가는 시골길의 풀숲처럼 시음이 끝난 와인에 대해서는 더 이상 관심을 두지 않는다. 하지만 한두 번의 시음으로는 와인의 진면목을 만나보기란 정말 어려운 일이다.

와인 맛의 세계는 아주 복합적이다. 매트릭스 구조로 얽힌 와인의 세계는 수평적으로는 전세계 약 40여 개국으로 펼쳐져 날줄을 만들고, 수직적으로는 매년 새로운 빈티지가 양산되어 씨줄을 형성하니, 그 조합의 경우의 수는 막대하다. 한마디로 매년 수만 가지의 와인이 생산된다. 어떻게 한 번 시음해 보고 다 알았다고 자평할 수 있겠는가?

연속해서 시음할 경우, 삼키지 않더라도 혀가 굳어 미뢰세포가 더 이상 기능하지 못하기 때문에 제대로 이해하기 힘들다. 시음의 역경을 극복해 내려는 훈련이 수반되어야만 비로소 제대로 맛을 분간할 수 있다. 그래서 시음은 노동이다. 시음자 중에는 100만 달러의 코 보험을 가입한 전문가도 있다. 최고의 미각을 자랑하는 미국 와인평론가 로버트 파커(Robert Parker)도 그렇다. 그는 힘든 과정을 겪으며, 자신만의 시음 노하우를 체득했다. 그는 매일 80여 가지를 시음하여, 매년 무려 3만 가지의 와인 맛을 평가한다고 한다.

소믈리에와 함께 시음하기

내가 맡은 와인 강좌의 프로그램 중에는 현장 수업이 있다. 바로 레스토랑에서 직접 시음할 기회를 가지는 것이다.

수강생들이 하나둘 레스토랑으로 몰려들기 시작했다. 강의실에서 들을 때에는 좀 아는 것 같아도, 막상 레스토랑에서 와인 메뉴판을 펼치면 머리가 하얗게 되는 법이다. 나에게도 수십 줄의 와인리스트가 하얀 것은 종이요, 까만 것은 글씨처럼 무질서하게 보였던 적이 있었다.

모두들 상기된 표정으로 테이블에 앉아 있다. 청담동에 있는 팔레 드 고몽은 근사한 레스토랑이다. 건물의 외면과 내부, 식기, 음식의 맛, 친절도 그리고 와인리스트 어느 한군데 빠지는 곳이 없다. 처음이라며 두리번거리는 수강생들 중에는 접시를 뒤집으며 메이커를 확인하는 사람들도 있다.

소믈리에로부터 받은 와인리스트를 펼치면서 간단하게 설명하기 시작했다.

"와인 메뉴는 크게 아페리티프와 테이블 와인으로 구성됩니다. 아페리티프는 식사 전에 마시는 알코올 음료로서 샴페인이나 단맛의 주정강화와인이 이에 해당됩니다. 레스토랑 입구에 마련된 응접실에서 일행이 다 오길 기다리며 주로 마시는 아페리티프는 오늘 생략합니다. 이미 다 앉아 있으니까요. 메뉴의 다음 페이지부터는 일반 와인리스트입니다. 나라별로 나뉘고 또 해당 지역별로 구분됩니다.

'어디 어디 숨었나? 대령할 와인들이' 키안티 클라시코의 신착 와인 품평회를 준비하는 피렌체 출신 소믈리에들. ⓒChianti Classico Consorzio

어떤 레스토랑에서는 포도 품종별로 구분해 놓은 경우도 있죠. 오늘은 이탈리아 키안티 클라시코(Chianti Classico)를 주문했습니다. 토스카나 지방의 레드와인입니다."

　이윽고 소믈리에가 다가와 병의 전면을 보이며 와인 병을 내민다. 주문한 것과 동일한지를 확인하라는 몸짓이다. 그때는 딴짓을 하지 말고 소믈리에의 손을 쳐다보자. 주문 와인의 확인이 첫 단계이므로, 주최인은 소믈리에가 병을 보일 때 그것을 확인해야 한다. 고개를 끄덕거리니 소믈리에가 곧바로 코르크를 개봉했다. 2단 코르크 스크루를 민첩하게 돌리며 금방 마개를 열었다. 소믈리에는 코르크에 코를 한 번 대고는 칼에 의해 떨어져 나온 캡슐에 코르크를 끼워 내게 주었다. 난 코르크를 눌러서 그 탄성을 느낀 후에 코로 한번 냄새를 맡아보았다.

옳드 빈티지 와인의 디캔팅을 시연하는 롯데 호텔 공승식 소믈리에.
자연스럽고 절도 있는 동작이 요구된다.

"선생님, 코로 코르크를 맡아보는 이유가 뭔가요? 그렇게 해야 하나요?"

"코로 코르크 냄새를 맡아서 와인의 질을 확인하려는 목적이랍니다. 하지만, 운동 선수의 양말을 보고 운동화를 알아 맞추는 일처럼 불가능합니다. 다만 상한 와인은 좀 구분이 가능하죠. 꼭 그렇게 해야 하는 일은 아닙니다만, 습관적으로 코에 대는 겁니다."

소믈리에는 내 잔에 소량의 와인을 따랐다.

"왜 이렇게 적게 따르는지 아십니까?"

나는 방금 질문했던 그 여성에게 되물었다.

"글쎄요. 맛보라고 그런 게 아닌가 싶은데요."

그녀는 좀 망설이며 말끝을 흐렸다.

"맞습니다. 우선 맛만 보는 겁니다. 와인은 손님에게 먼저 드리는 것인데, 그 상태를 알 수 없으니 우선 주최자가 먼저 맛보기를 하는 것이죠. 맛보기 위해 잔에 가득 따르면 그건 예의가 아닙니다. 주최자의 잔을 채우는 것은 손님보다 먼저 마시겠다는 뜻으로 보이기 때문이죠. 손님에게 대접하는 와인의 맛에 이상이 있는지를 확인하기 위해 조금만 따른답니다. 이럴 때 시음자는 두 가지 사항을 확인해야 합니다. 우선 온도입니다. 화이트와인이 차갑게 되었는지, 레드와인이 실내온도와 비슷한지를 확인합니다. 두 번째는 와인이 제 맛인지 아니면 상한 맛인지 확인하기 위함입니다. 시음자가 짧은 시간에 온도와 이상 유무를 확인하는 동안 소믈리에는 내내 그를 주목하고 있습니다. 이상이 없으면 그렇다는 신호를 소믈리에에게 보내야 합니다. 반응을 확인한 소믈리에는 주최자의 잔은 지나치고, 고객의 잔부터 채워나갑니다. 물론 여성 고객 우선이죠."

레스토랑에서 주문한 와인을 소믈리에가 모임의 주최자로 하여금 먼저 맛보게 하는 것을 '호스트 테이스팅(Host Tasting)'이라고 한다. 가끔 신사는 이런 호스트 테이스팅을 여성에게 양보하기도 한다.

난 음용을 즐기는 와인애호가가 늘어나기를 기대한다. 시음의 허세를 부리기보다는 식탁에 둘러앉아 음식과 함께 나누는 애호가들이 많아지기를 원한다. 그리고 그런 자리에 소믈리에가 있으면 좋겠다.

맛이냐 멋이냐

영화 〈프렌치 키스(French Kiss)〉를 보면 아주 좋은 와인 시음법이 나온다. 무대는 프로방스의 어떤 시골집이다. 맥 라이언이 그 마을의 와인을 한 잔 받는다. 그녀는 그냥 날름 입으로 가져가더니 건성으로 좋은 와인이라며 잔을 내려놓는다. 그녀를 지켜본 케빈 클라인은 방안에 있던 어떤 가방을 연다. 그것은 그가 대학시절 만들어 놓은 아로마 키트다.

가방 속에는 뚜껑으로 막힌 시험관들이 여럿 있다. 각각의 시험관 속에는 로즈마리, 버섯 등이 들어 있다. 그는 그녀에게 시험관을 차례로 열게 한다. 열 때마다 그녀는 그게 무엇인지를 말한다. "아, 이건 로즈마리군요." 그녀는 뚜껑을 열어 향을 맡고는 그 향이 무엇인지를 곧 알아차리며 재미있어 한다.

이윽고 케빈은 "와인은 사람처럼 살아 있는 유기체"라며, 다시 한 번 와인을 마셔보라고 청한다. 이번에는 신기하게도 그녀가 술술 소감을 말한다. 짧게 말하고 잔을 내려놓았던 방금 전의 모습과는 완전히 달랐다. 그녀는 "이 와인에는 건포도 맛이 나고, 라벤더 향이 난다"고 말하는 자신을 보며 스스로도 놀라며 자신을 대견해 한다.

| 와인 시음, 이렇게 한다

와인의 본질은 코가 맡아내는 아로마 속에 있다. 후각세포를 통해 아로마는 뇌 속으로 직접 나아간다. 사과향, 딸기향, 자두향, 망고향, 오렌지향, 버섯향 등이 모두 와인에서 나오는 향이다.

영국 와인평론가 잰시스 로빈슨(Jancis Robinson)의 와인 설명이 담긴 DVD, '잰시스 로빈슨의 와인 코스(Jancis Robinson's Wine Course)'의 도입부에 이런 에피소드가 있다. 세 명에게 코를 막고 무엇을 먹게 했다. 물론 형태를 변형시켜 그것이 무엇인지를 짐작하지 못하게 했다. 첫 번째 대상에게는 아몬드, 두 번째는 참치, 세 번째는 양배추가 각각 지급되었다. 코에 집게를 물린 세 명은 그게 무엇인지 한 사람도 맞추지 못했다. 이번에는 코에 물린 집게를 풀고 맛을 보았다. 그랬더니 세 명 모두 그것이 무엇인지 정확하게 맞추었다.

이렇듯 맛을 보는 데에는 코가 중요하다. 다만 인간이 냄새를 맡은 후 무엇인가를 알아내는 데 익숙하지 않고, 입으로 맛을 보는 데 익숙할 뿐이다. 김치찌개를 끓여도 숟갈로 떠 맛을 보는 게 우선이다. 일단 맛을 본 다음 향은 맡아도 그만 안 맡아도 그만이다. 찌개뿐만이 아니다. 무엇이든 간에 우리는 먹어봐야 맛을 안다고 믿고 있다. 와인이 어렵고 불편한 것은 우리가 그동안 쓰지 않았던 코를 주로 써야 하기 때문이다.

그런데 시음은 코로만 하는 것은 아니다. 시음은 오감이 다 동원되는 지적활동이다. 오감을 이용한 테이스팅은 이런 순서로 한다. 먼저 시각을 통해 와인과 만난다. 우리는 보통 잔을 의미 있게 쳐다보지 않고, 곧바로 입으로 가져간다. 이제부터는 좀 여유를 가질 필요가 있다. 와인의 색은 여러 정보를 주기 때문이다.

레드가 익으면 색은 연해지고, 화이트가 익으면 진해진다. 레드가 숙성되면, 잔의 가장자리부터 갈색으로 변해간다. 오크통 숙성을 갓 마친 어린 와인은 보랏빛이 난다. 화이트는 투명한 연한 색에서 출발하여 숙성될수록 색이 진해지면서 불투명해진다. 블렌딩 와인은 불투명하고 단일 품종 와인은 투명한 편이다. 그래서 테이블은 흰게 좋다. 와인의 색깔은 보는 즐거움 외에도 숙성 정도를 보여준다.

두 번째 단계는 후각을 이용한다. 잔을 흔들어 향이 올라오도록 하면 더 쉽게 향을 맡을 수 있다. 잔을 흔들지 않으면 향을 발산하는 면적이 원의 표면적 밖에 되진 않지만, 잔을 흔들면 와인이 잔 옆면에 묻어 표면적이 더 넓어진다. 이렇게 증대된 면적에서 뿜어 나오는 향은 맡기가 훨씬 쉽다.

코를 깊숙이 집어넣고 향을 맡아보자. 자리를 같이한 상대도 그런 모습을 보고 '아, 저분이 와인에 대해 적극적이구나' 하고 느낄 것이다. 어린 와인에서는 과일 향기가, 익은 와인에서는 묵은 향기가 난다. 전자를 아로마(aroma), 후자를 부케(bouquet)라고 말한다. 즉, 아로마는 포도 과일의 향이고 부케는 와인이 익었을 때 나는 향이다. 앞으로는 구별해서 쓰면 좋겠다.

세 번째 단계가 입이다. 여태껏 한 모금도 안 마시고 지금까지 진행되었다는 것이 신기하지 않은가? 우리는 마시지 않고도 여러 정

유서 깊은 샤토 오브리옹의 전년도 오크통 샘플 와인 시음. 성주가 양조책임자와 함께 시음회를 진행하면서 전년도 빈티지의 주요 사항 즉 수확시기, 평균기온, 강수량, 품종별 수확 비율 등을 소상하게 설명한다.

보를 알 수 있다. 사실 여기까지 오는데 많은 설명이 있었지만, 시간으로 따지면 3~4초밖에 걸리지 않는다. 그러나 테이블 위에서 3~4초는 대단히 긴 시간이니 충분히 즐기면서 시음 순서를 따르는 게 좋다.

입에서 맛은 당연히 혀가 담당한다. 혀에 박혀 있는 미뢰세포가 맛을 알아낸다. 그 세포의 위치에 따라 단맛, 신맛, 짠맛, 쓴맛을 느낀다. 와인을 마실 때 맛을 제대로 보려면 물마시듯 하면 안 된다. 혀의 모든 부위에 와인이 묻도록 와인을 여기 저기 굴려야 한다. 그래서 와인은 소위 말하는 '원샷'을 하지 않는다.

와인 마실 때 '후루룩 후루룩' 하는 소리를 들은 적이 있는가. 입은 맛뿐 아니라 향도 느낀다. 바나나맛 우유를 마신 적이 있는가? 우리는 용기 주둥이에 붙은 포장을 뜯고 향을 맡은 다음에 마시지 않는다. 대부분 그냥 빨대로 마신다. 그런데 이상하다. 코로 향을 맡지도 않았는데 바나나 향이 난다. 그렇다면 그 바나나 향을 코가 맡았나? 아니다. 입이 맡았다.

우리는 입이 맡은 향을 '플래버'라고 한다. 그래서 바나나맛 우유를 영어로 표현하면 'banana-flavored milk'가 된다. 이처럼 입도 향을 맡을 수 있다. 바로 입천장에서 향을 맡는 것이다. 그래서 와인을 마신 후에 입을 열어 공기를 흡입한다. 빨아들인 공기가 입천장을 가격하여 향을 맡기 용이하게 한다. 그래서 입을 벌려 '후루룩 후루룩' 공기를 빨아들인다. 시음을 할 때에는 흔히 이런 소리가 난다. 하지만 레스토랑에서는 상대 기분을 언짢게 할 수 있으니 피해야 하겠다.

와인 초보자에게 맨 처음 생기는 버릇은 잔을 돌리는 일이다. 처음에는 잘 돌아가지 않는다. 그래서 계속 연습을 한다. 그러다 보면 어느 새 밥 먹을 때 무심히 물잔을 돌리기도 하고, 회식 자리에서 소주잔, 맥주잔을 돌리려고도 한다. 이런 달라진 행동을 본인이 깨달으면 스스로 웃기도 하며 와인이 바짝 내 앞으로 다가옴을 느낀다.

┃ 와인전문가는 도사가 아니다

와인전문가라면 라벨을 가리고도 와인을 다 알아맞힐 거라는 기대를 하게 마련인데, 사실 그것은 환상에 불과하다. 로알드 달(Roald Dahl)은 그의 단편소설 「맛」을 통해 이런 환상을 통렬하게 꼬집고 있다. 잔뜩 멋을 부려가며 특정 와인을 알아맞혀 나가는 과정의 허세가 큰 낭패를 본다는 것이 소설의 내용이다.

유명한 식도락가는 자신에게 건네진 이름 모를 와인이 빈티지가 좋기만 하다면 무슨 와인인지 다 맞힐 수 있다고 호언장담한다. 와인 실력을 과시하고픈 속물의 속성을 그대로 보여준다. 한편 이런 식도락가의 입맛을 사로잡을 귀한 와인을 많이 저장하고 있음을 은근히 자랑하는 사람이 있다. 컬렉터인 그는 와인의 재고가 줄어드는 것은 개의치 않는다.

1934년산 샤토 브라네르 뒤크뤼. 길게 늘어진 디너의 끝자락에 막 떠오른 소설 「맛」의 한 장면을 연상하며 찰칵.

어느 날 저녁에 두 사람은 또 내기를 한다. 식도락가 앞에 이름 모를 한 잔이 제공된다. 그는 다양한 개인기를 선보이며 귀납적으로 추론한다. 거의 1분 동안 향기만 맡는다. 그는 결국 '생줄리앙 마을의 1934년산 샤토 브라네르 뒤크뤼(Château Branaire Ducru) 와인'이라는 확신에 찬 결론에 도달한다. 그는 '어서 병을 돌리시오'라며, 추론의 결과를 확인하고 싶었다. 그러나 그 순간 하녀가 등장하여 안경을 내민다. 안경은 사실 식도락가가 서재에 놓아두고 미처 챙기지 못한 물건이었다. 그가 이미 와인병을 봤다는 내용이 함축되어 있는 소품이다.

와인 시음의 목적은 그게 무언지 알아맞히는 겉멋에 있지 않고, 음미하며 즐기는 참 멋에 있다. 그리고 와인전문가가 부채를 펴서 점치는 '부채도사'일 거라는 기대는 허상에 불과하다. 와인의 종류가 지역과 빈티지에 따라 너무 많고 또한 와인의 상태가 조건에 따라 상이한 맛과 향을 보여주기 때문이다. 로버트 파커나 잰시스 로빈슨도 여러 글에서 스스로 얼마나 많은 착각과 실수를 하고 있는지를 솔직하게 고백하고 있다. 그저 그게 어떤 와인일까 짐작해 보는 정도에서 즐겼으면 좋겠다.

시음 때 피해야 할 행동들

앞에서 설명한 시음의 순서는 어디까지나 와인을 잘 음미하기 위한 방편에서 비롯된 것으로, 그 자체를 멋 부리는 목적으로 이용해서는 안 된다. 멋 부리다 혼나는 경우도 있다. 잔을 돌리다 보면 잔의 옆면으로 눈물처럼 주르륵 흐르는 자국을 본다. 그걸 '와인의 다리' 혹은 '눈물'이라고 하는데, 이것은 알코올 도수가 높을수록 많이 나타나는 현상으로 좋은 와인과는 상관이 없다. 그런데 간혹 이 '와인의 눈물'을 좋은 와인의 표상인 양 자랑하고자 심하게 잔을 돌리는 사람들도 있다.

또한 폼을 잡고 잔에서 적당히 떨어진 거리에서 향을 맡아서는 안 된다. 코를 잔 속에 빠뜨려야 제대로 향을 맡을 수 있다. 코를 적당히 집어넣으며 우아를 떨면서 "흠" 하며 향기를 맡으면 향기가 잘 나지 않는다. 와인을 잘 아는 사람이 보면 코웃음을 칠 일이다.

병 바닥에 있는 홈이 큰 와인이 좋다고 알려져 있다. 그것 역시 거짓이다. 그런 오해를 이용하여 요사이는 저렴한 와인도 홈이 큰 병에 담긴다. 원래 병의 홈은 침전물을 고이는 목적으로 마련되었다. 편평한 바닥에서는 침전물이 미세한 진동에도 부유하기 때문이다. 출시한 후 곧바로 즐길 수 있는 와인은 사실 그런 병이 필요 없다.

괜히 그런 병에 담아 좋게 보이려고 하기 위해서다.

와인은 감각적이면서도 지적이라서 평생 동안 도전해도 그 끝을 보기 힘들다. 그래서인지 자신은 그 끝을 보았다며 거들먹거리는 사람들이 많다. 그들은 레스토랑이나 와인 바에 들어가면 우선 앉자마자 잔을 쿵쿵거린다. 조명에 대고 혹시 자국이 있지는 않은지 찾는다. 그리고는 잔 세척이 잘못되었다든지 하는 불평을 늘어놓는다.

또한 초보자 중에서도 잘못된 행동으로 실수를 초래하는 경우가 있다. 플래버를 느끼는 모습이 멋지다고 생각한 초보자가 어느 날 그걸 따라하다 낭패를 보기도 한다. '후루룩' 하는 순간에 '켁켁' 하며 사레들리는 경우다. 고개를 숙여 기도를 막은 뒤에 공기를 흡입해야지, 그저 목만 꼿꼿이 해서 후루룩거리면 크게 당할 것이다.

진정한 애호가와 속물을 구분하는 방법이 더 있다. 애호가는 새로운 와인과 새로운 생산 지역에 대해 우호적이고 개방적이다. 그 와인을 맛보는데 주저하지 않으며, 좋으면 좋다고 인정한다. 그러나 속물은 전통적인 명산지 이외에는 별 관심이 없다. 와인은 그저 보르도와 부르고뉴가 제일이라고 믿고 있다. 애호가는 자기가 정통한 분야가 아니면 말을 아끼지만, 속물은 관련 없는 사실을 계속 늘어놓으며 자신의 다학다식(多學多識)을 자랑한다. 애호가는 식탁에서 혼자라도 와인을 개봉한다. 하지만 속물은 여럿이 지켜보는 앞에서, 그것도 꼭 디켄팅을 해야 직성이 풀린다. 마지막으로, 애호가는 와인을 맛으로만 평가하지만 속물은 라벨로만 혹은 점수로만 평가하려 한다.

당신은 와인 애호가가 되고 싶은가, 그저 그런 속물이 되고 싶은가.

| 와, 꼭 주유소에 온 느낌이다

와인을 마신 후에 하는 말이 '좋다, 별로다, 맛있다, 달다' 등이 전부라 해도 걱정할 필요가 없다. 시음 후에 어떤 말을 해야 된다고 정해진 건 없으므로 자신의 느낌을 솔직하게 얘기하면 된다. 꼭 거창한 표현으로 향기가 어떻고, 맛은 어떻고, 전체적인 조화가 어떻고 하면서 어렵게 얘기할 필요는 없다. 그 정도의 말로도 충분히 맛의 느낌을 전달할 수 있으니 너무 걱정하지 말자. 좀더 분명한 표현을 원한다면 그것 역시 별 문제가 안 된다. 그냥 와인에서 나는 맛을 실생활과 연결시키면 된다.

리슬링(Riesling)을 마신 후에 "야 꼭 주유소에 온 느낌이다. 휘발유 냄새가 난다. 복숭아 맛도 나네!", 소비뇽 블랑(Sauvignon Blanc)을 마신 후에는 "이건 꼭 풀 냄새 같은데, 아주 상쾌하고 신선한 향이 넘친다", 남프랑스의 시라(Syrah)를 마시면서 "여러 향신료 같은 다양하고 복합적인 향취가 난다. 매콤한 맛도 있는 것 같고", 호주산 쉬라즈(Shiraz)를 마신 후에 "와 이건 박하사탕 맛이다. 초콜릿 향도 많이 난다", 피노 누와(Pinot Noir)를 마신 후에 "오렌지 맛도 나고 자두 맛도 난다"거나 "허, 이건 망고 맛인데!", 카베르네 소비뇽을 마신 후에, "블랙커런트(black currant, 블루베리와 비슷한 것으로, 검은 껍질에 속이 붉다. 특히 카베르네 소비뇽의 일반적 향과 비슷해 카베르네 소비뇽의 시음 후기에는 블랙커런트가 꼭 따라다닌다) 향이 자욱하다. 뭔지 모를 좀 특유한 아로마가 깃들어 있네" 하며 자신의 솔직한 느낌을 생각나는 대로 말하면 된다.

스파클링 와인이나 샴페인을 마시면서 "묵은 향이 난다. 무엇인가 좀 그윽한 향, 아마도 신선하고 상큼한 과일 향이 아니라 좀 익은 듯

아흔아홉 칸 한옥에서의 시음회. 오른쪽의 남녀는 샤토 브리에트(Château Brillette) 성주 부부. 고풍스런 배경의 이곳은 고(故) 윤보선 대통령의 고택(古宅).

한 그런 향기가 나네", 20년 된 아주 잘 숙성된 보르도 와인을 마신 후에 "묵은 향이 난다. 꼭 버섯 같기도 하고 가죽 같기도 한 그런 향이 난다. 어린 와인에게서는 맡을 수 없는 좀 복합적이고 섬세한 향이다" 이런 정도면 충분하다.

　일상에서 동떨어진 소재로 와인을 표현하는 것은 그리 바람직한 자세가 아니다. 그것이 와인의 장벽을 올리는 행위가 될 수 있기에 되도록이면 다른 사람들과 함께 공유할 수 있는 느낌을 선사하도록 하자.

와인 맛을 다 알고 싶은가, 잘 알고 싶은가

라벨을 보지 않고 와인을 알아맞히는 일은 상당히 어렵다. 와인 맛을 다 알지 못한다고 자책하지 말고 게임을 통해 알아맞히는 연습을 해보라. 그러면 느슨하기만 했던 식탁에도 어느 정도의 긴장이 돌면서 와인 알아가는 재미가 생긴다. 그리고 와인의 맛을 다 알아야 한다는 강박관념에서도 해방될 수 있다.

우선 와인을 같이 마시는 팀을 짜야 한다. 부부가 같이 하면 가장 이상적이다. 매일하기 힘들면 주말마다 해보자. 아내가 남편 몰래 와인 한 병을 고른다. 남편도 아내 몰래 와인 한 병을 고른다. 각각의 와인을 잔에 붓고 서로에게 건넨다. 아내도 남편도 알아맞혀야 한다. 국가, 지방, 원산지, 주품종, 빈티지, 생산자 등 모두 여섯 가지 정보를 맞추어야 한다. 벌칙과 상은 부부가 알아서 정하면 더 재미있을 것이다.

이 게임이 좀 어렵다면 이렇게 해보면 어떨까? 아내와 남편이 주말에 와인 두 종류를 산다. 아내가 각각을 잔에 따라 남편에게 내민다. 무슨 와인인지 아내는 알지만 남편은 모른다. 이번에는 남편이 아내에게 잔을 준다. 그렇게 해서 어떤 와인인지를 맞추는 게임이다. 화이트부터 해보자. 우선 소비뇽 블랑과 샤르도네(Chardonnay) 두 가지로 시작하자. 익숙해지면 다른 품종이나 다른 지역으로 넘어가자. 보르도 화이트와 부르고뉴 화이트, 캘리포니아 샤르도네와 부르고뉴 화이트 등이 비교하기 쉽다.

레드와인을 공략하고 싶다면 카베르네 소비뇽과 메를로의 비교, 보르도 레드와 부르고뉴 레드의 비교, 호주 쉬라즈와 프랑스 에르미타주(Hermitage)의 비교, 미국 카베르네 소비뇽과 보르도 레드의 비교가 좋겠다.

맨해튼의 몽트라쉐라는 레스토랑은 부르고뉴의 화이트와인의 이름을 상호로 삼은 프렌치 레스토랑이다. 그곳에 가면 재미난 게임을 즐길 수 있다. 가격 범위를 말하면 소믈리에가 어떤 와인을 잔에 따라 준다. 손님은 가격 범위를 제외하고는 어떤 정보도 갖지 못한 상태에서 해당 와인을 알아내야 하는 게임이다. 위에서 언급한 여섯 가지 정보를 종이에 써야 한다. 모두 맞히면 와인은 공짜다. 얼마나 정답을 맞히느냐에 따라 할인폭이 결정된다. 흔한 기회는 아니겠지만, 혹여라도 맨해튼에 가게 된다면 꼭 한번 들려보길 바란다.

품질로 승부하는
블라인드 테이스팅

사람은 누구나 기존의 평가에 많이 의존한다. 사람들의 평가, 예전부터 내려오는 명성, 비싼 제품은 무언가 다를 것이라는 막연한 추측 등등, 이런 생각들이 강해서 새로운 것에 도전하길 꺼려하는 게 사실이다. 와인의 세계는 더 보수적이다. 와인별로 등급이 정해져 있고, 그 등급에 따라 사람들의 선호도 편차가 심하다.

구관이 명관이라지만 영원할 수는 없고 새로운 물결이 등장하기 마련이다. 이때 와인은 오로지 질로 승부해야 한다. 블라인드 테이스팅(Blind Tasting)은 우리에게 새로운 와인을 받아들일 수 있게 그 기회를 부여한다.

황금색 포장의 익명 와인
들은 모두 소테른이다. 시
음이 종료되면 번호별 와
인명을 공개한다.

┃ 옥스퍼드와 케임브리지의 와인 게임

영국 사학의 명문 옥스퍼드와 케임브리지가 매년 벌이는 조정 경
기는 제법 알려져 있지만, 이 두 대학 간의 와인 게임을 아는 사람은
드물다. 와인 게임이라니, 그게 무엇일까. 바로 와인을 정확하게 알
아맞히는 게임이다. 즉, 어느 나라 어느 지방의 어떤 포도로 언제 수
확한 와인이란 것을 추론하는 게임이다. 와인이 생활화되어 있는 서
양에서, 더군다나 전문가 수준의 애호가들이 넘쳐 난다는 영국에서,
그것도 모자라 영국 최고의 대학에서 와인을 맞추는 게임을 한다니
참으로 놀라지 않을 수 없다. 와인에 음료나 주류 이상의 무언가가
있다는 느낌을 떨칠 수 없다.

게임은 이렇게 진행된다. 양 교의 동아리 대항전에서 최종 선발된 팀이 학교 대표팀이 된다. 승부는 누가 더 정확하게 와인을 식별하느냐에 달려 있다. 시음은 물론 '블라인드 테이스팅'으로 한다. 라벨을 가리고 해당 와인의 주품종, 원산지, 빈티지 그리고 시음소감을 적어내는 것이다. 팀원들 각자 작성한 답안을 평가하여 점수를 낸다. 팀원들의 점수를 합산하여 최종 결정을 한다.

2003년 영국 옥스퍼드 대표팀은 프랑스 정치대학 대표팀을 이겼다. 그것도 큰 점수 차이로 승리를 따냈다. 그들의 시합은 초반부터 기 싸움이 대단했다. 프랑스팀에서 건의사항을 요구했다. 영국은 여러 나라의 와인들이 수입되고 있지만 프랑스는 그렇지 못하다며 대상 와인을 프랑스산으로 한정시킬 것을 요구한 것도 기 싸움 중 하나였다. 프랑스 내에서 다른 나라 와인을 시음하기가 힘들다는 사정을 봐달라는 내용이었다.

어찌 보면 그럴 듯해도, 또 한편으로는 프랑스팀 스스로를 위한 변명으로도 들렸다. 하지만 옥스퍼드팀은 그 건의사항을 수락했다. 그런데도 결과적으로는 옥스퍼드팀이 승리했다. 특히 프랑스 와인만을 놓고 시음한 것이라 승리의 빛이 더욱 빛났다. 아마도 보르도를 300년 동안이나 다스리고 그 와인을 애호한 조상들의 유전자를 잘 물려받은 것 같다.

옆 페이지의 표는 영국과 프랑스 간의 와인 경기에 출품된 와인들이다. 스무 살 학생들에게 이런 와인들의 품평을 맡겼다니 학생들의 와인전문성이 실로 대단하다. 옥스퍼드팀에서는 세계적인 와인 전문가인 휴 존슨(Hugh Johnson), 잰시스 로빈슨 등이 포진하여 학생들의 와인 실력을 돕기도 한다. 그리고 컨설팅을 통해 여러 와이너리(Winery, 와인 양조장)를 소개함으로써 동아리 활동의 다양성

◆ 영국과 프랑스 와인경기 출품 와인

화이트와인	품종	생산자	생산지
몽타니 프리미어 크뤼 (Montagny Premier Cru) 1997	샤르도네	올리비에 르플래브 (Olivier Leflaive)	부르고뉴
샤토 라퐁 메노 (Château Lafont Menaut Blanc) 2000	소비뇽 블랑, 세미용, 뮈스카델	페삭 레오냥 (Pessac Leognan)	보르도
샤르도네 2000	샤르도네	루이 라투르 (Louis Latour)	아르데슈 (Ardèche)
레 샤르망 (Les Sarments) 2001	클래레트, 그르나슈, 마르산느, 루산느	도멘 라게리에르 (Domaine l'Aiguelière)	랑그도크
생페래 레 소바제르 (St Peray les Sauvagères) 2001	마르산느	폴 자불레 애네 (Paul Jaboulet Ainé)	론 밸리 (Rhone Valley)
생푸르캥 (St Pourcain) 2001	샤르도네, 트레살리에르	도멘 벨레뷔 (Domaine de Bellevue)	루아르

레드와인	품종	생산자	생산지
피노 누와 1998	피노 누와	그로피에(Groffier)	부르고뉴
피노 누와 리저브 1999	피노 누와	트림바흐 (Trimbach)	알자스
코트 드 통그 (Côtes de Thongue) 2000	메를로	도멘 그로잔 (Domaine Grauzan)	랑그도크
오메독(Haut Médoc) 1999	카베르네 소비뇽, 메를로, 카베르네 프랑	물랭 드 라 라귄 (Moulin de la Lagune)	보르도
도멘 파르네 크뤼 클라세 (Domaine Farnet Cru Classé) 2000	생소, 무브드르, 시라	샤토 드 미뉘티(Château de Minuty)	프로방스
코르나 (Cornas) 1999	시라	폴 자불레	론 밸리

을 돕는다고 한다. 대학 간의 경쟁과 화합을 장려하면서도 문화적 소양도 함께 쌓을 수 있는 아주 좋은 게임이라 하겠다.

│ 기내용 와인을 위한 블라인드 테이스팅

우리는 일명 '유명세'에 많은 영향을 받는다. 잰시스 로빈슨이 말한 대로, 우리는 라벨에 큰 영향을 받는 것이 사실이다. 그래서 아무 편견 없이 시행되는 블라인드 테이스팅은 사심 없이 일을 치를 수 있어 좋다.

하지만 블라인드 테이스팅이 능사는 아니다. 비행기 안에서 이뤄지는 블라인드 테이스팅은 왜곡된 결과를 낳는다. 약 1만 미터 상공에서 맛을 알아내기란 여간해선 쉽지 않다. 비행기 이륙 후 몇 시간이 지나면 우리는 탈수현상을 겪는다. 와인 역시 와인 속에 있는 알코올로 인해 이런 탈수가 촉진된다. 그래서 시음 능력이 30퍼센트 이상 절감된다. 결과적으로, 와인은 그대로인데 맛은 달라진다.

영국 항공에서 이런 조사를 벌였다. 비행기에서, 공항에서, 호텔에서 각각 블라인드 테이스팅을 실시했다. 그랬더니 시음자들은 만장일치로 호텔에서 시음한 와인을 최고로 꼽았다. 시음자들의 선호도 역시 일치했다. 호텔, 공항, 비행기의 순서였다. 그렇다면 장소별로 다른 와인이었을까? 와인은 모두 같은 것이었다. 이 실험은 물리적 상황에 따라 와인의 맛이 달라지는 상황을 검증해 보기 위한 시도였다.

항공 회사들은 기내 와인 선정에 노력을 많이 한다. 장거리 여행 중에는 먹거리가 비행 만족도에 큰 영향을 끼치기 때문이다. 좋은

'내가 누구게?' 숨박꼭질 같은 와인시음회.

와인을 고르기 위하여 항공 회사들은 와인 전문가에게 도움을 청한다. 싱가포르 항공은 영국인 스티븐 스퍼리어(Steven Spurrier)에게 오랫동안 기대고 있으며, 영국 항공 역시 영국인 휴 존슨, 잰시스 로빈슨 등에게 부탁한다. 이들 전문가들은 한결같이 블라인드 테이스팅을 통해 품질 우선의 와인을 기내 와인으로 추천하고 있다.

그들은 비행기 와인을 약화된 시음 능력을 감안하여 선정한다. 은근한 맛과 향으로는 비행기 내에서 좋은 느낌을 줄 수 없다. 그래서 향이 풍부하고 질감이 풍성한 와인이 주로 선택되는데, 호주의 쉬라즈가 인기 있다. 진하고 강한 과일 향이 코와 입에 큰 자극을 보내 코가 향을 쉽게 맡게 하는 와인이다. 쉬라즈의 높은 알코올 도수 역시 구강에서 풍성한 질감을 선사하여 시음자가 쉽게 맛을 느끼게 한다.

스티븐 스퍼리어. 와
인 평가에 일가견을
가지며 왕성한 시음
활동을 즐기고 있다.
월간 와인잡지 《디
켄터》에 매월 시음
후기를 기고한다.

블라인드 테이스팅의 최대 수혜자,
캘리포니아 와인

좋은 와인의 대명사는 프랑스였다. 오랫동안 프랑스만이 훌륭한 와인을 만드는 나라로 인정받아 왔고, 어느 누구도 이런 주장에 반기를 들지 못했다. 수백 년 동안 와인 하면 프랑스 와인이었던, 이를테면 프랑스인에게는 아름다웠던 시절의 이야기이다.

하지만 이 아름다운 시절에 조금씩 먹구름이 끼기 시작했으니, 때는 1976년, 장소는 파리 인터컨티넨탈 호텔에서 벌어졌다. 파리에서 와인숍과 아카데미를 운영하던 서른네 살의 영국인 스티븐 스퍼리어는 캘리포니아 와인의 맛에 놀라게 된다. 그는 캘리포니아 와인의 수준이 프랑스의 대표 와인에 어디까지 미치는지 확인하고 싶었다.

그리하여 스퍼리어는 프랑스인들로 구성된 평가단을 조직하여 캘리포니아 와인과 프랑스 와인과의 맛 대결을 벌였다. 방법은 블라인드 테이스팅으로 결정했다. 분야는 샤르도네의 화이트와인과 카베르네 소비뇽 위주의 레드와인으로 나뉘었다. 모두를 당연히 프랑스 와인의 일방적인 우세라고 내다봤다. 그러나 결과는 정반대로 캘리포니아 와인의 완승이었다. 블라인드 테이스팅의 진가가 발휘된 순간이었다.

프랑스인으로 구성된 평가단은 가장 우수한 순서로 점수를 매겼다. 점수는 오로지 와인의 맛으로만 결정되었다. 화이트 분야에서는 캘리포니아의 샤토 몬텔레나, 레드 분야에서는 캘리포니아의 스택스 립 와인 셀러가 각각 1위를 차지했다. 부르고뉴 화이트의 대명사 뫼르소나 보르도의 기라성 같은 샤토 무통 로칠드, 샤토 오브리옹보다 미국 와인이 더 인기 있었던 것이다.

이후에 어떤 일이 일어났을까? 한마디로 프랑스에서는 난리가 났다. 와인평가를 했던 사람들은 인터뷰를 회피했으며 한동안 숨어 지낼 만큼 조용히 근신해야 할 정도로 온나라가 발칵 뒤집어졌다. 반면 캘리포니아 와인은 고급 와인의 반열에 오르게 되었다.

한편에서는 평가의 결과가 오류가 있다고 하며 결과에 애써 의미를 부여하지 않았다. 프랑스 와인은 제대로 숙성되어야 제맛을 내는데, 평가 와인들이 너무 어린 와인이었다는 것이다. 하지만 소비자들은 이 대결을 통해 캘리포니아 와인의 존재를 알게 되었다.

2006년 올해 파리 시음대회 30주년 기념행사가 기획되었다. 30년 전에 시음했던 그 와인을 놓고 시음하는 앙코르 시음이다. 숙성력이 뛰어난 보르도와인은 익으면 익을수록 맛이 더 좋아진다고 사람들이 믿

리지 빈야드 몬테 벨로.

◆ 1976 시음대회 출품와인 명세

화이트와인	생산자	생산지
샤토 몬텔레나 (Château Montelena) 1973		미국
뫼르소 샴므 (Meursault Charmes) 1973	룰로(Roulot)	프랑스
샬론 빈야드 (Chalone Vineyard) 1974		미국
스프링 마운틴 빈야드 (Spring Mountain Vineyard) 1973		미국
본 클로 데 무슈 (Beaune Clos Des Mouches) 1973	조셉 드로앙 (Joseph Drouhin)	프랑스
프리마크 애비 와이너리 (Freemark Abbey Winery) 1972		미국
바타르 몽트라쉐 (Batard-Montrachet) 1973	라모네-프뤼동 (Ramonet-Prudhon)	프랑스
풀리니-몽트라쉐 레 퓌셀르 (Puligny-Montrachet Les Pucelles) 1972	르플래브	프랑스
비더 크레스트 빈야드 (Veeder Crest Vineyards) 1972		미국
데이비드 브루스 와이너리 (David Bruce Winery) 1973		미국

레드와인	생산지
스택스 립 와인 셀러(Stag's Leap Wine Cellars) 1973	캘리포니아
샤토 무통 로쉴드(Château Mouton Rothschild) 1970	보르도
샤토 오브리옹(Château Haut Brion) 1970	보르도
샤토 몽로즈(Château Montrose) 1970	보르도
샤토 레오빌 라스 카즈(Château Leoville Las Cases) 1971	보르도
리지 빈야드 몬테 벨로(Ridge Vineyards Monte Bello) 1971	캘리포니아
마야카마스 빈야드(Mayacamas Vineyards) 1971	캘리포니아
클로 뒤 발 와이너리(Clos Du Val Winery) 1972	캘리포니아
하이츠 마르타 빈야드(Heitz Wine Cellars Martha's Vineyard) 1970	캘리포니아
프리마크 애비 와이너리(Freemark Abbey Winery) 1967	캘리포니아

◆ 파리의 심판 재대결 시음순위(레드와인)

2006년	1976년	와인명	생산지
1	5	리지 빈야드 몬테 벨로 1971	캘리포니아
2	1	스택스 립 와인 셀러 1973	캘리포니아
3	7	하이츠 마르타 빈야드 1970	캘리포니아
4	9	마야카마스 1971	캘리포니아
5	8	클로 뒤 발 1972	캘리포니아
6	2	샤토 무통 로췰드 1970	보르도
7	3	샤토 몽로즈 1970	보르도
8	4	샤토 오브리옹 1970	보르도
9	6	샤토 레오빌 라스 카즈 1971	보르도
10	10	프리마크 애비 1967	캘리포니아

고 있어서 이번 결과는 프랑스의 손쉬운 승리일 거라고 모두들 내다
봤다. 그러나 결과는 또 달랐다. 또 30년이 흐른 후에도 역시 캘리포
니아 와인이 더 높은 평가를 받았다. 앙코르 시음의 1위는 리지 빈야
드 몬테 벨로 1971 차지였다.

이 결과를 두고 한 편에서는 빈티지의 기복이 심한 프랑스 와인과
빈티지 편차가 없는 캘리포니아 와인 간의 승부는 별 의미가 없다고
주장한다. 여하튼 블라인드 테이스팅은 우리 자신을 뒤돌아보게 만
든다.

외쳐라, 그러면 얻을 것이다

"자, 기다리고 기다리던 시간입니다. 이번에는 프랑스 보르도의 레드와인 샤토 라투르입니다. 빈티지는 1961년입니다. 세기적인 빈티지이죠. 와인평론가 로버트 파커가 주저 없이 100점 만점을 준 와인이죠. 그럼 290만 원부터 시작합니다. 290만 원 안 계십니까? 290만 원 나왔습니다. 300만 원 없습니까? 감사합니다."

동시에 팻말이 두 개가 올랐다. 한 사람은 워커힐 호텔의 지배인이고 다른 한 사람은 30대 직장인인 것 같았다. 지배인은 어떤 고객을 위해 대리 응찰한 것으로 보였고, 그 직장인은 자기 몫으로 경매에 나선 것인지 아니면 대리 응찰인지 구분이 가지 않았다. 330만 원, 360만 원, 400만 원, 430만 원, 460만 원, 500만 원. 시소 같은 경매가 계속되면서 경매사인 나 역시도 긴장하고 있었다.

2004년 3월 19일 밤의 일이다. 장소는 서울 쉐라톤 그랜드 워커힐 호텔. 아트옥션이 마련한 와인경매가 열리고 있다. 참가자들의 관심은 라투르(Latour) 한 병이 누구 손에 갈 것인지에 온통 쏠려 있었다. 팽팽한 긴장감이 흐르는 가운데 가격이 500만 원을 넘어서자 장내는 더욱 술렁이기 시작했다.

'20세기 최고 와인'으로 꼽히는 1961년산 샤토 라투르 한 병. 결국이 와인은 560만 원이라는 기록적인 가격에 한 직장인에게 낙찰되었다. 그에게 보내는 참관인들의 박수가 끊이지 않고 계속되었다. 그 박수 소리와 함께 부러움과 아쉬움이 섞인 탄성이 여기저기서 터져 나왔다. 우리나라에서 가장 비싸게 낙찰된 와인으로 기록되는 순간이다.

| 와인 구입의 새로운 방법, 경매

경매에 참가하는 이유는 우선 와인을 싸게 살 수 있기 때문이다. 일반 와인의 유통 경로는 거미줄처럼 꽉 짜여져 있다. 수입회사에서 도매상으로, 도매상에서 소매점으로, 소매점에서 소비자로 와인은 유통된다. 이 과정에서 각 단계별로 마진이 붙어 와인가격이 형성된다. 와인을 일반주류로 간주하는 국세청에 의해 와인에 약 68퍼센트의 세금이 붙는다. 그리하여 경제규모 10위에 해당하는 세계적인 교역국가인 우리나라의 와인 가격은 상위 열 나라 중에서 가장 비싸다.

경매는 기본적으로 4단계인 유통 구조에서 한 단계를 생략하므로 가격을 낮출 수 있다. 또한 와인의 재고 관리 비용도 거의 들지 않으므로 더욱 저렴하게 와인을 경매에 내놓을 수 있다. 원래 경매의 주요 목적이 희귀하고 비싼 와인의 새 주인을 찾는 것이지만, 우리나라의 경매는 40퍼센트 이상 저렴한 값으로 경매를 시작한다는 가격

"네. 70만 원 감사합니다. 75만 원 받겠습니다. 75만 원? 더 없습니까?" 아트옥션의 와인
경매 현장(위).
"탁월한 선택이에요. 인기가 좋은 와인이죠." 경쟁이 있을 경우에 경매의 가격은 자연히
더 올라간다(아래).

의 절감이 가장 큰 매력이다.

경매에는 비싼 와인만 나오지 않는다. 내가 워커힐 호텔의 와인 경매 리스트에 올린 와인 200여 종 가운데 30여 가지는 병당 5만 원 미만의 가격이었다. 값이 시중가보다 비싸게 올라가면 안 사면 그만이다. 마시는 게 목적이라면 와인 경매에 참가해서 손해볼 이유가 전혀 없다.

두 번째 이유는 구하기 힘든 와인과 만날 수 있다. 국내 와인 경매에 물건을 내놓는 사람들은 대부분 수입상들이다. 대규모로 수입하지 않고 프로모션 차원에서 몇 병만 들여온 후 경매에 내놓는 경우가 많다. 이날 경매에선 전문 수집가로 보이는 몇 명의 참가자가 특정 와인에 집중적으로 구매 의사를 나타냈고 가격이 치솟았다.

마지막으로 경매에 참가하는 이유는 즐거움 때문이다. 호텔에서 마련한 맛있는 코스 메뉴에 와인을 곁들여 먹는 경매 특선 디너는 와인을 무료로 제공하기 때문에 저렴하다. 와인을 즐기는 사람들끼리 한자리에 모여 식사도 하고 와인도 마시고 거기다 경매까지 참관하니 일석삼조인 셈이다. 디너에 참가하면 와인 세 종류를 무료로 시음할 수 있다.

이런 이점 때문에 와인 경매에 참가하는 사람들이 늘고 있다. 중소기업에 다니는 회사원 모씨는 와인 경매를 항상 기다린다. 고급 와인을 저렴하게 살 수 있는 기회가 오기 때문이다. 모씨는 2003년 4월 20일 처음 참여한 와인 경매에서 이탈리아 토스카나 지방의 레드와인 오르넬라야(Ornellaia) 1998년산 두 병을 총 35만 원에 샀다. 시중가의 절반 값 수준에 샀다고 즐거워했다. 그가 와인 경매에 참여한 이유는 구입한 와인을 오랫동안 보관했다가 고가에 되팔기 위해서다.

◆ 경매 8원칙

빈티지가 좋은 투자등급 와인을 사야 한다.	라투르라고 해서 다 투자등급이 아니다. 빈티지가 중요하다.
신뢰하지 못하는 가게에서는 사지 마라.	신용은 상거래의 기본이다.
큰 용량이나 상자 단위로 사라.	박리다매의 이치와 같다.
선물 거래로 사라.	비교적 저렴하게 살 수 있다.
셀러를 구축하라.	좋은 와인을 얻기 위해선 반드시 필요하다.
분산 투자하라.	계란을 한 바구니에 다 담지 않는 이치다. 분산투자는 투자의 기본.
장기 투자하라.	길게 보아야 한다. 와인 숙성에는 시간이 많이 걸린다. 숙성이 되면 맛이 좋아지니 값이 올라간다.
값이 너무 비쌀 때에는 사지 마라.	굳이 경매를 이용하는 의미가 없다.

2003년 4월 경매에는 또 고급 와인으로 유명한 프랑스 보르도 지방의 레드와인 샤토 르 팽(Château Le Pin) 1986년산이 출품되었다. 낙찰가는 한 병에 165만 원으로, 미국에서도 1,000달러 안팎의 가격으로 팔리는 만큼 운임비, 수입관세, 유통업체 마진 등을 합친 가격과 비교해 보면 경매에서 구입한 것이 훨씬 이익이다.

가격도 가격이지만 시중에서 구하기 어려운 와인이라는 점에서 더욱 값어치가 있었다. 이 와인은 미국으로 유학 가는 한 직장인이 내놓았다. 30대 후반인 그는 프랑스 출장 시 직접 구입한 이 와인을 유학 여비를 마련할 겸해서 경매에 내놓았던 것이다. 그는 "더 비싸

◆ 경매용어해설

번호 팻말 (paddle)	경매 참가 등록을 하면 번호가 쓰여진 팻말을 받는다. 그 팻말을 들어 입찰한다.
위탁수수료 (seller's commission)	와인회사가 경매회사에 와인 판매를 위탁할 때 지급하는 수수료이다. 만약 와인이 낙찰되지 않으면 와인회사는 위탁수수료를 지불하지 않는다.
낙찰수수료 (buyer's premium)	와인이 낙찰되면 낙찰자는 경매회사에 낙찰금액의 11퍼센트에 해당하는 수수료를 추가로 지불해야 한다.
낙찰가격 (hammer price)	경매사가 경매봉을 내리치고 '낙찰'이라고 외쳤을 때의 가격으로 최고입찰가격을 의미한다.
내정가격 (reserve)	와인을 위탁할 때 위탁자와 경매회사가 합의한 와인의 최소 낙찰 가격이다. 입찰이 내정가격에 미치지 못하면 경매는 유찰된다.

게 팔리지 않아 아쉽기는 하지만 현금으로 바꾼 것에 만족한다"고 소감을 피력했다.

벤처 기업가 김씨는 고급 와인 구입을 위해 2004년 4월 경매에 참여했다. 이미 수백 병의 고급 와인을 집에 보관하고 있을 정도로 와인 마니아인 그는 경매를 알기 전까지는 해외출장 때 혹은 일시 귀국하는 지인을 통해 고급 와인을 구입했으나 앞으로는 경매가 있을 때마다 참여할 생각이라고 한다.

생일이나 결혼기념일 등 특별한 날을 기념하기 위해 와인 경매를 활용하는 경우도 있다. 박씨는 2004년 4월 경매에서 1994년에 생산된 와인을 구해달라고 요청했다. 초등학교 2학년인 자녀가 졸업하는 날에 자녀의 생년 와인으로 축하해 주는 이벤트를 위해서였다. 그가 구한 와인은 더 특별한 것이었다. 그에게 낙찰된 스페인산 레드와인 쿨멘(Culmen)은 1994년 첫 출시된 와인이었다.

자영업자 최씨는 건강상의 이유로 경매장을 찾는 독특한 경우다. 그는 6년 전 의사가 "혈액 순환에 도움이 된다"며 매일 와인 한두 잔을 마실 것을 권유하자 백화점에서 대량으로 와인을 구입해 마셨다. 그러던 중 우연히 와인 경매장에서 구입하는 것이 백화점보다 저렴하다는 것을 알고는 경매가 있을 때마다 매번 참여하고 있다. 백화점에서 구입했던 레드와인의 시중가는 2만 원대였지만 경매에선 12,000원에 구입할 수 있어 2003년 12월 경매에서 열 박스(열두 병들이), 총 120병을 구입해 용달차에 실어갔다. 또 2004년 4월 경매에서도 다섯 박스를 구입했다. 단순히 건강상의 이유로 시작한 와인은 자신을 이제 전문가 수준에 올려놓았다고 그는 고백한다.

이밖에 다양한 와인을 구입하기 위해 친구들과 팀을 짜서 경매에 참여하는 경우도 있다. 일반 와인은 여섯 병 혹은 열두 병들이 박스 단위로 팔기 때문에 여러 와인을 구입하려면 부담이 된다. 이때 친구들끼리 십시일반으로 구입하면 적은 비용으로도 와인을 구입할 수 있다.

만약 자신에게 외국 경매에 참가할 기회가 생긴다면 몇 가지 유의할 사항이 있다.

우선 낙찰수수료가 비싼 편이다. 보통 20퍼센트 정도다. 또한 나라별로 혹은 해당 주별로 판매한 물품에 부과되는 세금인 물품세가 있으니 확인하는 게 좋다. 배송료도 만만치 않다. 원하는 곳까지 와인을 배송해 주지만, 모두 자비 부담이기 때문이다. 외국에서 오는 것이므로 당연히 사고에 대비한 보험료를 내야 한다. 보통은 물품가격의 1퍼센트를 내는데, 국제운송의 경우는 2퍼센트가 보통이다.

이밖에도, 외국에서 낙찰 받은 와인을 국내로 반입할 때에는 정식으로 수입통관절차를 밟아야 한다. 경매회사에 문의하면 낙찰와인 통째로 와인 셀러에 장기간 보관할 수 있으니 참고하자. 물론 보관수수료는 별도다. 외국 경매에서 물건을 사면 이처럼 다양한 부가비용이 드니 참가하기 전에 미리 세심하게 전체 비용을 알아두는 게 현명하다.

일상에서 즐길 수 있는 와인

와인명 | **아르마도르**
구분 | 레드
맛 | 드라이
주품종 | 까르미네르
원산지 | 마이포 밸리
국가 | 칠레
소비자가격 | 20,000원

와인명 | **카테나 자파타 알라모스**
구분 | 레드
맛 | 드라이
주품종 | 말벡
원산지 | 멘도자
국가 | 아르헨티나
소비자가격 | 21,000원

와인명 | **산테로**
구분 | 스파클링
맛 | 스위트
주품종 | 모스카토
원산지 | 아스티 스푸만테
국가 | 이탈리아
소비자가격 | 22,000원

와인명 | **샤토 보네**
구분 | 레드
맛 | 드라이
주품종 | 카베르네 소비뇽
원산지 | 보르도
국가 | 프랑스
소비자가격 | 23,000원

와인명 | **메짜코로나**
구분 | 화이트
맛 | 드라이
주품종 | 피노 그리지오
원산지 | 베네토
국가 | 이탈리아
소비자가격 | 24,000원

와인명 | **칸펠레**
구분 | 화이트
맛 | 드라이
주품종 | 샤르도네
원산지 | 풀리아
국가 | 이탈리아
소비자가격 | 24,000원

와인명 | **샤토 페즐**
구분 | 로제
맛 | 드라이
주품종 | 그롤로
원산지 | 로제 당주
국가 | 프랑스
소비자가격 | 25,000원

와인명 | **헨켈 트로켄**
구분 | 스파클링
맛 | 드라이
주품종 | 피노 블랑
원산지 | 독일
국가 | 독일
소비자가격 | 25,000원

와인명 | **란초 자바코 댄싱 불**
구분 | 레드
맛 | 드라이
주품종 | 진판델
원산지 | 캘리포니아
국가 | 미국
소비자가격 | 26,000원

와인명 | **도멘느 페랭**
구분 | 레드
맛 | 드라이
주품종 | 시라
원산지 | 론밸리
국가 | 프랑스
소비자가격 | 27,000원

와인명 | **바바 로제타**
구분 | 레드
맛 | 스위트
주품종 | 말바시아
원산지 | 베네토
국가 | 이탈리아
소비자가격 | 28,000원

와인명 | **마르케사**
구분 | 화이트
맛 | 드라이
주품종 | 코르테제
원산지 | 가비
국가 | 이탈리아
소비자가격 | 29,000원

와인명 | 지네스테 마스카롱
구분 | 레드
맛 | 드라이
주품종 | 카베르네 소비뇽
원산지 | 보르도
국가 | 프랑스
소비자가격 | 30,000원

와인명 | 트라피체 오크 캐스크
구분 | 레드
맛 | 드라이
주품종 | 말벡
원산지 | 멘도자
국가 | 아르헨티나
소비자가격 | 30,000원

와인명 | 무통 카데
구분 | 레드
맛 | 드라이
주품종 | 카베르네 소비뇽
원산지 | 보르도
국가 | 프랑스
소비자가격 | 32,000원

와인명 | 에스쿠도 로호
구분 | 레드
맛 | 드라이
주품종 | 카베르네 소비뇽
원산지 | 마이포 밸리
국가 | 칠레
소비자가격 | 37,000원

와인명 | 빌라 엠 로쏘
구분 | 레드
맛 | 스위트
주품종 | 브라케토
원산지 | 베네토
국가 | 이탈리아
소비자가격 | 39,000원

와인명 | 베라짜노
구분 | 레드
맛 | 드라이
주품종 | 산지오베제
원산지 | 키안티 클라시코
국가 | 이탈리아
소비자가격 | 41,000원

와인명 | 코얌
구분 | 레드
맛 | 드라이
주품종 | 카베르네 소비뇽
원산지 | 콜차과 밸리
국가 | 칠레
소비자가격 | 43,000원

와인명 | 프레스코발디 니포짜노
구분 | 레드
맛 | 드라이
주품종 | 산지오베제
원산지 | 키안티 클라시코
국가 | 이탈리아
소비자가격 | 44,000원

와인명 | 브로큰우드
구분 | 레드
맛 | 드라이
주품종 | 쉬라즈
원산지 | 남호주
국가 | 호주
소비자가격 | 45,000원

와인명 | 켄우드
구분 | 레드
맛 | 드라이
주품종 | 카베르네 소비뇽
원산지 | 캘리포니아
국가 | 미국
소비자가격 | 48,000원

와인명 | 마스트로베라르디노
아발론
구분 | 레드
맛 | 드라이
주품종 | 피에디로쏘
원산지 | 캄파니아
국가 | 이탈리아
소비자가격 | 49,000원

와인명 | 클라우디 베이
구분 | 화이트
맛 | 드라이
주품종 | 소비뇽 블랑
원산지 | 말보로
국가 | 뉴질랜드
소비자가격 | 49,000원

와인명 | 다렌버그 래핑 맥파이
구분 | 레드
맛 | 드라이
주품종 | 쉬라즈
원산지 | 맥라렌 베일
국가 | 호주
소비자가격 | 50,000원

와인명 | 발디비에소 싱글빈야드
구분 | 레드
맛 | 드라이
주품종 | 메를로
원산지 | 센트럴 밸리
국가 | 칠레
소비자가격 | 50,000원

와인명 | 알레그리니
구분 | 레드
맛 | 드라이
주품종 | 코르비나
원산지 | 팔라조 델라 토레
국가 | 이탈리아
소비자가격 | 50,000원

와인명 | 1865
구분 | 레드
맛 | 드라이
주품종 | 카베르네 소비뇽
원산지 | 마이포 밸리
국가 | 칠레
소비자가격 | 50,000원

와인명 | 라 브라체스카
구분 | 레드
맛 | 드라이
주품종 | 산지오베제
원산지 | 비노 노빌레 디
몬테풀치아노
국가 | 이탈리아
소비자가격 | 55,000원

와인명 | 캐릭터
구분 | 레드
맛 | 드라이
주품종 | 카베르네 소비뇽
원산지 | 마이포 밸리
국가 | 칠레
소비자가격 | 56,000원

와인명 | 비앙키 파티큘라
구분 | 레드
맛 | 드라이
주품종 | 말벡
원산지 | 도나 엘자
국가 | 아르헨티나
소비자가격 | 59,000원

와인명 | 뵈브 클리코
구분 | 스파클링
맛 | 드라이
주품종 | 샤르도네
원산지 | 샴페인
국가 | 프랑스
소비자가격 | 68,000원

와인명 | 니콜라
페이앗트 드미섹
구분 | 스파클링
맛 | 스위트
주품종 | 샤르도네
원산지 | 샴페인
국가 | 프랑스
소비자가격 | 75,000원

와인명 | 란챠
구분 | 레드
맛 | 드라이
주품종 | 산지오베제
원산지 | 키안티 클라시코
국가 | 이탈리아
소비자가격 | 80,000원

와인명 | 카프릴리
구분 | 레드
맛 | 드라이
주품종 | 브루넬로
원산지 | 브루넬로 디 몬탈치노
국가 | 이탈리아
소비자가격 | 80,000원

와인명 | 도무스 아우레아
구분 | 레드
맛 | 드라이
주품종 | 카베르네 소비뇽
원산지 | 마이포 밸리
국가 | 칠레
소비자가격 | 100,000원

와인명 | 이스카이
구분 | 레드
맛 | 드라이
주품종 | 말벡
원산지 | 멘도자
국가 | 아르헨티나
소비자가격 | 100,000원

와인명 | 카발로 로코
구분 | 레드
맛 | 드라이
주품종 | 카베르네 소비뇽
원산지 | 센트럴 밸리
국가 | 칠레
소비자가격 | 100,000원

와인명 | 볼랭저 스페샬 브뤼
구분 | 스파클링
맛 | 드라이
주품종 | 샤르도네
원산지 | 샴페인
국가 | 프랑스
소비자가격 | 103,000원

와인명 | 벨라비스타
구분 | 스파클링
맛 | 드라이
주품종 | 샤르도네
원산지 | 프란차코르타
국가 | 이탈리아
소비자가격 | 105,000원

와인명 | 블루넌
구분 | 아이스와인
맛 | 스위트
주품종 | 리슬링
원산지 | 모젤
국가 | 독일
소비자가격 | 110,000원

**와인명 | 로버트 몬다비
　　　　오크빌**
구분 | 레드
맛 | 드라이
주품종 | 카베르네 소비뇽
원산지 | 나파 밸리
국가 | 미국
소비자가격 | 114,000원

**와인명 | 요하네스베르그
　　　　슈페트레제**
구분 | 화이트
맛 | 스위트
주품종 | 리슬링
원산지 | 라인가우
국가 | 독일
소비자가격 | 110,000원

와인명 | 귀달베르토
구분 | 레드
맛 | 드라이
주품종 | 카베르네 소비뇽
원산지 | 토스카나
국가 | 이탈리아
소비자가격 | 120,000원

**와인명 | 쿨렌 다이아나
　　　　마들린**
구분 | 레드
맛 | 드라이
주품종 | 카베르네 소비뇽
원산지 | 마가렛 리버
국가 | 호주
소비자가격 | 122,000원

와인명 | 샤토 라 루비에르
구분 | 화이트
맛 | 드라이
주품종 | 소비뇽 블랑
원산지 | 페삭 레오냥
국가 | 프랑스
소비자가격 | 130,000원

와인명 | 티냐넬로
구분 | 레드
맛 | 드라이
주품종 | 산지오베제
원산지 | 토스카나
국가 | 이탈리아
소비자가격 | 156,000원

와인명 | 알비스
구분 | 레드
맛 | 드라이
주품종 | 카베르네 소비뇽
원산지 | 마이포 밸리
국가 | 칠레
소비자가격 | 160,000원

와인명 | 크룩 그랑 퀴베
구분 | 스파클링
맛 | 드라이
주품종 | 샤르도네
원산지 | 샴페인
국가 | 프랑스
소비자가격 | 170,000원

와인명 | 니콜라 졸리
구분 | 화이트
맛 | 드라이
주품종 | 슈냉 블랑
원산지 | 쿨레 드 세랑
국가 | 프랑스
소비자가격 | 250,000원

· 소비자가격은 와인숍의 정책에 따라 차이가 날 수 있다.

마시는 술이 부동산이나 예술 작품처럼 투자할 가치가 있을까. 와인도 물론 투자 대상이 된다.
모든 그림이 다 비싸게 팔리지 않듯이 모든 와인이 투자할 만한 가치가 있는 것은 아니다.
보유 기간이 길수록, 그리고 가치가 상승할 만한 여력이 있어야 투자할 만하다.
그렇다면 와인에 과연 어떤 매력이 있기에 투자 대상이 되는 것인지 궁금할 것이다.
투자한다고 다 가치가 올라갈까? 나중에 처분하면 곧바로 돈이 될 수 있을까?
주식은 증권 거래소에서 거래되는데, 와인은 어디서 거래될까? 주식에도 블루칩이 있는 것처럼
와인에도 블루칩이 있을까? 있다면 어떤 와인이 블루칩일까?

2

와인은
문화이자 산업이다

1 블루칩 중의 블루칩 샤토 페트뤼스.
2 스테인드글라스에 있는 와인은 샤토 보세주르 베코. 보르도 2004년 빈티지를 주제로 하는
  세미나가 열렸다.
3 샤토 라투르 셀러의 가장 깊은 곳에서 잠들어 있는 1863년산 라투르.
4 경매의 마침표 경매봉. 단단하고 공명이 잘되는 재질로 만든다.

와인의 블루칩, 보르도

와인을 크게 일상생활 와인과 투자 등급 와인으로 구분할 수 있다. 일상생활 와인은 식탁 위에서 음식의 맛을 한층 돋우는 빛나는 조연의 역할이다. 투자할 만한 와인을 가리켜 투자 등급 와인이라고 한다. 우리는 왜 와인에 투자하는 것이며, 무엇으로 와인을 일상생활 와인과 투자 등급 와인으로 구분 짓는가?

▌와인에 투자하는 이유

와인 투자의 역사가 깊다. 서양에서는 오늘날에도 여전히 와인에 대한 투자가 성행한다. 그 상황을 살펴본다면 왜 와인이 투자대상이 되는지 그 이유를 조금이라도 알 수 있다.

첫째, 인간은 와인을 아주 오랫동안 즐겨왔기 때문이다. 기호재로

중세 보르도 와인교역의 중심지로 지롱드 강 하구에 위치한 포이약 항구.

서의 와인 음용 습관은 앞으로도 변하지 않을 것이다. 변하지 않는 음료 습관은 와인투자의 외부적 환경을 우호적으로 잡아 묶는다. 와인은 기원전 수천 년 전부터 인간에게 즐거움을 제공해 왔다. 서아시아에서 태동된 와인의 음용 문화는 유럽으로 건너가 꽃을 피웠다. 지금도 와인은 식당이나 식탁에서 애용되기에, 앞으로도 그 추세가 유지될 것이다. 이는 부동산이 우리 사회의 가장 확실한 투자 대상인 이유와 비슷하다. 아무리 많은 세월이 흘러도 소모되거나 변하지 않는 땅처럼 와인의 음용 습관 역시 변하지 않는다.

둘째, 소득이 증가함에 따라 더 좋은 음식, 더 좋은 음료인 와인에 대한 수요가 생기기 때문이다. 웰빙에 관심이 많은 현대인들에게 와인은 큰 인기가 있다. 화이트와인은 인체에 이로운 고밀도 콜레스테롤 형성에 도움이 되고, 레드와인은 심장병 질환에 효험이 있다. 건강에도 좋고 알코올 도수도 약한 와인은 소주나 위스키 시장을 조금씩 대체하고 있다. 우리나라의 와인 수입 실적도 매년 20퍼센트 이상 성장하고 있다. 수입 와인 중에서 고급 와인의 소비 역시 꾸준히 늘고 있다. 이는 와인의 왕성한 수요를 뒷받침한다. 계속해서 원하는 사람이 생기니 투자 대상이 될 수밖에 없다.

셋째, 좋은 와인의 수량은 한정되어 있기 때문이다. 즉, 희소성이 있느냐의 문제다. 아무리 좋아도 흔하면 결코 투자 대상이 될 수 없다. 와인의 공급은 거의 일정하다. 인기 있는 와인의 종류는 한정되어 있고, 그 수량은 매년 큰 변화가 없다. 생산된 와인의 수량은 시간이 지남에 따라 기본적으로 소비가 이루어지기 때문에 그 수가 점점 줄어든다. 특히 부르고뉴 와인들의 희소성은 대단하다.

예를 들어, 부르고뉴 레드와인 라 타슈(La Tache) 1990년산이 1993년 초에 24,000병이 출시되었다. 출시된 후에 세계 곳곳의 레스토랑이나 와인 바에서 조금씩 팔았을 것이다. 그리하여 13년이 지난 지금 우리는 그 와인의 남은 숫자를 알기는 불가능하다. 하지만 분명한 것은 수량이 많이 줄었을 거라는 사실이다. 공급이 줄어들면 당연히 수요는 커지고, 수요가 커지면 당연히 가격도 올라간다. 미래에 가격이 올라갈 것으로 예상하는 것이 바로 투자다.

넷째, 와인이 숙성하면 더 맛있어지기 때문에 투자할 만하다. 와인이 시간이 지남에 따라 맛이 깊어지고 좋아진다면 그것은 가치가 커지는 일이다. 와인이 오랜 기간 숙성하는 동안에 타닌(Tannin)은 부드러워지고, 병 속에서 천천히 변한 와인은 부케를 잉태한다. 면과 실크의 차이처럼 숙성된 와인은 거친 성질이 연해지고 부드러워져 질감이 복합적으로 변한다. 이것은 어린 와인에서는 도저히 느낄 수없는 매력이다.

숙성은 와인을 투자 세계로 이끄는 가장 중요한 원동력이다. 와인 라벨이 아무리 깨끗하고 눈금이 높아도 맛을 봐야 출품 결정을 한다. 온도가 높아 숙성이 촉진되어 조숙하게 된 와인, 향이 이미 무디어지거나 형편없는 맛이 나는 와인, 오래되어 푹 익어버린 와인 등을 골라낸다. 경매회사는 이런 와인이 여러 병이 나오면 그 전체 셀러에 있는 와인 모두의 출품을 거절할 정도로 완벽을 기한다.

와인의 숙성은 오랜 시간을 요한다. 짧게는 몇 년, 길게는 몇십 년이 걸리기도 한다. 어떤 와인은 사람보다도 더 오랫동안 숙성한다. 샤토 마고(Château Margaux) 1900년산이 그렇다. 로버트 파커는 2030년까지 숙성할 수 있다고 주장한다. 그렇다면 와인의 수명이 130년을 넘는다는 얘기가 된다. 화이트와인 중에서는 단연 샤토 디 켐(Château d'Yquem)이 오래간다. 1811년과 1847년을 시음한 파커는 그 와인들을 모두 완벽한 와인이라 평가하며 100점을 부여했다. 2001년산도 역시 100점으로 평가했는데, 그는 2100년까지 약 99년간 숙성될 것으로 내다보았다.

보르도 와인 중에서 샤토 라 미숑 오브리옹(Château La Mission Haut Brion) 1989년산이 있다. 로버트 파커는 1992년에 첫 시음한 후 97~99점을 부여하였는데, 이 와인은 그 이후 여섯 번의 시음을 거치면서 점수가 조금씩 올랐다. 드디어 1998년 평가에서는 100점 만점을 얻었다. 평가 점수 100점의

투자 등급 와인의 독수리 오형제. 1982년산 라피트, 라투르, 마고, 오브리옹, 무통.

효과는 바로 나타났다. 라 미숑 오브리옹 한 병은 300달러 언저리에서 450달러로 올랐다. 무려 50퍼센트나 상승한 것이다. 숙성되는 기간 동안에 와인의 맛과 향이 좋아지면 평가 점수도 상승할 수 있는 예다.

이 외에도 숙성력이 뛰어난 와인으로는 보르도 레드와인 중에서 특히 라투르 1961, 1982, 1990, 라피트(Lafite) 1982, 1986, 1996, 마고 1982, 1990, 무통(Mouton) 1945, 1982, 1986, 오브리옹 1961 등이 돋보인다. 신세계 와인 중에서는 호주의 그랑지(Grange)가 지켜볼 만하다.

다섯째, 와인 투자 역시 여느 투자 대상처럼 투자 수익을 현금으로 전환하기가 용이하기 때문이다. 와인 회사나 경매장에 내다 팔면 된다. 미국이나 유럽에서는 개인이 와인 가게나 경매 회사에 와인을

팔 수 있다. 와인은 쉽게 처분이 가능하다. 오늘날 유럽에는 와인의 투자 가능성을 간파한 전문가들이 와인펀드를 설정하고 있다. 애호가들의 출자로 구성되는 와인펀드는 주식시장에 대한 투자 대안 중 하나다.

영국인이 사랑하고 투자한 보르도 와인

아주 오래전부터 투자 대상 와인은 대부분이 프랑스 와인이었고, 지금도 그 상황은 마찬가지다. 더 자세하게 말하면 프랑스 중에서도 보르도 와인이다. 그 이유가 무엇일까. 그리고 투자 주체는 누구였을까. 어떤 사람들이 보르도 와인에 투자했을까. 이 물음을 모두 현재형으로 바꾸어도 답은 전혀 달라지지 않는다. 지금도 이 추세가 유지되고 있기 때문이다.

보르도 와인이 블루칩이 된 이유는 탁월한 숙성력 때문이다. 일반 와인은 금방 숙성되기 때문에 투자에는 걸맞지 않다. 하지만 보르도 와인은 천천히 숙성한다. 익기 전에는 떫은맛이 강해서 값이 싼 편이지만, 익으면 맛이 훨씬 좋아지므로 값이 비싸진다. 그래서 오래전부터 와인 가격이 쌀 때 미리 사두었던 습관이 오늘날의 와인 투자로 발전하였다. 하지만 어떻게 보르도가 세계에서 가장 유명한 와인이 되었을까. 보르도 와인의 매력을 간파하여 세계적으로 알린 사람이 과연 프랑스인일까? 답은, 아니다.

카베르네 소비뇽, 메를로, 카베르네 프랑을 섞어 최고의 황금 비율을 찾는 보르도 와인 방정식에 열렬한 지지를 보낸 이들은 영국인들이었다. 한마디로 프랑스는 와인을 만들고, 영국은 와인을 평가하

보르도의 여공작이자 프랑스와 영국의 왕비였던 엘레아노르.

고 소비한다. 영국 사람들은 전통적으로 보르도 와인을 사서 모았다. 이탈리아, 스페인, 포르투갈에서도 와인이 생산되었지만, 영국인들은 유독 보르도를 사랑했다.

보르도 와인은 검붉은 빛깔의 진하며 분명한 개성을 가진 와인이다. 이런 보르도 와인을 가리켜 여왕의 와인, 와인의 여왕이라고 표현한다. 강하고 진한 맛의 와인이 왜 여왕의 와인이 되었을까? 차라리 군왕의 와인이어야 하지 않을까? 그 이유를 알기 위해서는 중세로 가야 한다. 엘레아노르(Eleanor) 여왕이 바로 보르도 비밀의 열쇠다. 그녀를 기려 여왕의 와인이라 말하기 때문이다.

12세기 서유럽의 무대에는 프랑스 왕국, 아키텐(Aquitaine) 공국, 잉글랜드 왕국이 등장한다. 중세는 무력이 센 인물이 호령하던 봉건주의 시대였다. 프랑스 왕국이 샤를마뉴 대제 이후 권력이 쇠퇴일로에 있었던 반면, 아키텐 공국은 부강했다. 지금의 보르도 일대와 주변의 광활한 지역을 다스리던 아키텐 공국은 윌리엄 10세의 나라였다. 그는 공작의 신분이지만 국왕이 부럽지 않았다. 아키텐의 면적은 프랑스 왕국 땅의 세 배를 넘었다. 부유한 아버지 윌리엄 공작의 극진한 사랑으로 성장한 엘레아노르는 미모가 출중했으며, 가무를 즐길 줄 알았고 패션감각도 타의 추종을 불허했다. 한마디로 그녀는 팔방미인이었다.

정략결혼으로 프랑스 국왕 루이 7세에게 시집간 그녀는 결혼 초기부터 파리 생활에 염증을 느끼기 시작했다. 15세의 꽃다운 나이에 넘치는 끼를 소유한 엘레아노르는 따분한 생활과 사랑 없는 결혼에 곧 싫증이 났다. 그녀는 15년의 결혼생활을 청산하고 곧 재혼했다. 상대는 앙주 백작의 아들이며 노르망디 공작의 아들, 그리고 훗날 영국 왕실의 대를 잇게 되는 열한 살 연하의 헨리 2세였다.

엘레아노르는 헨리 2세 덕분에 다시 한 번 왕비가 되었고, 프랑스 왕비에서 이번에는 영국 왕비로 등극했다. 이 결혼은 훗날 '백년전쟁'의 원인을 제공하는 중세 최대의 결혼 스캔들이 되지만, 당시 영국인들은 프랑스에서 시집온 왕비를 환영했다. 먹을 것이 풍부한, 특히 포도주의 명산지로 소문난 아키텐 출신이 아니던가. 신부의 재산은 곧 결혼지참금이 되어 그 모두가 다 영국 왕실의 소유가 되는 당시의 관습이 독특한 역할을 한 것이다. 그리하여 풍요로운 보르도 땅 전체가 하루아침에 영국의 재산이 되었다. 더구나 보르도 와인의 맛을 일찌감치 알아차린 영국인들은 왕비의 고향이 보르도인 걸 알

보르도 시내의 한복판. 아빠는 와인숍으로 엄마는 백화점으로 아이들은 회전목마로!

고는 더욱 환호했다. 영국인들에게 그야말로 호박이 넝쿨 채 굴러들어 온 것이었다.

　당시 영국에서는 지하수가 오염되어 있었기에 음료수 공급을 위해 보르도, 스페인, 이탈리아 등지에서 와인을 수입해서 사먹는 형편이었다. 하지만 보르도가 영국에 병합된 다음에는 모든 게 달라졌다. 보르도는 수자원이 풍부한 땅이다. 지롱드(Gironde) 강, 도르도뉴(Dordogne) 강, 가론(Garonne) 강, 이 세 강이 흘러가는 곳이다. 구불구불 흐르며 대서양까지 흐르는 지롱드 강을 타고 화물선이 운항한다. 보르도 항구에서 배를 띄우면 스페인, 포르투갈, 이탈리아보다 뱃길이 짧아 운송비가 적게 드는 이점이 있어 수월하게 보르도 와인을 반입할 수 있게 되었다. 그 결과 보르도 와인은 영국인들에게 영국 와인이나 마찬가지가 되었다. 운송 기간이 짧은 것은 운송비 절감뿐 아니라 와인 상태를 유지하는 데에도 일조했다.

왕실 간의 이해관계에 따라 이루어진 결혼으로 인해 보르도를 즐기는 장본인이 바뀐 이야기가 이렇게 역사 속에 숨어 있다.

│ 영국이 베푼 보르도 와인에 대한 혜택

영국에서는 보르도 출신의 왕비를 맞이한 후에 보르도 와인의 수입 규모가 훨씬 더 커졌다. 이제 영국령인 보르도 와인에는 더 이상 관세를 부과하지 않아 가격이 더욱 싸졌다. 영국인들은 거기에 한술 더 떠서 여러 혜택을 제공하였다.

첫째, 보르도 와인의 구분을 쉽게 하기 위해 타 지역 와인보다 작은 오크통에 와인을 담게 했다. 런던항에 여러 나라의 와인이 하역되어도 보르도산 와인은 쉽게 식별되어 통관을 빨리 할 수 있었다. 둘째, 보르도 와인만 다음 시즌을 위해 보관해 주었고 나머지는 보관해 주지 않았다. 셋째, 보르도산 이외의 와인은 보르도에서 판매 금지하는 규칙도 제정했다. 어떻게 보면 횡포에 가까운 이러한 우대 정책은 영국인들이 만든 와인증서에 잘 기록되어 있다고 한다.

이러한 지원정책에 힘입어 큰 탄력을 받은 보르도 와인 수출은 런던항의 와인 하역량의 대부분을 차지하게 된다. 일반 와인으로는 경쟁이 되지 않자 스페인, 포르투갈은 나중에 주정강화 와인으로 수출 상품을 변경하게 되는데, 셰리(Sherry), 포트(Port) 등이 그 예다. 이것은 또한 먼 뱃길에 상하기 쉬운 와인의 상태를 유지하기 위한 필수불가결한 전략적 선택이었다.

영국인은 통치 기간 동안에 보르도 사람들을 영국 방향으로 우향 우 하게 만들었다. 헨리 2세와 엘레아노르의 치세 초기에는 보르도 사람들의 영국인들에 대한 반감도 많았다. 하지만 영국은 보르도 시장을 보르도 출신으로 임명하며 보르도 자치도시를 선포하는 정책을 폈다. 자랑스런 왕비, 영국의 우대 등으로 고무된 보르도 사람들은 점점 최고의 와인을 만들어 런던으로 보내는 것을 가문의 영광으로 생각하기 시작했다. 보르도 사람들은 그들을 인정한 영국 정부를 위해 백년전쟁 때에는 프랑스를 향해 총칼을 들었을 정도였다.

영국인들이 보르도 와인에 애착을 가지는 이유는 뭐니뭐니해도 보르도가 옛날 영국 식민지였기 때문이다. 런던 항구에 하역된 후 무관세로 통관되는 보르도 와인은 지역의 풍부한 토양과 자연환경의 특징을 잘 반영한 질 좋은 와인이었다. 영국인들은 보르도 와인이 제맛을 내려면 10년 이상, 경우에 따라서는 20년 이상의 숙성이 필요하다는 사실을 잘 알고 있었다. 그러니 출시된 직후 저렴할 때 많이 사두면 훗날 한 10년이나 20년쯤 후에 꺼내어 최고의 맛으로 마실 수 있는 셈이다.

만약 와인가게에서 숙성된 와인을 산다면 아주 비싸 마실 엄두를 못 냈을 것이다. 본인이 즐기기 위해 아니면 자녀에게 물려주기 위해 지하실에 묻어둔 와인은 식수가 부족한 영국인들에게 안도의 한 숨을 돌리게 했다.

해가 지지 않았다는 해양대국이 영국이다. 그래서 런던항은 만물상이다. 세계 각국의 특산물들이 모이는 곳이라 일찍이 창고업이 발달하였다. 보세 창고에 와인을 쌓아두고 온도와 습도를 유지해 주는 특수 보관 창고가 와인애호가에게 인기를 얻었다. 와인의 이동을 최소화 하여 좋은 상태를 유지할 수 있었고, 음용할 때에만 관세와 부가세를 부담하고 통관하면 되었기 때문이었다. 이런 자금 상의 이점은 바로 거래비용 최소화를 뜻한다. 즉, 거래비용만큼의 투자금액이 증가한 것이다.

주식시장에서 삼성전자, 포스코는 블루칩이다. 와인에도 블루칩이 있다. 보르도가 대표적인 블루칩 와인의 산지다. 보르도에서 만들어지는 라피트, 마고, 라투르, 오브리옹, 무통 로쉴드, 페트뤼스(Petrus), 슈발 블랑(Cheval Blanc), 오존(Ausone) 등이 대표적인 와인의 블루칩이라 하겠다.

경매 산업을 이끄는 크리스티

"신사숙녀 여러분, 잠시 안내 말씀드리겠습니다. 곧 크리스티 경매회사가 주관하는 와인 경매를 진행하겠습니다."

소란한 장내를 정돈하기 위한 몇 가지 당부 말씀이 더 이어지더니 잘 차려 입은 남성이 단으로 오른다. 호숫가에 자리 잡은 보르도 엑스포장 내부는 인산인해를 이루고 있었다. 말끔하게 머리카락을 빗어 넘긴 남자 경매사가 연단에 올라 가볍게 인사말을 던진다. 그는 곧 빠른 말로 경매를 진행하기 시작한다.

"1961년산 샤토 라투르 한 병입니다. 경매는 900유로(1유로는 약 1,215원)부터 시작합니다."

경매사의 말이 끝나기가 무섭게 덥수룩한 수염의 중년 남성이 번호판을 들었다. 그 외에도 여러 사람들이 번호판을 경쟁적으로 들어 올렸다. 입찰가격은 불과 5초도 흐르지 않았는데 1500유로를 가뿐하게 넘고 있었다. 바로 최고의 와인 경매를 선도하는 크리스티의 비넥스포(Vinexpo, 와인박람회) 경매의 한 장면이다.

최초로 와인을 경매하다

와인 투자의 실체를 가장 극명하게 관찰할 수 있는 것이 바로 '경매'다. 그리고 주로 경매를 통해 와인의 가치를 판단한다. 경매는 파는 사람에게도 이익이 된다. 더 비싸게 팔 수 있는 기회가 되기 때문이다. 경매는 사는 자와 파는 자의 공통의 이익을 위해서 순기능을 한다.

와인 경매의 주연급인 고급 와인의 가격은 더 비싸지는 반면에, 조연급 와인들의 가격은 살 만한 수준으로 거래되는 것이 보통이다. 부르고뉴의 와인, 이를테면 도멘 드 라 로마네 콩티(Domaine de la Romanée Conti) 혹은 보게가 양조한 와인의 값은 천청부지로 뛰어오르는데 반해 비교적 덜 알려진 생산자의 와인은 품질에 비해서 싸게 거래되고 있다.

따라서 이런 와인의 투자 가능성을 간파한 영국에서 최초의 와인 경매가 실시된 사실은 어쩌면 당연한 결과인지 모른다. 크리스티 경매 회사는 1766년 런던에 개업하면서부터 와인을 경매해 왔다. 크리스티는 창립자 제임스 크리스티(James Christie)의 성에서 비롯되었다. 경매 분야는 미술품 외에도 골동품, 보석, 시계, 와인 등 다양한 장르를 포함하고 있다. 전세계를 무대로 사업을 벌이는 크리스티는 서울 삼청동에 사무소를 설치하여 운영하고 있다.

크리스티는 창립일에 보르도 레드와인과 마데이라(Madeira, 포르투갈산 주정강화 와인)를 첫 경매했다는 기록을 가지고 있다. 또한

크리스티 와인경매 책자

1966년부터는 현대 와인 경매의 역사를 창조한 마이클 브로드벤트 (Michael Broadbent)에 의해 와인담당 부서가 최초로 생겨났다. 이때부터 본격적으로 경매를 통한 와인 투자가 성행하게 된다.

크리스티, 경매 관행을 바꾸다

좋은 와인이 있는 곳이라면 크리스티의 경매사들은 어디든 간다. 와인 경매는 뉴욕, 런던, 암스테르담, 제네바 등지에서 매년 수차례 열린다. 하지만 와인의 본산지인 프랑스에서는 경매를 해본 적이 없다. 그리하여 크리스티 와인 경매사들은 파리 경매의 상설화를 추진하였다. 하지만 프랑스 정부는 보수적인 태도를 견지하며 와인 경매의 실시를 제한해 왔다. 그러다가 유럽연합의 결속이 강화됨에 따라 프랑스는 더 이상 자국의 경매 산업을 보호할 명분을 잃었다. 드디어 2001년에 경매보호법이 철폐되었다. 크리스티는 파리에서 정식 와인 경매를 실시한 최초의 경매회사가 된다.

크리스티는 2002년 9월에 드디어 파리 몽타뉴 거리에서 와인 경매를 개시하였다. 몽타뉴 거리는 샹젤리제 인근에 위치한 화랑가다. 파리 한가운데에 자리 잡고 와인 경매를 개최한다는 사실에 경매사들의 가슴은 울렁였다. 영국 회사로서 와인 경매를 최초로 하게 된 데에는 크리스티의 대주주가 프랑스인이라는 사실도 어느 정도 작용했으리라고 짐작된다. 처음 경매에서 약 12억 원의 낙찰 결과를 낳았고, 매년 여러 차례 와인 경매가 파리에서 열리고 있다.

하지만 크리스티가 언제나 프랑스 와인만을 고집하는 건 아니다. 크리스티는 프랑스 와인 중심의 경매 관행을 바꾸는 데도 앞장섰다. 1996년 4월에 크리스티는 이탈리아 와인의 특선 경매를 기획하였다. 보르도 와인에 길들여진 영국 소비자들을 상대로 이탈리아 와인 경매를 실시하는 것을 두고 모두들 무모하다고 했다. 하지만 당시에도 와인 애호가들의 셀러안에는 반드시 이탈리아의 최고급 와인들이 있었다는 사실이다. 크리스티는 그 점에 착안하여 경매를 강행하였다. 이탈리아 와인이 싸구려 와인이라는 기존의 고정관념에 신선한 도전이 되는 일이었다. 카베르네 소비뇽만 즐기던 영국인들에게 크리스티는 다양한 맛을 선사했던 것이다.

이를 계기로 크리스티는 적극적으로 이탈리아 속으로 들어갔다. 이번에는 경매의 무대를 런던에서 밀라노로 옮겼다. 이탈리아 와인의 우수성을 적극적으로 알리려고 마음먹었다. 2001년 드디어 크리스티 와인 경매가 이탈리아에서도 거행되었다. 800가지 품목으로 구성된 경매에서 58.5퍼센트가 낙찰되었다. 판돌피니(Pandolfini)와

크리스티 홍콩지사는 교통이 좋고 시설이 세련된 컨벤션 센터에서 해마다 경매를 개최한다.

같은 이탈리아 경매회사의 아성에 도전한 시도치고는 나름대로 좋은 성과라고 평가했다. 이탈리아의 대표 와인으로 자타가 공인하는 와인들이 출품되었다. 비욘디 산티(Biondi Santi)의 브루넬로 디 몬탈치노(Brunello di Montalcino), 자코모 콘테르노(Giacomo Conterno)의 바롤로(Barolo), 안젤로 가야(Angelo Gaja)의 바르바레스코(Barbaresco), 테누타 산 귀도(Tenuta San Guido)의 사시카이야(Sassicaia) 등이 그 면면이다.

　2005년은 크리스티에게 의미 있는 한 해이다. 1999년 이후로 중단되었던 비넥스포 경매를 재개하였기 때문이다. 비넥스포는 보르도

메독 1등급 샤토 라투르는 최근 5년간 독수리 오형제 중에서 가장 우수한 품질을 양조하고 있다.

에서 열리는 와인 엑스포다. 2000여 개의 와인회사가 참관인을 맞이하는 큰 와인 행사로, 격년제로 6월에 열리는데 약 5만여 명의 방문객들이 찾는 큰 행사다.

시끌벅적한 엑스포 현장에서 경매를 진행하는 것은 힘들다. 집중이 요구되는 경매에서 주변의 소음은 입찰자들의 신경을 무디게 만든다. 하지만 출품 와인의 내용에 따라 상황이 달라지기도 한다. 1961년산 와인, 특히 샤토 라투르라면 산만한 이벤트홀의 분위기를 단번에 사로잡을 수 있다. 20세기 최고 와인의 후보이기 때문이다. 더군다나 와인의 소장처가 믿을 만하면 많은 수집가들은 긴장을 하고 정신을 집중하여 경매에 임한다. 나 역시 서울 와인 엑스포나 국제 주류 박람회에서 수년간 경매 이벤트를 진행해 본 적이 있다. 여러 다채로운 행사와 뒤범벅이 되기 때문에 경매를 진행하는 것이 무척이나 힘들었다. 그렇지만 많은 이목 앞에서 경매 행사를 소개하는 의미가 있기 때문에 경매를 실시하는 것이 득이라고 판단했다. 크리스티의 비넥스포 경매 역시 실적을 고려한 것이라기보다는 보르도 와인을 보르도의 한복판, 그것도 최대 규모의 엑스포 현장에서 경매한다는 이벤트 성격이 강한 것이었다.

입찰자들은 크리스티가 간행한 경매 책자를 펼쳐서 살펴본다. 거기에는 와인의 상태를 표시하는 여러 내용들이 기록되어 있다. 그중에서 '니콜라(Nicolas)'라는 단어가 눈에 띈다. 해당 와인이 니콜라에서 저장되었다는 내용이다.

유통회사 니콜라는 천혜의 환경을 가진 와인창고로 유명하다. 와인을 저장하기에 알맞은 온도는 물론이고 습도까지 완벽하게 조절되는 공간에서 와인을 저장하고 보관한다.

여기 한술 더 떠서 니콜라는 좀처럼 와인의 이동이 없는 곳이다. 빈티지 1961년의 라투르가 창고에 반입된 것은 대략 1963년 말쯤이다. 이때 반입된 와인을 니콜라 창고에 넣어둔 다음에 한번도 이동이 없었음을 의미한다. 따라서 니콜라가 유통한 와인은 품질이 탁월하다. 애호가들은 니콜라 상표가 표시된 와인의 상태를 신뢰한다. 이러니 경쟁이 치열할 수밖에 없다.

비넥스포에서의 경매에서도 두 사람이 번갈아 가격 상승을 부채질하더니 결국 1,800유로로 낙찰되었다. 이어 출품된 같은 와인은 1,500유로에 팔렸다. 소장처가 니콜라가 아니라서 좀더 낮게 낙찰되었다.

와인 경매는 지켜보는 것만으로도 와인 투자나 좋은 와인의 현재

가치를 한눈에 알 수 있는 공부가 된다. 와인 시장의 거대한 흐름을 알고 싶다면 지금 당장 경매장으로 달려가 보라!

｜ 젠틀한 크리스티 경매사

크리스티 경매의 특징 중 하나는 경매사의 권위에 있다. 권위는 멋지게 차려 입은 경매사의 턱시도에서 비롯되지 않는다. 바로 높이에서 비롯된다. 5미터 이상의 드높은 공중으로 오른 단상에 경매사가 우아하게 서 있는데, 입찰자의 눈동자가 경매사에게 집중되도록 설계되어 있다. 압도하는 높이에 위치하여 밑으로 내리꽂는 경매사의 불타는 눈동자를 입찰자는 도저히 피할 수 없다.

경매가 시작되면 순식간에 정적이 돌고 오직 눈동자를 돌리고 굴리는 소리 밖에 들리지 않는다. 유능한 경매사는 입찰자의 마음속 가격을 읽어내는 능력을 가지고 있다. 눈높이를 맞춘 이벤트 경매에서는 도저히 해낼 수 없는 일이다. 젠틀함 속에 감추어진 전문성, 경매사에게 요구되는 최고의 덕목이라 하겠다.

크리스티의 카리스마 있는 경매사 중에서도 최고봉은 단연 마이클 브로드벤트라고 하겠다. 그는 세상에서 가장 유명한 와인 경매사 중 한 명이다. 훤칠한 큰 키에 마른 체격을 가진 그는 20세기 초라고 할 수 있는 1927년에 태어났다. 그의 출생은 와인 경매의 역사를 다시 쓰게 만들었다고 해도 과언이 아닐 정도다.

마이클 브로드벤트는 건축이 전공이었지만 사무소 한번 내지 못하고 와인 판매업으로 사회에 뛰어들었다. 창고 바닥을 쓰는 일부터 시작한 그는 빗자루를 버리고 대신 경매봉을 잡았고, 1966년 크리스티로 전직한 후 크리스티를 와인 경매의 메카로 만들었다.

귀족이 사망하면 크리스티로 하우스 세일(house sale)을 요청한다. 하우스 세일은 집을 파는 것이 아니라 집에 소장된 각종 물건들을 경매하는 것이다. 저택의 규모가 상당해 몇 달씩 경매하는 것이 다반사다. 재산의 상속이 일어날 때마다 물품들을 파악해야 하는 것이 경매회사 직원의 일이다. 브로드벤트는 지하저장고에 있는 와인의 재고와 그 상태를 살피는 일을 주로 맡았다. 자연스럽게 희귀하고도

현대경매의 선구자 마이클 브로드벤트.

오래된 와인들을 많이 접할 수 있었다. 상태를 확인하는 일은 결국 와인의 맛을 보는 일이다. 브로드벤트는 명사들이 소장했던 명품 와인을 맛볼 기회가 많았다. 그는 귀한 와인의 시음을 기억에만 남겨두지 않고, 모두 기록으로 남겼다. 1952년부터 시작한 그의 시음 노트는 지금도 계속되고 있는데, 노트를 합하면 130권이 훨씬 넘는다. 현세에 어떤 누구도 그처럼 다양한 와인을 맛보았거나 기록한 사람은 없을 것이다. 그러한 경험들이 무기가 되어 브로드벤트의 와인 경매는 애호가들의 필수 코스였다.

2002년에는 50년간 작성한 노트 133권을 간추려 『빈티지 와인(Vintage Wine)』이라는 저서를 발간했고, 크리스트는 그의 업적을 기려 헌정 와인 경매를 개최했다.

마이클은 여전히 건강하다. 매년 보르도 엉 프리메르 테이스팅에

도 빠지는 법이 없다. 식사 때마다 제공되는 진수성찬이나 귀한 와인으로 전혀 과식하는 법도 없다. 그저 적당히 즐기려고 한다. 여든의 나이에도 동석한 사람들에게 빵 접시를 돌리거나 여성들에게 의자를 잡아주는 매너가 여전히 몸에 밴 영국 신사다.

뉴요커들 와인에 빠지다

미국은 이제 세계에서 가장 와인을 많이 소비하는 나라 중 하나다. 미국 소비자들이 와인 시장에 눈을 돌린 것은 막강한 경제력이 뒷받침되었기 때문이다. 때마침 불어닥친 인터넷 열풍도 한몫 거들었다. 지금은 거품이 많이 걷혔지만, 1990년대에는 인터넷에 엄청난 자금이 쏟아지던 시절이었고, 온라인상에서도 와인을 사거나 팔 수 있게 되었다. 그리고 1993년에는 뉴욕에서도 와인 경매를 할 수 있게 되었다. 이것이 기폭제가 되어 이제는 뉴욕이 와인 시장의 메카가 되었다. 30년간 와인 경매의 아성이었던 런던을 뉴욕이 누른 것이다.

뉴욕은 어떻게 와인 경매의 메카가 되었나

영국 문헌상 와인 경매를 시작한 지도 벌써 250년 가까이 된다. 영국에 뿌리를 둔 크리스티가 1766년 와인을 경매 사업화하면서부터 런던은 유명 와인들이 거래되는 무대로 명성이 자자했다. 1966년 본격적인 와인 경매가 등장한 곳 역시 런던이다.

하지만 런던은 1990년대에 접어들면서 뉴욕에 그 왕좌를 물려주게 된다. 2002년 세계 와인 경매실적의 58퍼센트를 차지한 뉴욕의 와인 경매는 출품되는 와인의 종류도 많고 희귀한 와인도 많아, 입찰자의 경쟁이 가장 뜨거운 곳이 되었다.

어떻게 이런 현상이 발생했을까. 소더비의 와인 최고 책임자인 세레나 서클리프(Serena Sutcliffe)는 "뉴욕은 세계에서 돈이 가장 많이 몰리는 곳이며, 뉴욕에는 와인 애호가들이 많이 살고 있어서 뉴욕이 와인의 중심지가 된 것은 지극히 당연한 결과다"라고 주장한다. 2002년 인터넷 와인 경매는 전체 거래의 15퍼센트에 달하는 1,400만 달러의 거래기록을 가지고 있다.

1994년 이전에는 미국에서 단 두 개의 주, 캘리포니아와 일리노이에서만 와인 경매가 이루어졌다. 지금이야 많은 도시에서 와인을 경매하지만, 상업의 중심인 뉴욕이 와인 거래의 중심지가 되기까지는 순탄치 않았다. 경매사업을 가로막는 장애물이 많았는데, 그중 기존 와인 소매업자들의 반발이 가장 심했다. 그들은 경매회사의 거대한 자본력을 두려워했다. 그래서 여러 가지 까다로운 규칙을 내세워 경매회사의 뉴욕 와인 경매만은 사수하려 했다. 그들이 내건 규칙들은 이렇다. 10년 미만의 레드와인과 5년 미만의 화이트와인은 경매할 수 없다. 또한 개인이 1년에 스물네 병 이상 출품하는 것도 금지. 하지만 이런 주장들은 결국 받아들여지지 않았다.

여러 해 동안 표류했던 와인 경매법은 기존 와인 도소매업자의 기득권을 인정하는 차원에서 타결되었다. 와인 도소매업자들이 단독으로 와인 경매 회사를 설립할 수 있게 된 것이다. 곧 모렐 앤드 컴퍼니(Morrell & Company)의 단독 와인 경매가 1994년에 첫선을 보였다. 그것이 뉴욕 와인 경매의 시작이다. 대규모의 경매 회사인 소더비와 크리스티는 단독으로 진출할 수 없었다. 대신 뉴욕에서 10년이상 와인중개를 해오던 업체와 합작형태로 경매를 시작했다.

동업을 결심한 와인 도소매업자는 경매회사의 고객들이 탐이 났다. 거액의 미술품을 구입하는 고급 고객들을 보유한 경매 회사와 제휴하면 좋은 고객을 손쉽게 확보할 거라고 기대한 것이다. 둘은 손을 잡았고, 결국 뉴욕 현지에 밝은 와인 도소매업자와 경매 시스템에 밝은 경매 회사의 공동 마케팅은 뛰어난 실적으로 나타났다.

그러나 둘 사이의 협력은 오래가지 않았다. 1944년부터 뉴욕 교외에서 와인사업을 하던 자키스(Zachy's)는 1994년부터 2001년까지 제휴했던 크리스티와 결별했다. 대신 크리스티의 유능한 경매사를 스카우트하여 단독으로 경매 회사를 창설하였다. 2002년 첫 경매에서 무려 360만 달러라는 놀라운 기록을 보이며 뉴욕 경매의 떠오르는 샛별로 등장했다. 와인 경매의 활성화, 와인 경매회사들의 경쟁은 소비자 입장에서 환영할 일이다. 질 좋은 와인들이 많이 출품될 것이며, 경쟁에 의해 보다 저렴한 가격에 제공되기 때문이다.

와인전문잡지 《와인 스펙테이터》가 집계한 자료에 의하면, 2002년도 세계 와인 경매의 실적은 약 9천만 달러(약 860억 원)에 이른다. 뉴욕은 전체의 58퍼센트를 차지하며 5,300만 달러의 낙찰 실적을 보였다. 소더비의 와인 경매 실적도 좋은 참고가 된다. 소더비는

샤토 무통 로쉴드 2000년산 기념 경매를 주최한 소더비. 경매사는 세레나 서클리프.
© Sotheby's Wine Auctions.

2002년에 약 3천만 달러(약 280억 원)의 낙찰결과를 거두었는데, 미국에서 전년 대비 16퍼센트 증가한 2천만 달러, 영국에서는 26퍼센트 감소한 1천만 달러의 낙찰을 이루었다. 또한 출품 단위당 평균 낙찰가격의 변화를 보면 미국 시장의 구매력을 짐작할 수 있다. 미국의 평균 낙찰가격은 2001년 대비 58퍼센트 상승한 2,500달러인데 비해, 영국은 17퍼센트 감소한 1,300달러를 기록했다.

뉴욕이 세계 와인 시장, 특히 경매 시장에서 당당히 주인공으로 떠오른 성공의 비결은 뛰어난 마케팅 전략에 있다. 각종 아이디어를 경매 때 내놓는 것이다. 경매 전날 밤, 유명 와인회사의 주인 혹은 양조책임자를 초청하여 출품와인의 시음회를 개최하는 일이 대표적인 경우다. 와인회사를 대표한 사람들은 직접 와인 제조에 얽힌 에피소드와 시음 후기를 제공하여 입찰자들을 유혹한다. 샤토가 직접 출품한 훌륭한 상태의 와인들은 입찰자의 입찰 의지를 자극하고 부채질한다.

경매하는 날 중간 휴식 시간이나 점심시간에는 고급 샴페인을 무료로 무한정 제공하는 서비스도 펼친다. 풍성하게 펼쳐진 샴페인 글라스는 입찰자들의 마음을 흡족하게 채워 호가 상승에 별로 노여워하지 않게 만든다. 전통적인 와인 경매의 장소인 런던에서는 보기 힘든 광경이다. 샌드위치와 홍차 정도를 서빙하는 런던 경매와는 대접이 크게 다른 셈이다.

미국으로 본사를 옮기며 적극적으로 미국 시장을 공략한 소더비도 획기적인 아이디어를 내놓게 된다. 바로 뉴욕과 시카고를 한데 묶어서 와인 경매를 실시하여 규모를 많이 늘린 것이다. 시카고에서 기존 업체를 인수하여 1998년부터 와인 경매를 실시하였으나, 경매 책자의 발행 비용 등 여러 비용을 감수하기 부담스러워 2001년부터는 시카고의 와인 경매를 폐지했다. 대신 시카고에서 위탁받은 와인을 뉴욕 경매 책자에 같이 제본하여 시카고 시장을 계속 고수했다. 따라서 뉴욕 경매 책자는 2편으로 나뉘어졌다.

경매도 역시 2부로 나눠진다. 1부에서는 뉴욕에 저장된 와인을 뉴욕 시민에게, 2부에서는 시카고에 저장된 와인을 시카고 시민에게 팔았다. 물론 경매는 뉴욕에서 일어나지만, 시카고 시민들에게도 전화응찰이나 서면응찰로 입찰하게 했다. 시카고와 뉴욕에 보관 저장된 와인을 구분 표시하여 입찰자가 수령하기 편리한 와인을 선택하도록 했다. 또한 낙찰받은 시카고 시민은 소더비 시카고지사에 가서 와인을 찾을 수 있었다. 이렇게 해서 소더비는 시카고 시장을 계속해서 공략하며 총비용을 14퍼센트 감소하는 쾌거를 이룩하였다.

이로써 소더비는 광활한 지역에 산재하는 고급 와인 애호가들을 여전히 고객으로 붙들 수 있는 단초를 마련했다. 대도시 간 출장이 빈번한 고급 와인 애호가들은 그런 소더비의 배려에 감격하며 여전히 소더비 경매장을 드나들고, 미국의 와인 시장도 점차 규모가 커져가고 있다.

| 소더비의 와인 경매 속으로

소더비의 와인 경매는 뉴욕 맨해튼 요크 에비뉴에 위치한 소더비 본사 건물 2층에서 진행된다. 보통 경매는 이른 아침부터 시작된다. 그럼에도 불구하고 스무 명 정도의 입찰자들이 자리를 잡고 있었다. 10시 15분을 지나고 있다. 토요일이다. 그들은 고개를 푹 숙이고 뚫어지라 책자만 보고 있다. 꼭 레시바를 끼고 있는 것처럼 경매사의 외치는 소리만 듣고 있다. 고개를 드는 일도 별로 없다.

그때 팔려나가는 와인을 꼭 떠나보내는 님 대하듯 보이는 짙은 감색 정장을 걸친 한 사람의 모습이 보인다. 그는 경매사의 낙찰 결정을 사형선고로 듣는 것 같았다. 보아하니 낙찰자는 아닌 것 같고, 해당 품목의 출품자인 거 같다. 오랜 기간 동안 와인을 애지중지하며 소장해 오다 이번에 대량으로 내놓은 것이리라. 애지중지하며 수십 년간 모은 와인 하나하나가 그렇게 떠나가는 것이 아쉬운가 보다. 경매사의 외침으로 각 와인들의 관등성명이 밝혀지고, 경매는 시작된다.

경매가 진행되면 금세 정오가 된다. 조금전부터 경매장 한켠으로 주방 모자를 쓴 요리사들이 분주히 움직인다. 몇 가지 맛난 음식을 담은 수레도 여러 차례 왔다갔다 한다. 경매사가 경매를 잠시 멈추

런던 뉴 본드 스트리트에 위치한 소더비 본사. 1744년부터 경매를 하고 있다. 주변에는 앤틱숍과 화랑 그리고 명품브티크들이 즐비하다. ⓒ Sotheby's Wine Auctions

고 점심에 대해 안내 방송을 한다.

"안녕하세요, 여러분. 뉴욕 와인 경매 10주년을 기념하는 뜻깊은 경매에 오셔서 참 감사합니다. 지금껏 소더비 와인 경매를 사랑해 주셔서 감사합니다. 저희가 마련한 점심을 맛있게 드시기 바랍니다. 그리고 각자가 준비하신 와인이 있다면 저희 직원들이 개봉해 드리겠습니다. 점심과 코키지는 모두 무료입니다. 맛있게 드십시오."

뉴욕의 와인 경매는 세계에서 가장 치열한 경매 무대다. 각 경매 회사는 저마다의 신선한 아이디어로 고객을 유치하려 한다. 소더비는 고객이 마음껏 자기 와인을 마시도록 했다. 와인 반입을 허용한 것이다. 한 여성 직원이 테이블을 돌아다니며 입찰 손님들이 각자 가져온 와인의 마개를 열고 있다. 한 중년신사는 이탈리아 토스카나 해안에서 키운 카베르네 소비뇽으로 만든 레드와인인 사시카이야를 테이블에 올렸다.

안내방송이 끝나고 곧이어 경매사가 바뀐다. 머리가 벗어진 경매사가 나타났다. 높은 단상 위에서 반짝이는 머리가 눈이 부셨다. 경매사의 눈빛에 주눅이 들게 해야 입찰가격이 올라가는 법인데, 반짝거리는 이마 때문인지는 몰라도 이전보다는 각축이 덜 되었다.

두 시간 동안 250개의 품목을 일사천리로 팔아치운다. 경매사도 교대해야 한다. 한 사람이 하루 종일 경매하기는 힘들다. 경매는 이토록 쉼 없이 진행된다. 보통 2천 가지의 와인이 출품된다. 하루에 약 1천 품목을 팔아야 이틀에 경매를 마무리 지을 수 있기 때문에 경매는 화살처럼 빠르다. 세계에서 가장 크고 유명한 소더비의 와인 경매는 이렇게 진행된다.

오페라의 유령, 셀러의 유령

런던에 경매가 있던 1997년 5월의 일이다. 흔히 경매는 주중에 있으므로 여간해서는 경매장이 차고 넘치는 일이 없다. 그러나 5월 20일 수요일 오후의 소더비 경매장은 그 경매장 입구가 보이지 않을 정도로 인산인해를 이루었다. 입찰자들이 몰려들어 입구에서부터 밀리기 시작했다. 이러다간 입장할 수도 없을 것 같았다.

휘황찬란한 샹들리에를 아래로 쏟으며 한껏 공포 분위기를 연출하는 뮤지컬 〈오페라의 유령(The Phantom of the Opera)〉과 화려했던 지난날을 그리워하는 고양이들의 뮤지컬 〈캣츠(Cats)〉를 만든 영국 출신의 음악 전공자 앤드류 로이드 웨버(Andrew Lloyd Webber)의 와인이 경매되는 날이었다.

경매사의 진기록

웨버의 와인 컬렉션을 경매하는 날은 런던 시민들이 경매장 입구에서부터 만원사태였다. 평소 한적하기로 소문난 뉴 본드 스트리트에서는 도저히 상상할 수 없는 일이다. 웨버의 와인만으로 경매한다는 것도 흥미롭지만, 더 흥미로운 것은 소장 와인의 면면이다. 그가 오십 평생 모은 18,000병이 출품되었다.

웨버 경매는 경매역사에 다양한 기록을 남겼다. 하나는 한 사람이 소장한 와인으로만 치른 경매에서 최대 규모를 기록한 것이고, 다른 하나는 이틀 동안 경매를 치른다는 것이다. 보통 와인 경매는 반나절 정도 걸렸다. 그런데 웨버의 와인은 수량이 너무 많아서 이틀 동안 치렀는데, 그것도 하루 종일 걸리는 일이었다.

경매 카탈로그의 표지 사진이 웨버 와인의 품질을 일목요연하게 보여준다. 지하 암실로 기어들어온 빛 한가닥에 병의 왼쪽 부분이 반짝인다. 지구상 최고의 와인이라 해도 과언이 아닌 로마네 콩티

한 병이다. 꼭 오페라의 유령이 나올 것만 같은 어두운 이미지다. 유령이 오페라 극장 지하에 은신하듯, 웨버 와인 역시 그렇게 어두운 셀러에서 숙성되었다. 유령이 작곡한 오페라가 불멸의 작품이 되듯, 웨버가 소장한 와

뮤지컬 〈오페라의 유령〉에서 크리스틴은 유령에게 한줄기 빛이었다. 앤드류 로이드 웨버의 와인경매 책자의 표지가 그 스토리를 이야기한다. ⓒ Sotheby's Wine Auctions.

인 역시 그날 명품이 되었다.

로마네 콩티는 최고의 와인으로 평가받는다. 프랑스 부르고뉴 지방의 본느 로마네(Vosne-Romanée) 마을의 포도밭 이름이기도 하다. 이 밭은 원래 로마네(La Romanée) 포도밭의 일부였다. 하지만 콩티 공작이 소유하면서 이름이 로마네 콩티로 바뀌었다. 피노 누와로만 만드는 로마네 콩티는 프랑스 국왕 루이 15세나 콩티 공작 등이 즐겨 마시던 와인의 왕이기도 하다.

로마네 콩티의 라벨을 보면 '모노폴(monopole)'이라는 구분이 있다. 영어의 독점의 뜻으로, 단독 소유 포도밭을 뜻한다. 로마네 콩티라는 포도밭 전체를 단일 회사가 소유하고 있는데, 그 회사 이름은 도멘 드 라 로마네 콩티(Domaine de la Romanée Conti), 줄여서 'DRC'라고 한다.

이 와인은 매년 수천 병 밖에 생산하지 않아 아주 귀한 와인이다. 우리나라에는 미량 수입되는데, 소매점에서의 값은 병당 4백만 원이 넘는다. 출시 가격으로 따지면 로마네 콩티가 매년 가장 비싸게 시장에 나오는 와인이라 하겠다. 일본 와인 애호가들은 로마네 콩티가 30년 이상 숙성하면 신주(神酒)라 칭한다.

웨버 컬렉션의 면모

웨버 컬렉션은 또한 보르도, 부르고뉴, 샴페인 등지의 최고급 와인으로 구성되었다. 그리고 포르투갈의 주정강화 와인인 포트, 프랑스 화이트의 명품인 알자스 지방의 와인, 호주 최고의 와인 그랑지 등 다양한 셀렉션을 보여주었다. 구체적으로 나열하자면 베스트 빈

유령이 살 것만 같은 지하의 대규모 셀러. 안내자의 뒤를 놓치는 날에는 해 볼 일 없을 수 있으니 조심하시길. 양 옆으로 수만 병의 샴페인들이 익어가고 있는 모에 샹동(Moet et Chandon) 셀러.

티지인 1982년산이 즐비했다. 예를 들면, 1982 슈발 블랑 서른일곱 상자(한 상자는 열두 병), 1982 오브리옹 스무 상자, 1982 라투르 열 상자, 1982 샤토 마고 스물네 상자 등이 그것이다.

샤토 슈발 블랑은 보르도 생테밀리옹 마을의 최고 와인이다. 품종 배합의 개성이 검은 말 무리 속 백마처럼 두드러진다. 카베르네 프랑(Cabernet Franc)은 보통 보르도에서 적게 경작하는 품종이다. 그러나 슈발 블랑에서는 포도밭의 절반을 카베르네 프랑으로 경작한다. 그 결과 카베르네 프랑이 가지는 놀라운 향내는 참 매력적이다.

1947년산 슈발 블랑은 자타가 공인하는 20세기 최고 와인 중 하나이다. 아직 15년을 더 숙성할 수 있다고 로버트 파커는 주장한다. 1982년 슈발 블랑은 색깔은 이미 연해지기 시작했지만 맛은 아직도 단단한 구조 속에 자리 잡고 있어서 숙성이 되려면 아직 시간이 많이 남아 있었다.

샤토 오브리옹은 보르도 남쪽에 있는, 지금은 페삭-레오냥(Pessac-Léognan)으로 구역이 세분화되어 있는 그라브(Graves) 지역 와인이다. 문헌상으로 가장 역사가 깊은 와인임과 동시에 가장 훌륭한 와인이다. 17세기 영국의 수필가 새뮤얼 프피스(Samuel Pepys)의 일기에 '오브라이언'으로 기록되어 찬양받은 와인이다. 특히 미국의 제퍼슨 대통령이 프랑스 대사시절 애호한 것으로 유명하다. 실제로 샤토 오브리옹 셀러에 가보면 그의 흉상이 전시되어 있다.

샤토 오브리옹은 메독 지구에 있진 않지만 메독 와인 등급을 정할 때에도 최고의 와인으로 뽑혔고, 그라브 지역 와인 등급을 정할 때에도 최고의 와인으로 뽑혔다. 즉, 두 지역에서 모두 최고의 와인으로 선정된 것이다. 이런 등급 부여는 보르도에서 유일무이한 일이었다.

샤토 오브리옹의 로비에 있는 조각품. 잔을 들고 즐거워하는 유년의 디오니소스를 연상시킨다.

출품 와인으로 단연 돋보이는 것은 페트뤼스였다. 그것도 매그넘으로 1947년산 열두 병이라니, 기가 막혀 말이 안 나올 정도로 대단한 품목들이다. 1900년산 샤토 마고도 여섯 병 나왔다. 이런 와인들은 투자 와인의 세계에서 최고의 블루칩이다. 그리고 이 모든 것이 한 사람이 장만한 것이라는 데 투자자들은 놀라지 않을 수 없었다.

같은 와인이라도 유명인이 소장하면 몇 배가 오르기 마련이다. 별거 아닌 소품도 유명 연예인이나 저명한 사람이 소장한 거라면 가격이 막 뛰는데, 명품이라면 그 가격의 상승 탄력이 얼마나 대단할까? 이날의 소더비 경매는 웨버의 유명세의 덕을 톡톡히 보았다. 낙찰총액은 무려 600만 달러(72억 원). 이는 당시 와인 경매 중 최고의 규모였다. 하지만 지금은 기록이 바뀌어 세 번째로 큰 규모의 단독 출품 와인 경매에 해당한다.

이름값을 하다

그날의 경매 결과는 평균 추정가의 30퍼센트를 뛰어넘었다. 일반적으로 경매는 추정가의 범위에서 이루어진다. 추정가는 물품의 가격을 일정한 범위내로 추측하는 것이다. 하지만 유일무이하다면 추정가 범위를 뛰어넘는 건 쉽다. 와인은 여러 병이 한꺼번에 만들어지기에 유일무이하진 않다. 다만 귀할 수는 있다. 과연 웨버의 와인이 추정가의 30퍼센트 이상이나 비싸게 팔릴 만한가에는 의문이 남는다. 유명인 프리미엄 외에는 설명할 길이 없다.

이런 이유로 낙찰가격이 너무 비쌌다는 평가가 그 당시에 있었다. 하지만 일반인들은 그런 시각을 뒤로 한 채 달려들듯이 사납게 입찰에 열을 올렸다. 접수된 부재자 응찰횟수는 12,000건에 달하였다. 경매는 뜨거운 성원에 힘입어 약 600만 달러라는 놀라운 결과를 낳았다. 이 수치는 개인 단독 출품의 신기록을 달성한 엄청난 금액이었지만, 2년 뒤 크리스티의 반격에 못 이겨 소더비의 웨버 컬렉션은 1위의 자리를 양보할 수밖에 없게 된다.

경매를 주관한 소더비의 세레나 서클리프는 "웨버의 와인 컬렉션은 수량, 품질 그리고 소장기록이 잘 구성된 정말 독특한 컬렉션"이라며 "자연 그대로 보관된 품질에다 뮤지컬 스타의 소장품이라는 명성이 결합하여 거의 100퍼센트가 낙찰된 드문 경매"라고 평가했다. 그녀는 특히 웨버 셀러의 완벽성을 칭송했는데, "만약 바쿠스가 살아 셀러를 가졌다면, 아마도 그것은 웨버 셀러와 같았을 것이다"라고 말했다. 웨버의 와인은 모두 세 곳의 셀러로부터 출품되었다. 런던의 와인보관회사와 버크셔 자택의 셀러 그리고 남프랑스 별장 셀러였다. 세 곳 모두 온도와 습도가 안정적으로 유지되는 이상적인 저장 환경이었다.

주요 낙찰자 중에는 라스베가스에 있는 호텔의 소믈리에도 있었다. 호텔 레스토랑의 와인을 웨버 컬렉션으로 꾸미려는 전략을 수행하려고 심부름 온 것이다. 그는 348병으로 구성된, 일명 밀레니엄 드림 셀러로 칭해진 품목을 입찰했다. 치열한 경합을 벌인 끝에 약 40만 달러에 낙찰받았다. 호텔에서 값비싼 와인을 가지려는 이유는 단순하다. 웨버의 뮤지컬을 공연한 후 웨버 와인을 비싸게 팔 수 있기 때문이다. 심지어 빈 병까지도 팔 계획을 세웠단다. 이를 통해 우리는 웨버 컬렉션에 쏟아진 세간의 관심을 읽을 수 있다. 와인 경매는 이렇듯 문화와 산업을 잇는 가교역할도 한다.

냉정과 열정 사이

와인 경매사 마이클 브로드벤트가 낙찰봉을 고쳐 잡았다. 기다려 보겠다는 그런 느긋한 표정이 아니다. 뭔가 결심한 듯한 결연한 표정이다. 침묵 속에 길다란 팔이 허공을 그었다. 그는 세차게 낙찰봉을 내려쳤다. 그러자 뒤편에 앉아 있던 포브스 2세가 입찰 번호판을 살짝 앞으로 보였다. 집계원들에게 번호를 확인하도록 하기 위함이다.

순간 정적이 깨어지면서 좌중은 술렁거리기 시작했다. 투명하게 공명되는 낙찰봉의 경쾌한 소리가 지속된 긴장의 끈을 확실히 끊었다. 와인 경매 역사의 한 페이지를 장식하는 순간이다.

"104,500파운드에 팔렸습니다."

마이클은 격앙된 목소리로 외쳤다.

와인 한 병이 무려 2억 원에 육박하다니. 와인 경매의 신기록이 수립되는 순간이었다.

'겨우 심부름을 다했어. 이제 아버지께 칭찬을 받겠구나.'

포브스 2세는 안도의 한숨을 내쉬었다. 와인 경매사 브로드벤트에게도 역시 힘든 시간이었다. 와인 한 병을 팔기 위해 경매사가 쓴 시간 중 가장 길게 기록될 것이기 때문이다.

1985년 가을, 런던 크리스티 경매장에서의 일이다. 미국의 잡지 재벌 포브스 2세가 작고한 말콤 포브스(Malcolm Forbes)에게 배달한 와인은 바로 1787년산 라피트다. 라피트는 로쉴드가문이 1868년 인수한 직후 이름을 라피트 로쉴드(Lafite Rothschild)로 개명했다. 경매에 나온 와인은 '토머스 제퍼슨 대통령의 소장품'으로 추정되어 세간의 큰 관심을 불러일으켰다. '제퍼슨'이라는 주제로 파티를 계획한 포브스에게 제퍼슨의 소장 와인은 구미가 당기는 소품이었다. 약 200살이 되는 이 와인 한 병은 파티 참가자 모두를 타임머신에 태울 수 있다는 생각에 포브스는 아들 손에 백지수표를 흔쾌히 건네며 런던발 비행기를 태웠다.

┃ 흥분할수록 침착해야 승리한다

제퍼슨의 와인은 그가 프랑스 대사로 봉직한 5년 동안에 돌아다닌 보르도, 부르고뉴, 샴페인, 이탈리아, 스페인, 독일 등 유명 와인 산지의 와인이 다 해당한다. 제퍼슨은 18세기 최고의 와인애호가라고 할 만하다. 미국으로 돌아가서는 지하에 셀러를 짓고 지하와 1층 식당을 연결하는 작은 도르레도 설치하였다. 프랑스에서 가져온 무수한 와인들을 날마다 도르레로 퍼올려 즐겼다고 한다. 그는 와인 병에 이니셜 'Th. J'를 새겨 친지들에게도 선물을 했는데, 그중 라피

'아마도 여기쯤에서 그가 시음했겠지?' 토머스 제퍼슨의 방문 200주년을 기념하여 샤토 오브리옹은 지하 셀러 한쪽에 그의 흉상을 마련했다.

트가 최고가를 기록하게 된 것이다.

　이날 2세기를 거슬러 올라가는 경매에는 유난히도 많은 와인 애호가들이 몰려들었다. 경매사 브로드벤트가 경매를 시작했을 때 최고 가격은 서면응찰로 들어온 가격 중에서 최고가인 15,000달러였다. 1.5리터(두 병짜리에 해당)들이 와인 한 병에 쏟아진 관심은 경매사의 출발 가격 호가와 함께 놀라운 광경을 연출했다. 그것은 바로 패들(입찰 번호판)의 바다였다. 약 30여 명의 응찰자가 모두 자신만만하게 패들을 올렸다. 경매사 왼쪽에 있던 전화 응찰자용 책상의 전화선은 모두 불통이 될 지경이었다.

이 가운데에는 미국의 와인 전문 잡지 《와인 스펙테이터》의 발행인인 마빈 생컨(Marvin Shanken)도 눈에 띄었다. 그는 마음속으로 3만 달러라고 작정하며 이 와인 사냥에 참가했다. 그러나 포브스 2세가 75,000달러까지 값을 끌어올리자 생컨은 가슴이 답답해졌다. "결코 놓칠 수 없지, 포브스에게 뺏길 수는 없어." 그리고 경매사가 막 낙찰 호령을 하기 직전에 생컨은 덥석 패를 쥐고 오른손을 허공에 올렸다. 이러기를 몇 차례, 전광판에는 벌써 15만 달러가 반짝였다. 벨기에 출신의 한 와인중개상은 생컨을 바라보며 브이를 그렸다. "남의 속도 모르고." 생컨은 한숨을 지었다. 3만 달러를 쓰리라 다짐하며 참가한 와인 경매에서 15만 달러라니! 냉정을 되찾은 생컨은 인생 최대의 실수라고 자책하고 있었다. 바로 그 순간 보르도에서 날아온 한 귀부인은 장갑을 고쳐 끼고는 고개를 돌려 포브스 2세를 바라보았다. 그러자 포브스 2세가 번쩍 손을 들어 와인을 낚아채면서 새 역사가 전개된 것이다.

나중에 생컨은 열정과 이성이라는 제목으로 당시 상황을 회고했다. 경매에서는 열정보다는 이성이 중요하다는 사실을 나중에 깨달았다고 한다. 냉정과 열정 사이에서 그는 잃은 줄로만 여겼던 냉정을 끝내 되찾았던 것이다.

열정의 애호가, 세계 최고의 와인 컬렉터

소더비가 앤드류 로이드 웨버의 개인 컬렉션으로 큰 재미를 보자, 크리스티도 전세계 지점망을 통해 와인을 소장한 사람을 수소문했다. 크리스티 런던의 와인전문가들은 노르웨이에 굉장한 컬렉터가 있다는 정보를 입수했고, 어마어마한 와인을 보유하고 있는 한 사람을 천신만고 끝에 만났다. 그는 금융전문가 크리스텐 스베아스(Christen Sveaas)였다. 크리스티는 웨버 와인 수량보다 천 병이 더 많은 19,000병으로 계획을 잡았다. 물론 그것보다 훨씬 많이 소장하고 있었지만 그 정도만 해도 충분히 소더비의 기록을 넘을 거라고 내다봤다.

소더비가 있는 뉴 본드 스트리트와 크리스티가 있는 킹 스트리트는 그리 멀지 않다. 주변에 펼쳐 있는 화랑과 골동품 상가를 요리 조리 살펴보면 금세 닿는 그런 거리에 있다. 웨버 경매가 있은 지 불과 4개월도 되지 않아 크리스티는 개인 단독 출품의 신기록을 기대하며 스베아스 컬렉션 경매를 선보였다. 3200번까지 짜여진 출품 번호는 만 이틀을 완전히 경매에만 집중하도록 했다.

한편 와인전문가들은 경매 결과에 회의적이었다. 한꺼번에 너무 많은 와인이 나오면 구매자들이 선뜻 나서지 않을 것 같다며 염려했다. 가뜩이나 시장 상황도 별 신통치 않아 회의론자들의 의견이 먹히던 시점이었다. 그러나 결과는 좋았다. 낙찰 금액은 와인 경매사상 최고 금액이었고, 언론들도 대서특필했다. 한 사람이 모은 와인으로만 경매를 했는데도 자그마치 1,100만 달러라니! 와인애호가들이 모이기만 하면 스베아스의 와인 경매만을 얘기했다. 그러나 스베아스는 수줍어하는 성격 탓에 언론에 노출이 되지 않았다. 그래서 사람들의 관심은 더욱 증폭되었다.

그러자 이번에는 소더비가 나서서 백방으로 뛰며 스베아스를 수배하여 그와 연락이 닿았다. 크리스티가 그렇게 좋아하던 스베아스의 컬렉션으로 이번에는 소더비가 새로운 경매를 성공시켰다.

세계적인 두 경매회사와 함께 와인 경매기록을 세워온 스베아스

미국의 대표적인 와인 잡지《와인 스펙테이터》, 국내에서도 구독 가능하다.

는 고국인 노르웨이에서도 언론에 잘 노출되지 않는 인물이었다. 스베아스는 크리스티 경매 직후 종적을 감추었다. 그 무렵 그는 쏟아지는 관심을 뒤로 하고 고급 와인으로 착실히 셀러를 채우고 있었다. 때마침 아시아의 금융 위기로 인해 최고급 와인들이 염가에 시장에 나왔다. 경매로 약 2만여 병을 팔아버려 비어버린 셀러 공간에 저렴한 특급 와인들을 차곡차곡 쌓아 나갔다. 그때 소더비와 만나게 된 것이다. 타이밍도 절묘했다. 온세상이 새롭게 시작되는 새로운 천년, 밀레니엄을 호들갑 떨며 기대하고 있었을 때였다.

뛰어난 투자가인 스베아스는 크리스티 경매 이후 2년간 끌어모은 특급 와인을 소더비를 통해 팔기로 했다. 그리하여 천년에 한 번 오는 밀레니엄을 맞이하며 세기의 와인 경매가 기획되었다. 스베아스가 있어 가능했다. 1999년 11월 불과 2000년을 한 달여 남짓 남은 시점에서 소더비는 20세기에 길이 남을 경매를 온 세상에 알렸다. 이른바 밀레니엄 셀러. 오직 한 사람의 셀러에서 나온 와인으로 꾸민, 꿈과 같은 와인을 경매한다고 홍보했다. 수량 역시 예전과는 판이하게 달랐다. 크리스티 스베아스 컬렉션보다 3만 병이 더 출품되었다. 약 48,000병을 이틀내로 소화해야 했다.

새로운 천년의 새벽을 자축하려는 와인 애호가들은 놓칠 수 없는 경매였다. 장소도 런던이 아닌 뉴욕. 이미 런던의 실적을 넘어선 뉴욕에서 실로 대단한 이벤트가 벌어졌다.

스베아스가 가장 좋아하는 와인은 샤토 무통 로쉴드 1945라고 한다. 포이약(Pauillac) 마을의 레드와인으로 얼마 전 와인전문지《디캔터(Decanter)》가 선정한 '죽기 전에 마셔볼 100대 와인'에서 1위를 차지하였다. 이미 환갑을 지난 와인인데도 여전히 힘이 넘친다. 잔을 기울여 가장자리의 색깔을 보아도 검붉은 기운이 여전히 도사리고 있는 20세기를 대표하는 와인 중 하나다.

밀레니엄 셀러의 낙찰총액은 14,373,866달러로, 세계 최대의 와인 경매 기록일 뿐 아니라 개인 단독 출품으로도 최대규모를 자랑한다. 이 기록은 여전히 깨어지지 않은, 살아 있는 기록으로 남아 있다. 크리스티의 와인 경매사 마이클 브로드벤트는 스베아스의 세 번째 경매가 곧 있을 거라고 했다. 그날이 언제인지는 모른다. 분명한 것은 그가 아직 팔지 않은 와인이 많이 있다는 사실과 경매로 처분한 이후에도 계속적으로 와인을 사 모으고 있다는 사실이다.

지치지 않는 의욕과 열정, 이런 덕목이 비단 와인 수집가에게만 요구되는 것일까?

와인으로 실천하는
노블레스 오블리제

흔히 와인은 대중적인 코드라기보다는 격식과 품위를 갖춘 자리에 어울리는 주류로 인식된다. 그런 의미에서 와인을 통해 노블레스 오블리제, 즉 고귀한 신분에 따른 의무를 실천하는 사람들이 있다. 자신들이 가진 부를 사회적 환원을 통해 따뜻한 세상을 만들고자 노력하는 현장을 소개한다.

아름다운 기부 파티

유럽의 아성인 와인 산업에서 미국만한 강력한 경쟁자가 있을까? 미국은 풍부한 자본력과 첨단의 과학 기술로 우수한 와인을 양산하여 유럽 와인의 수준에 바짝 다가섰다. 이 중심에 나파 밸리(Napa Valley)가 있다.

나파 밸리는 캘리포니아의 아주 자그마한 지구다. 캘리포니아는 미국 와인의 중심으로 전체 생산량의 90퍼센트를 차지한다. 나파 밸리는 이러한 캘리포니아에서도 고품질 와인을 전문으로 생산하는 특정 구역이다. 샌프란시스코의 북쪽에 있어 접근도 용이하고 빈티지의 부침도 없어 천혜의 기후 조건을 자랑한다. 또한 세계 와인의 중심인 보르도를 벤치마킹하며 부지런히 고급 와인 양조에 매진하는 곳이다.

또한 나파 밸리는 미국 와인의 대부 로버트 몬다비(Robert Mondavi)의 무대이기도 하다. 몬다비 가문이 미국에도 보르도 못지 않은 와인이 가능하다는 신념 하에 한평생 고급 와인 양조에 헌신한 곳이다. 그리하여 보르도의 샤토 무통 로쉴드와 합작으로 오퍼스 원(Opus one)을 빚어냈다. 오퍼스 원은 작품 번호 1번이란 뜻으로 미국 최초의 고품질 와인이다. 이후로 훌륭한 와인들이 우후죽순처럼 시장에 등장한다. 보르도의 최고 와인 페트뤼스도 이곳에 투자하여 도미누스(Dominus)를 만들어냈다.

나파 밸리는 매년 6월이 되면 온정과 열정으로 휩싸인다. 고급 와인 양조의 열정과 자선 와인 파티의 온정이 합쳐지는 시간이다. 이 와인 파티는 가장 미국적인 행사다. 상업적 성격으로 중무장한 행사이지만, 거기에는 이웃을 배려하는 사려 깊음이 자리하고 있다. 나파 밸리의 와인 파티는 지구상에서 가장 큰 규모의 자선파티다.

2003년의 나파 밸리 파티의 컨셉은 '코파카바나(Copacabana)'이다. 이상야릇한 이름은 무슨 의미일까. 코파카바나는 브라질의 유명한 해변 휴양지임과 동시에 유명 클럽의 이름으로 1950년대 프랭크 시나트라(Frank Sinatra) 등이 단골로 출연한 라틴계 클럽을 말한다. 맨해튼 한복판에 자리 잡아 당시 가장 좋은 물을 자랑하던 곳이었다. 주최측은 축제 분위기를 고조하기 위해 추억의 코파카바나를 나파 밸리에 복원하여 자선 경매 행사를 젊음의 광장으로 조성하였다.

자선 파티는 기본적으로 진지한 성격이라 분위기가 무거워져 진정한 의미의 파티가 되기란 쉽지 않으며 파티의 흥거움도 고조되기 어렵다. 주최측은 즐거운 파티 분위기가 퇴색될 것을 염려하여 여러 아이디어를 내놓았다. 그중 행사의 압권이 와인 경매였다. 파티의 목적이 모금을 위한 것이라, 주최측은 최대한 입찰자들을 즐겁고 편안하게 해야 했다.

가장 돋보이는 장면은 와인 경매의 도입부다. 근엄한 표정이 연상되는 경매사들은 파티 참가자들을 위해 훌륭하게 변신하였다. 그들은 가면을 쓰고 나타나 코파카바나(뮤지컬 영화도 있다)의 반주에 맞추어 춤추면서 입장하였다. 흔히 경매장에서 보던 사뭇 진지한 표정과 엄숙한 자세와는 거리가 멀었다.

그날은 달랐다. 경매사들은 자선경매에서 참가자들의 즐거움을 무한대로 이끄는 광대 역할을 마다하지 않았다. 그도 그럴 것이, 참가자들은 이미 참가비조로 2,500달러를 기부하였다. 우리나라 돈으로 입장료가 300만 원이 넘었다. 지금이야 환율이 떨어져서 그보다 못하지만, 하여튼 거금이다. 그 날의 경매사는 우슬라 헤르마친스키(Ursula Hermacinski)와 프리츠 해튼(Fritz Hatton)이다. 두 사람은 뉴욕에 있는 자키스 경매회사 소속이다.

4일간의 자선경매 파티의 결과는 얼마를 모았느냐에 관심이 집중된다. 어려운 경제여건 속에서 2003년 경매 낙찰금액은 나름대로 좋은 결과를 낳아 세계 최대 규모의 자선경매라는 명맥을 유지했다. 23년의 역사를 자랑하는 이번 경매 결과는 역대 순위 네 번째로, 금

2005년 25번째의 나파 밸리 자선 경매를 맞이하여 역대 회장들을 불러모아 노고를 치하하는 모습이다(맨위).
경매단상에 올라서서 입찰자 마음의 빗장을 활짝 열어 재치는 와인경매사(오른쪽).
로버트 몬다비가 입고 있는 옷은 코르크로 수놓은 특별 의상. 이 의상을 낙찰받은 사람을 그가 축하하고 있다(왼쪽).

© www.napavintners.com

액은 640만 달러였다. 대략 77억 원에 달하는 거금이었다. 대회 주최자인 나파 밸리 포도주 제조자 협회(www.napavintners.com)는 1981년부터 모두 420만 달러(510억 원)를 모금하는 기염을 토했다.

와인 경매에서는 최고가의 낙찰자가 누구인지 가장 궁금한 법이다. 최고가의 낙찰자는 곧 최고액의 기부자를 의미한다. 경매의 입찰 방식은 특이하다. 입찰 번호판을 제공하는 방식 역시 미국스럽다. 전년도에 제일 높은 금액으로 낙찰 받은 사람은 입찰 번호 1번을 가진다. 2번은 두 번째 고액 기부자다. 1번 번호판을 치켜세우면 사람들이 '아! 저 사람이 작년에 최고가의 낙찰자이구나!' 혹은 '아! 저 사람이 작년에 가장 많은 돈을 희사한 사람이구나!' 이렇게 다 알아볼 수 있게 한다.

2003년 최고 기부자는 골맨 부부다. 그들은 전년의 모금액 결과에 따라 2번을 달고 나왔다. 그들은 '낙찰자의 상표'라고 제목이 달린 출품 와인에 무려 100만 달러로 입찰했다. 그 와인은 300상자, 즉 3,600병의 와인이 걸린 경매 품목이었다. 경매사의 진행에 따라 여러 입찰자가 경쟁하였지만, 100만 달러 이후에 어떤 입찰도 접수되지 않아 결국 낙찰되었다.

모두 기립박수로 부부를 맞이하였고, 부부는 자랑스럽게 두 팔을 들어 답례한다. '낙찰자의 상표'의 낙찰자는 자신의 이름을 라벨에 새기는 명예를 얻는다. 해당 와인은 나파 밸리에서 수확한 카베르네 소비뇽 품종으로 만든다. 양조는 지역의 최고급 양조전문가가 맡는다. 한마디로 주문자 상표 와인인 셈이다. 자선금액 전부를 면세대상으로 인정하는 미국 정부의 과세정책이 기초가 되는 행사에 누구나 자신 있게 돈을 쓴다. 돈을 써도 당당히 쓰며, 쓴 돈 만큼 갈채받는 미국식 자선행사다. 정말 아름다운 돈이다.

다양한 와인 행사 중에 호스피탤러티(hospitality) 이벤트라는 것이 있다. 이는 참가자들의 즐거움을 배가하기 위하여 마련된 이벤트다. 한마디로 훌륭한 먹거리를 마음껏 시음하는 행사다. 미국 전역에서 모인 최고의 레스토랑 주인은 이 행사를 위해 각자의 주방장을 순순히 나파 밸리로 출장을 보낸다. 저마다 최고를 자랑하는 대표 주방장들이 제공하는 점심, 저녁은 식도락가들이 가장 기다리는 프로그램이다.

3박 4일간 벌어지는 이 성대한 음식의 향연 때문에라도 사람들은 거금의 입장료를 전혀 아까워하지 않는다. 요리사들은 요리만 하는 게 아니라 서빙도 한다. 참가하는 레스토랑 중에는 더 프렌치 론드리(The French Launday)도 있다. 미국 요리계의 아카데미상이라고 칭해지는 제임스 비어드(James Beard) 상을 2년 연속 수상한 더 프렌치 론드리 외에도 쟁쟁한 레스토랑들이 참가자들을 환대한다.

┃ 사랑을 실천하는 오스피스 드 본

2005년 크리스티에게 의미 있는 일이 하나 있었다. 그것은 오스피스 드 본의 경매를 대행하는 것이다. '오스피스 드 본(Hospices de Beaune)'은 '본에 있는 병원'이란 뜻이다. 지역 병원으로 출발하여 가난하고 병약한 사람을 돌보는 사업을 하다, 수백 년이 지난 지금은 선한 사업을 하는 재단으로 변모하였다. 오스피스 드 본은 부르고뉴 지방의 본 지역에 있는 병원을 가리키기도 하지만, 사실 와인 경매도 유명하다.

본은 파리에서 테제베로 두 시간이면 닿는 거리에 있는 한적한 시골 마을이다. 백년전쟁이 끝난 후에도 여전히 지방인들 간의 잔인한 보복전이 지역 곳곳에서 자행되었다. 그 결과 많은 부상자와 버려진 가족들이 양산되었다. 병과 부상에 시달리는 환자들을 위해 무언가 필요한 시점이었다.

부르고뉴 공국의 수상 니콜라 롤랭(Nicolas Rolin)은 지역 주민들을 위해 병원을 짓기로 결정하였다. 1443년 건축된 이후 오랫동안 오스피스 드 본은 지역주민들을 무상으로 치료하였다. 하지만 늘어나는 환자와 걸맞은 시설 확충에 필요한 재원은 바닥이 났다. 그러자 재정 궁핍을 알게 된 지역 출신 독지가들이 성금을 내기 시작했다.

어떤 이들은 자신이 소유한 포도밭을 통째로 기부했다. 주변이 포도밭인지라 포도밭 기부는 성금 만큼이나 일반적인 기부 형태였다. 이렇게 모은 포도밭은 현재 60헥타르(약 18만 평)에 이른다. 대략 사방 800미터에 이르는 면적이다. 1971년 인근에 최신식 병원이 건립되고 오스피스 드 본 건물은 이제 박물관으로 쓰이고 있다. 그 박물관은 이후 부르고뉴를 방문할 때는 꼭 들러야 하는 명소로 자리 잡았다. 해마다 50만 명의 관광객들이 찾고 있다.

오스피스 드 본 경매는 병원 운영자금을 마련하기 위해 1859년에 시작되었다. 기증받은 포도밭에서 나온 와인을 일반에게 판매하기 위하여 경매를 도입한 것이다. 부르고뉴 특성상 조각난 여러 개의 포도밭에서 나온 와인을 달리 구분하면 수십 가지의 와인이 만들어진다. 포도밭 관리와 운영은 해당 지역의 실력 있는 회사에 의뢰한다. 그리하여 오스피스 드 본 소유의 와인 라벨에는 오스피스 드 본의 문장과 글자는 물론, 포도밭 관리자 그리고 기증자 이렇게 세 이름이 병기된다. 낙찰자의 요구에 따라 낙찰자 이름이 기록되기도 한다. 로버트 파커도 한때 자신의 이름이 박힌 오스피스 드 본 와인을 낙찰받은 적이 있다.

매년 11월 셋째 일요일 오후에 거행되는 오스피스 드 본 경매는 오크통 단위로 거래된다. 한때 오크통 대신 병 단위 거래가 논의되기도 했지만 채택되진 못했다. 크리스티가 2005년 경매 행사를 맡고 나서는 조금 바뀌었다. 크리스티는 오크통 단위뿐 아니라 병 단위도 경매하기로 하고, 지하저장고에서 오랫동안 잘 숙성된 올드 빈티지의 병들을 경매하기로 결정하였다. 와인 애호가들의 마음을 설레게 하는 반가운 발표였다. 크리스티의 변화는 여기서 그치지 않았다.

크리스티는 부르고뉴의 와인 중개상인 네고시앙(Négociant)들만이 입찰할 수 있는 전통 방식에 일대의 혁신을 가해 일반인들의 입찰을 허용했다. 오크통 단위로 산 네고시앙들은 그걸 다시 병 단위 혹은 상자 단위로 일반인에게 판매하여 이득을 취해 왔다. 경매에서 가급적 싸게 낙찰받아야 네고시앙의 이득이 커지는 구조이지만, 약 150여 년간 이어져 온 전통에 큰 변화가 일어난 것이다. 일반인들의 참여 결정에 오스피스 드 본은 기뻐했다. 경매에서 높은 가격에 낙찰되면 오스피스 드 본에게 들어오는 돈이 많아지니 당연한 반응이다. 네고시앙에다 일반인까지 입찰자로 가세하면 수요가 강화되어 비싼 값에 팔 수 있을 거라는 기대로 더욱 환영했다.

크리스티에게 경매를 맡기게 된 배경에 여러 설이 있다. 2004년에 낙찰가가 전년대비 30퍼센트 하락한 것이 오스피스 드 본에게 큰 상처를 주었다. 오스피스 드 본은 네고시앙들이 담합을 통해 가격을 하락시켰다고 판단했다. 그래서 크리스티에게 경매를 맡겼을 거라는 주장이다. 일리 있는 주장이다. 전 해까지는 네고시앙 연합체에서 경매를 진행했었기 때문이다.

오스피스 드 본 경매에 관심이 몰리는 이유는 경매 결과를 통해 그 해의 빈티지의 가치를 짐작할 수 있기 때문이다. 그래서 부르고 뉴 와인 값의 바로미터라고 불린다. 오스피스 드 본의 입찰 와인량은 부르고뉴 전체의 와인 생산량의 일부에 불과하다. 하지만 개성 있는 여러 좋은 포도밭의 와인이 골고루 섞여 있어 와인 가격을 예측하는 데 큰 도움이 된다.

2005년 3월 45번째 경매가 열린 오스피스 드 본의 경매 수익금은 포도밭 관리비용으로 충당하거나 박물관 시설 보수에 쓰였다. 또한 병원 시설의 확충과 의료설비 구입 그리고 노인들의 복지를 위해 사용되었다. 기금의 일부는 소말리아 어린이와 9.11 사태의 순직 소방관들을 위해 쓰이기도 했다. 그야말로 세상을 인간의 따뜻한 마음으로 적시는 행위라 하겠다.

한국의 자선 행사, 몬테스 와인의 밤

와인을 통한 사랑 실천은 비단 남의 나라 얘기만은 아니다. 2005년 10월 서울에서도 따뜻한 자선모임이 있었다. 근육병 환자를 위한 단체인 한국근육병재단에 기금을 기부하는 일이었다. 기금을 조성하는 방식은 우리에게는 아직 낯선 와인 경매였다. 미국의 경우 상업적 와인 경매는 매월 3~4차례 열리는데 비해, 자선 와인 경매는 10여 차례 이상 벌어진다. 경매를 통해 모금하는 일이 보편적인 행사인 셈이다. 우리에게도 이런 일이 벌여져 무척 반가웠다.

몬테스(Montes) 자선 경매의 밤이 기획되었다. 가격도 알맞고 품질도 뛰어난 몬테스는 전세계에서 미국, 영국 다음으로 우리나라가 많이 수입한다. 곧 영국을 따라잡아 세계 2위의 수입국이 될 거라고 직원이 언급할 만큼 많이 양이 들어온다. 행사가 열린 곳은 그랜드 하얏트로, 2004년 국제 로터리가 주최한 몽골 심장병 어린이 돕기 자선경매를 진행한 곳과 같은 장소다.

몬테스를 수입하는 나라식품의 이희상 회장의 결정으로 현재 몬테스 수익금의 일부가 근육병 재단에 출연되고 있으며, 그날은 환자 요양소 설립을 위해 마련된 자선 행사였다. 한국근육병재단을 돕고 있는 탤런트 박상원 씨의 재단 활동 보고가 먼저 있었다. 경매 순서로 넘어가서는 박상원 씨가 가장 먼저 입찰에 참여하여 분위기를 북돋워 주었다. 치열한 눈치 싸움과 신경전을 벌이는 상업 경매와는 다른 밤이다. 이 날의 경매에서는 입찰자들이 뻔한 가격의 와인을 후하게 쳐주려고 애쓰는 밤이었다.

그동안의 와인 브랜드 행사는 대부분이 와인 관련 내용을 전달하는 것에 그쳤다. 와인을 팔면서 와인만 전달하면 소비자를 감동시킬 수 없다. 상업적 행사를 예술적으로 문화적으로 승화시켜야 행사도 살고 브랜드도 강화된다. 약을 파는 회사는 약이 아닌 건강을 팔아야 하고, 로봇을 파는 회사는 로봇이 아닌 꿈을 팔아야 한다. 그날 밤 몬테스 수입회사는 와인을 팔지 않았다. 그들은 인간의 따뜻함을 팔고 있었다. 이런 행사를 내가 맡아 더욱 뿌듯했다.

모금을 할 때는 기뻐야 한다. 남을 돕는 일이 얼마나 귀하고 복된 일인가. 꼭 여유가 많아야 하는가? 부자들만 도울 힘이 있는 것인가? 그렇지 않다. 조그만 성의가 모이고 또 모이면 큰 도움이 된다. 아마도 그날의 와인 속에는 에탄올 14퍼센트 외에 이웃사랑이라는 성분이 좀 포함되었을 것 같다. 자선경매는 보통 일회성으로 그치기 싶다. 하지만 미국의 자선경매 중에는 100회를 넘기며 장수하는 경우도 적지 않다. 몬테스 와인 경매가 그런 지속적인 행사가 되기를 기원한다.

낙찰 받고 싶으면 외쳐라. 대신에 소리치지 말고 패들을 들어라. 높이높이 들면 와인을 얻을 것이다. 귀한 것을 구한 기쁨은 물론, 인정을 나눈 따뜻함도 얻을 수 있을 것이다!

투자를 위한 고급 와인

와인명 | **그랑지**
빈티지 | 76, 86, 98
구분 | 레드
맛의 스타일 | 드라이
주품종 | 쉬라즈
원산지 | 남호주
지역 | 남호주
국가 | 호주
추정가격 | 70~150만 원

와인명 | **디켐**
빈티지 | 21, 34, 37, 75
구분 | 화이트
맛의 스타일 | 스위트
주품종 | 세미용
원산지 | 소테른
지역 | 보르도
국가 | 프랑스
추정가격 | 300~1,000만 원

와인명 | **라 타슈**
빈티지 | 62, 90, 96, 99
구분 | 레드
맛의 스타일 | 드라이
주품종 | 피노 누와
원산지 | 라 타슈
지역 | 부르고뉴
국가 | 프랑스
추정가격 | 200~500만 원

와인명 | **라투르**
빈티지 | 59, 61, 82, 90
구분 | 레드
맛의 스타일 | 드라이
주품종 | 카베르네 소비뇽
원산지 | 포이약
지역 | 보르도
국가 | 프랑스
추정가격 | 150~500만 원

와인명 | **라투르아포므롤**
빈티지 | 50, 61
구분 | 레드
맛의 스타일 | 드라이
주품종 | 메를로
원산지 | 포므롤
지역 | 보르도
국가 | 프랑스
추정가격 | 1,000~
          1,500만 원

와인명 | **라피트 로쉴드**
빈티지 | 82, 86, 96
구분 | 레드
맛의 스타일 | 드라이
주품종 | 카베르네 소비뇽
원산지 | 포이약
지역 | 보르도
국가 | 프랑스
추정가격 | 150~300만 원

와인명 | **라플레르**
빈티지 | 47, 50, 75, 82
구분 | 레드
맛의 스타일 | 드라이
주품종 | 메를로
원산지 | 포므롤
지역 | 보르도
국가 | 프랑스
추정가격 | 500~1,500만 원

와인명 | **로마네 콩티**
빈티지 | 59, 78, 85, 90, 99
구분 | 레드
맛의 스타일 | 드라이
주품종 | 피노누와
원산지 | 로마네 콩티
지역 | 부르고뉴(DRC)
국가 | 프랑스
추정가격 | 500~
          2,000만 원

와인명 | **마고**
빈티지 | 1900, 90
구분 | 레드
맛의 스타일 | 드라이
주품종 | 카베르네 소비뇽
원산지 | 마고
지역 | 보르도
국가 | 프랑스
추정가격 | 250~2,000만 원

와인명 | **몽트라쉐**
빈티지 | 78, 85, 90, 97
구분 | 화이트
맛의 스타일 | 드라이
주품종 | 샤르도네
원산지 | 몽트라쉐
지역 | 부르고뉴(DRC, 라모네)
국가 | 프랑스
추정가격 | 300~1,000만 원

와인명 | 무통 로쉴드
빈티지 | 45, 82, 86
구분 | 레드
맛의 스타일 | 드라이
주품종 | 카베르네 소비뇽
원산지 | 포이약
지역 | 보르도
국가 | 프랑스
추정가격 | 250~1,500만 원

와인명 | 비욘디 산티
빈티지 | 1955, 85
구분 | 레드
맛의 스타일 | 드라이
주품종 | 브루넬로
원산지 | 브루넬로 디 몬탈치노
지역 | 토스카나
국가 | 이탈리아
추정가격 | 150~500만 원

와인명 | 사시카이야
빈티지 | 85, 90
구분 | 레드
맛의 스타일 | 드라이
주품종 | 카베르네 소비뇽
원산지 | 볼게리
지역 | 토스카나
국가 | 이탈리아
추정가격 | 100~250만 원

와인명 | 슈발 블랑
빈티지 | 47, 61, 82
구분 | 레드
맛의 스타일 | 드라이
주품종 | 카베르네 프랑
원산지 | 생테밀리옹
지역 | 보르도
국가 | 프랑스
추정가격 | 300~1,500만 원

와인명 | 에곤 뮬러
빈티지 | 59
구분 | 레드
맛의 스타일 | 스위트
주품종 | 리슬링
원산지 | 샤르츠프베르그
지역 | 모젤
국가 | 독일
추정가격 | 500~1,000만 원

와인명 | 오브리옹
빈티지 | 59, 61, 89
구분 | 레드
맛의 스타일 | 드라이
주품종 | 카베르네 소비뇽
원산지 | 페삭 레오냥
지역 | 보르도
국가 | 프랑스
추정가격 | 250~500만 원

와인명 | 오존
빈티지 | 55, 82
구분 | 레드
맛의 스타일 | 드라이
주품종 | 메를로
원산지 | 생테밀리옹
지역 | 보르도
국가 | 프랑스
추정가격 | 200~400만 원

와인명 | 페트뤼스
빈티지 | 61, 82, 89, 90, 98
구분 | 레드
맛의 스타일 | 드라이
주품종 | 메를로
원산지 | 포므롤
지역 | 보르도
국가 | 프랑스
추정가격 | 300~1,500만 원

와인명 | 할란 에스테이트
빈티지 | 94, 97
구분 | 레드
맛의 스타일 | 드라이
주품종 | 카베르네 소비뇽
원산지 | 나파밸리
지역 | 캘리포니아
국가 | 미국
추정가격 | 400~1,000만 원

· 추정가격은 해당 빈티지의 가격이다. 그 외의 빈티지는 실적에 따라 다양한 값으로 거래된다.
· DRC, Domaine de la Romanée Conti의 줄임말.

이제는 인류의 술이 되어버린 와인. 그렇다면 와인을 맨 처음 만들어 먹던 곳은 어디일까?
과연 어느 민족이 와인을 먼저 만들었을까? 와인의 기원을 따라가 보면
결국 우리네 인간이 어떻게 문명인으로 성장해 왔는지 엿볼 수 있다.
한낱 과일에 불과한 포도가 무한한 감동과 깊은 풍미를 주는 와인이 되기까지
우리는 수천 년의 시간을 기다려온 것이다.

3

와인 지식검색

1 샤토 마고 지하 셀러에 쌓여 있는 오크통. 표면에 분필로 써놓은 것은 품종별 구역별 표시다.
2 백년전쟁 말기에 전사한 영국 장교 탈보트의 영지, 샤토 탈보의 1945년산.
3 곧 식탁에 제공될 와인을 담고 있는 디켄터.
4 리카르도 벤베누티(Riccardo Benvenuti)의 작품으로, 브루넬로 디 몬탈치노 조합은 매년 지
  역와인 홍보에 기여한 작가의 작품을 선정하여 기념한다. ⓒ Brunello di Montalcino Consorzio

와인, 인류 최고의 발명품

와인은 인류 역사의 페이지마다 빠지지 않고 등장했다. 대관식에서, 승전식에서, 성찬식에서, 결혼식에서 그리고 매일 저녁 식탁에서 항상 빛나고 있다. 이렇듯 와인은 자연의 선물인 포도라는 과일과 인류가 만든 문화 속에서 그 꽃을 피워왔다. 그렇다면 와인은 어떻게 포도에서 인류의 보석이 되었을까.

우연한 발견, 와인 태어나다

와인은 우연히 발견된 것이 틀림없다고 생각한다. 인간의 노력으로는 와인을 완성할 수 없기 때문이다.

아주 오랜 옛날, 원시인이 사냥을 하러 떠났다. 여느 날처럼 그 날도 실패의 연속이었을 것이다. 지친 몸을 달래려고 쉴 곳을 찾던 중

우거진 숲을 발견한 원시인은 피곤을 풀려고 자리를 잡았다. 때마침 암석 틈에서 바람이 불어 시원했다. 땀을 훔치면서 무거운 몸을 쭉 펴고 눈을 감았다. 그런데 어디에선가 신선하고 상큼한 향이 흘러나왔다. 예의 예민한 후각을 동원해 그 출처를 찾다가 바위 위에 고인 액체를 발견했다.

색이 붉었다. 본능적으로 몸을 움츠렸지만 액체의 향내가 너무 좋아 손가락으로 살짝 찍어 맛을 보았다. 미량의 와인을 구강에 넣어 맛보기하는 와인 시음처럼 조심스럽게 맛을 보았을 것이다. 그것은 생전 처음 보는 맛이었지만, 새콤하고 달콤한 맛이 그만이었다. 먹어도 괜찮다는 걸 알아차린 후에는 손바닥으로 바위 바닥이 드러나도록 연신 퍼 마셨다. 기분이 좋아지고 곧 졸음도 밀려왔다.

시간이 흘렀다. 한참을 잔 후 깨어보니 몸도 가뿐해지고 컨디션도 상쾌했다. 원시인은 곧 그 액체의 근원이 어디인지를 발견한다. 위를 보니 검은 포도가 주렁주렁 달려 있는 게 아닌가? 이렇게 해서 원시인은 포도나무를 집으로 가져갔다. 그 원시인은 포도인 줄은 몰랐겠지만, 이때부터 포도는 인간이 재배하는 식물이 되었을 것이다.

바위 위에 포도즙이 고여 있게 된 것은 원숭이가 포도를 그곳에 모아놓았기에 가능했다는 주장도 있다. 여하튼 포도즙이 발효해서 와인이 된 것만은 불변의 사실이다. 포도껍질 속에 있는 당분이 껍질표면에 붙어 있는 효모에 의해 자연 발효해서 알코올이 된 것으로 보인다. 물 속에 녹아 있는 당분이 발효한 것이므로 알코올 역시 물 속에서 생성된다. 그래서 12도의 와인 속에는 88퍼센트의 물과 12퍼센트의 에탄올로 구성된다.

"이왕이면 주전자에 가득 채워주세요." 사진 왼쪽에 있는 부부는 와인을 사러 온 모양이다. 키안티에 있는 이모리(I Mori) 양조장의 태피스트리.

신화 속 와인의 탄생

그리스 신화 속 디오니소스(Dionysos)는 풍작과 식물의 성장을 담당하는 자연신으로, 특히 술과 황홀경을 대표하는 신이다. 이 디오니소스에게 늘 따라다니는 것이 포도와 와인이다.

디오니소스는 제우스(Zeus)와 카드모스(Kadmos, 테베의 왕)의 딸이지만, 원래는 프리기아의 대지의 여신인 세멜레(Semele)와의 사이에서 태어난 아들이라 알려져 있다.

결혼의 신인 제우스의 아내 헤라(Hera)는 질투가 유독 심했다. 그녀는 유모로 변장하여 세멜레를 찾아가 "지금 당신이 만나는 남자의 신분을 한번 알아보라"고 부추긴다. 세멜레는 그 말을 곧이곧대로 믿고 제우스에게 찾아가 "당신의 신분이 궁금해요. 꼭 말해 주세요"라고 서약하기를 재촉한다. 제우스는 망설였지만, 그녀의 재촉에 어쩔 수 없이 약속한다.

한편, 제우스는 세멜레에게 화가 미칠 것을 걱정하여 자신의 갑옷 중 가장 가벼운 것과 번개 중 가장 작은 것을 들고 신의 모습으로 그녀를 찾아간다. 신분을 밝혀야 했기 때문이다. 그런데 인간인 세멜레는 신인 제우스의 힘을 견디지 못하고 그 작은 번개에 새까맣게 타 죽고 만다. 세멜레의 주검을 끌어안고 슬퍼하던 제우스는 그녀가 임신한 상태임을 알아차린다. 그는 헤라가 알기 전에 재빨리 세멜레에게서 여섯 달 난 아이를 꺼내 자기의 허벅지 속에 넣는다. 그렇게 해서 태어난 아들이 바로 디오니소스다.

깊은 산의 동굴에서 자라난 디오니소스는 열다섯 살이 되었을 때 포도를 재배하게 된다. 디오니소스는 어느 날 지하 동굴을 걷다가 무심결에 포도가 가득 담긴 함지박을 밟고 지나친다. 그 후 며칠 뒤 함지박에서 묘한 향기가 나는 것을 발견하고 그것을 마신다. 그 맛이 참 싱그럽고 상큼했으며, 기분도 좋아지는 것을 알게 된다.

디오니소스는 이후로 만나는 사람마다 포도 재배 방법과 포도주 만드는 방법을 전파한다. 후세에 그는 그 공로를 인정받아 여러 그림의 주인공으로 표현되고 있다. 일례로, 디오니소스는 표범 위에 올라타고 삿갓 모양의 손잡이가 달린 덩굴장식의 막대기를 손에 든 모습으로 묘사된다. 또한 인류에 의해 오늘날까지 좋은 추억으로 남고 있는데, 데니스라는 이름은 디오니소스를 본 따 지어진 남자 이름이다. 와인을 아주 즐겼던 알렉산더 대왕 역시 스스로를 디오니소스로 자처했다. 사람들은 디오니소스가 만든 포도주를 즐겨 마시며

'수확의 기쁨으로 이런 무게쯤이야 거뜬하지.' 샤토 무통 로쉴드에 있는 브론즈 조각품.

축제를 열게 되었는데, 이 축제가 연극의 기원이 되었다.

디오니소스는 로마 신화에서 바쿠스로 이름이 바뀐다. 바쿠스 역시 포도나무 재배 방법과 와인 양조를 알린 공로로 오랫동안 로마의 문학가들에 의해 칭송을 받았다. 로마시대 때 강성했던 캄파니아(Campania) 지방에는 전해 내려오는 바쿠스의 일화가 있다.

바쿠스는 어느 날 인간의 모습으로 초라한 차림을 하고 길을 가다가 마시코(Massico) 산기슭에 살던 팔레르누스(Falernus)라는 한 늙은 농부와 만난다. 농부는 수척해 보이는 바쿠스를 측은하게 여겨 그에게 꿀과 우유와 과일을 건네주었다. 농부의 환대에 감사한 바쿠스는 꿀을 와인으로 변화시켜 답례했다. 와인을 마신 농부는 곧 곯

아떨어졌다. 그가 잠든 사이 바쿠스는 농부의 친절에 대한 답례로 마시코 산을 온통 포도나무 밭으로 변화시켜 놓았다. 이후로 마시코 산 지역에서 나오는 와인은 캄파니아 지방의 최고 와인으로 명성을 날렸다.

하지만 로마제국의 쇠퇴와 함께 캄파니아 와인의 유명세도 몰락했다. 훗날 나폴리왕국(Kingdom of Naples)이 번성했을 무렵인 18세기 말에 다시 캄파니아 와인은 인기를 얻게 된다. 오늘날 캄파니아 지방에서 나오는 팔레르노 델 마시코(Falerno del Massico)가 그 역사와 추억을 간직하고 있는 와인이다.

서양 역사와 함께 성장하다

오루미예(Orumiyeh, 이란 북서부 끝에 있는 도시. 우르미아(Urmia) 라고도 한다)는 서쪽으로 이라크와 터키와 인접한 곳에 위치한다. 북쪽으로는 아제르바이잔(Azerbaijan), 아르메니아(Armenia) 그리고 그루지야(Gruziya)와도 가깝다. 이 오루미예에서 최초의 와인이 발견되었는데, 이는 결코 우연이 아니다. 이곳에서 멀지 않은 곳이 바로 포도의 한 종류인 비티스 비니페라(Vitis Vinifera)의 탄생지이기 때문이다.

비티스 비니페라는 유라시안 포도의 학명으로서, 현대 와인의 재료인 카베르네 소비뇽, 샤르도네 등의 원종을 이르는 말이다. 또한 성경에 나오는 노아의 방주가 발견되었다고 전해진 터키의 아라라트 산(Mount Ararat)에서 그리 멀지 않은 곳에 있다. 그야말로 성스러운 이야기의 혜택을 받은 땅인 셈이다.

첫 수확한 포도로 만든 와인을 진상하는 백성. 샤토 무통 로칠드에 있는 태피스트리.

역사적인 사건의 개연성이 이렇게 절묘하게 맞아떨어지다니 참 신기한 일이다. 인류 최초의 문명인 메소포타미아 문명이 발원한 곳, 최초의 와인이 발견된 곳, 노아의 방주가 표류한 곳, 비티스 비니페라가 탄생한 곳, 이 네 곳 모두가 서로 가까이 몰려 있는 것이다.

결론적으로, 와인은 아시아에서 출발하였고 그 후 유럽으로 건너갔다. 특히 로마시대 때 포도나무 재배 방법이 유럽 전역으로 퍼져 나갔다. 그리하여 오늘날 유럽이 와인 종주국으로 자리 잡고 있다. 와인의 이러한 전파 경로는 성경의 전파 경로와 그대로 일치한다. 기독교 문화가 중심이 되는 서양 문명의 역사는 그래서 와인의 역사와 궤를 같이 한다.

바쿠스를 상징하는 대리석 조각. 샤토 보세주르 베코.

저장법의 발견으로 더 사랑받다

자연에서 얻는 모든 음식이 그러하듯, 와인 역시 외부 환경에 의해 쉽사리 상하는 치명적인 약점을 가지고 있다. 요즘이야 저장방법이 다양하면서도 좋다지만, 옛날의 와인은 지금의 와인과는 사뭇 달랐다. 색이 연했고 구조 또한 약했다. 그래서 소비자들이 좋은 상태의 와인을 만나기가 쉽지 않았다.

자연발효주인 와인은 증류주인 코냑(Cognac)이나 위스키(Whiskey)에 비해 물성이 약하다. 그래서 온도의 변화, 습도의 부족, 진동 등에 특히 취약하다. 온도가 너무 높거나 변화가 심하든지 습도가 부족하거나 진동이 많으면, 와인은 성장이 비정상적으로 촉진되어 조숙해져 버린다. 한마디로 '상하는 것'이다. 김치를 옹기에 담고 땅속에 묻어야 맛있게 익는 것처럼, 와인 역시 이상적인 저장수단이 필요하다.

와인을 보관하는 최적의 온도는 13도 정도다. 하지만 10~18도 정도의 약간의 온도 차이는 괜찮으니 이 사이에서 저장하는 게 좋다. 그리고 어두울수록 좋으므로 오크통을 저장하는 장소가 지하나 어두컴컴한 동굴이 많다. 습도를 조절하는 것도 매우 중요해 너무 많아도, 그렇다고 너무 습기가 없어도 안 되니 정말 까다로운 음료라 하겠다. 보관하는 병의 상태도 중요한데, 라벨이 위로 올라오게 누운 채로 보관해야 라벨도 양호하고 와인도 상하지 않게 숙성시킬 수 있다.

요즘에는 좋은 셀러가 많아 가정에서도 와인 보관이 어렵지 않다. 저장수단의 발전은 와인이 대중들과 언제든지 만날 수 있는 혁명을 일으켰다 해도 과언이 아니다.

포도의 사계

포도는 저절로 술이 되지 않는다. 좋은 와인이 태어나기 1년 전부터 농부가 땀을 흘리면서, 봄 여름 가을 겨울 열심히 가꾸고 수확해야 가능하다. 와인은 잘 익은 포도에서부터 서서히 그 맛이 만들어지고, 인간의 예술 혼으로 그 가치가 완성된다.

겨울, 포도밭의 순환이 시작되는 시기

모든 농사가 그렇듯, 농사의 시작은 봄이 아니라 겨울이다. 수확이 끝남과 동시에 다음 수확을 위한 준비가 시작되는 시기이기 때문이다. 포도밭도 마찬가지다. 겨울부터 좋은 와인을 만들기 위한 농부들의 노력은 이미 시작된다.

수확이 끝난 겨울의 포도밭 길은 정말 삭막하다. 그 풍성했던 가

천수답 같은 독일 모젤의 포도밭. 남향의 비탈진 밭이 최고로 꼽힌다.
ⓒ German Wine Institute

을의 자취는 아무데도 없다. 교차로의 주유소에나 가야 사람이 살기는 살겠구나, 할 정도다. 인적이 드문 이런 길에 유일하게 반기는 이는 앙상한 포도나무 가지들이다. 낙엽이 지고 가지치기된 포도나무의 양 갈래 큰 가지는 꼭 바닷가재 집게발처럼 보인다. 그 행렬이 마치 기사들이 도열한 듯한 모습으로, 사람들의 방문을 환영하는 것처럼 보인다. 어떨 때는 더운 사막의 선인장처럼 겨우 내내 그런 모습으로 홀로 유유하게 스산한 계절을 버티고 있는 듯하다.

베인 가지는 작년 가을 열매를 맺은 것들이다. 이들을 겨울에 잘라내는 이유는 이미 힘을 다 썼기 때문이다. 그들을 잘라내야 다가오는 수확 철에 다른 가지가 뻗어 나온다. 끝을 본 생명은 새롭게 태어나는 생명을 위해 길을 터준다. 잘린 가지는 자신의 할 일을 정확하게 알고, 그 일을 마친 후 미련 없이 땅으로 돌아간다. 하지만 하

찮은 나뭇가지라도 그냥 버려지는 법이 없다. '샤르망(Charmant)'
이라고 불리는 잘린 가지가 땅에 떨어지면 곧 한데로 모으는데, 바비
큐 할 때 요긴하게 쓰인다. 돌고 돌면서 혜택을 주는 자연의 섭리다.

수확을 마친 나뭇가지가 제 생을 다하고 있을 무렵, 양조장에서는
포도 알맹이들이 알코올 발효를 마치고 유산 발효에 한창이다. 알코
올 발효 후의 와인 속에는 사과산이 많이 함유되어 있어 신맛이 두
드러지기 때문에 유산 발효를 통해 사과산을 젖산 혹은 유산으로 변
화시켜야 한다. 변화된 와인은 우유처럼 부드러운 감촉을 지닌다.
고급 와인일수록 유산 발효에 정성을 기울인다. 와인의 질감이 풍부
하고 입안에 부드럽게 감기는 느낌은 모두 성공적인 유산 발효에 따
른 결과다.

| 봄, 와인의 대지를 고르다

봄에는 포도나무에 새순이 돋기 시작한다. 가지치기한 후에 선택
된 새로운 가지에서 돋는데, 가끔 원하지 않는 가지에서 새순이 나
면 잘라내기도 한다. 새순의 선택은 온전히 농부의 몫이다. 아무 가
지에서나 나오는 새순으로는 결코 양질의 포도를 얻을 수 없다. 이
시기에 새순이 나올 곳을 제대로 짚지 못하면 빈티지가 아무리 좋더
라도 원기가 충만한 포도를 얻기 힘들다.

포도밭은 잡초가 무성한 곳이나 혹은 잡초를 다 제거한 곳에 조성
되기도 한다. 하지만 수분이 많은 땅에는 잡초를 뽑지 않고 내버려
두어 잡초가 포도밭 토양의 지나친 수분을 대신 빨아먹게 한다. 지
나친 수분은 포도나무 뿌리를 썩게 만들기 때문에, 뿌리에 많은 수

분이 몰리는 걸 방지하기 위해서다.

봄에는 새 포도나무도 많이 심는다. 때때로 늙은 포도나무를 어린 포도나무로 대체하는 것인데, 포도나무의 생명이 영원하지 않기 때문이다. 포도나무가 자연의 일부이듯, 하나의 삶이 끝나면 또다른 삶이 그 자릴 대체한다. 어린 포도나무는 보통 한 쪽에서 따로 재배하는데, 심은 후 3~4년은 지나야 쓸만한 포도 알을 맺는다. 그런데 어린 포도나무를 노리는 사냥꾼들이 많다. 특히 농장 근처의 토끼들은 어린 포도나무의 야들야들한 새순을 보면 사족을 못 쓴다. 그래서 농부는 어린 나무들이 안전하게 잘 자라도록 나무 아래쪽에 플라스틱 보호막을 싸서 정성껏 키우고 보듬는다.

또한 봄에는 새로운 농사에 앞서 한창 윤기 있는 대지를 만드는 데 노력을 쏟는다. 밭의 흙을 갈아엎고 고르면서 생기를 불어넣는다. 우리나라 청동기 유물 중에 농경무늬 청동기가 있다. 벌거벗은 농부가 따비를 들고 밭을 가는 풍경이 그려져 있는 것으로, 대지의 신께 풍년을 기원하는 뜻이 담겨 있다. 저 멀리, 유럽에서 어느 포도밭의 흙을 고르는 농부 역시 같은 마음일 것이다. 농부는 인간의 한계를 인정하고 땅을 일군 결과를 오직 하늘에게 맡긴다. 욕심 내지 않으며 오로지 열심히 일할 뿐, 풍요는 하늘이 주신 선물이라 생각한다. 농부의 마음은 몇 천 년 전 사람이나 지구를 가로지르는 지역에 살고 있는 사람 모두 같을 것이다. 유럽에서 새로운 농사를 위해 땅을 고를 쯤, 지구 반대편인 호주나 칠레는 수확을 한다. 계절이 반대라 수확 시기도 어긋난다.

양조장의 봄은 와인을 병에 담는 계절이다. 오크통 숙성이 별로 필요하지 않은 와인은 유산 발효가 끝나면 곧바로 병입 처리한다. 주로 할인점이나 대형 마트에서 염가에 팔리는 와인들이 그렇다. 이런 와인은 숙성 기간을 거치지 않고 바로 병에 넣었기 때문에 오래 묵힐 수 없다. 그래서 되도록 빨리 마시는 게 좋다. 그 대표적인 와인이 '보졸레 누보(Beaujolais Nouveau)'다.

보졸레 누보는 보통 다음해 부활절까지 즐긴다. 수확 후 3주 만에 출시되는 와인이기 때문에 보졸레 지방의 일반 와인, 즉 보졸레(Beaujolais)가 이듬해 봄철에 출시가 되면 보졸레 누보는 더 이상 설 자리가 없어진다. 보졸레는 보졸레 누보의 가격과 비슷하지만 숙성 과정이 길다. 보졸레 누보가 햇과일 같은 맛을 전한다면, 수확 후 겨울과 봄철 내내 와인이 되길 기다려온 보졸레는 더 성숙한 맛이 난다.

┃ 여름, 녹색 수확의 계절

여름에는 뻗어난 새순의 자리를 잘 잡게 해야 한다. 새순이 햇빛을 많이 보도록 위치를 정하고 끈으로 고정시킨다. 여름에는 비가 많이 오고 습기가 차기 때문에 각종 균들이 포도밭에 창궐한다. 그래서 때에 맞추어 살충제를 정해진 분량으로 뿌린다. 비오디나미(biodynamie, 달과 태양의 주기에 맞춘 자연친화적 방식)나 유기농업 신봉자가 아니더라도 매년 포도 농사에는 최소한의 살충제만 사용한다.

늦여름으로 가면 포도나무만의 단풍이 든다. 포도알과 잎들이 청색에서 검은색으로 변하는데 이를 베레종(Veraison)이라고 한다. 이렇게 색이 변할 때 열매솎기 혹은 녹색수확을 실시한다. 달콤한 즙으로 가득 찬 탱탱한 포도가 주렁주렁 달리지만, 가지가 휘어지도록 포도가 많이 달린다 해서 결코 훌륭한 와인을 얻지 못한다. 그래서 수확을 하기 전에 최종적으로 포도의 집중도를 높이기 위한 작업을 한다.

농부는 직감적으로 잠재력이 가장 우수한 송이들만 남기고 주변 송이들을 가차 없이 자른다. 그러면 남겨진 몇 송이에 에너지가 몰려 튼실한 포도송이가 영근다. 많은 것을 바라면 원하는 걸 얻을 수 없는 것처럼, 한 그루에서 겨우 몇 송이만을 얻는데 만족해야 위대한 와인을 만들 수 있다.

녹색수확을 통한 걸작 와인은 샤토 보세주르(Château Beausejour) 1990년산이다. 샤토 보세주르는 프랑스 생테밀리옹 지역에 있는 자그마한 샤토지만, 품질이 뛰어나서 마을의 최고 와인 반열에 올라 있다. 여러 빈티지 중에서 유독 와인 평론가들로부터 호평을 받은

매년 봄이 되면 트랙터로 포도밭을 갈아엎는다. 잡초도 제거하고 생기도 불어넣는 목적이다. 샤토 브라네르 뒤크뤼.

와인이 1990년산이다. 22년간 양조책임자로 일하고 있는 장 미셸 뒤보(Jean-Michel Dubos)에게 1990년산이 그렇게 뛰어난 이유를 물었다.

"1990년 여름은 무척 덥고 건조했습니다. 당시 녹색수확은 그리 보편적인 일이 아니었지요. 저와 샤토 페트뤼스만 열심히 열매솎기를 했답니다. 포도의 집중도를 높일 수 있었고, 결국 좋은 와인을 얻었지요. 땡볕 아래서 열심히 열매솎기를 한 보람이 그 보답을 받았다고나 할까요."

로버트 파커가 완벽하다고 평가한 1990년산 한 병의 샤토 권장가격은 497유로로서, 최근 빈티지 와인 값의 열 배를 넘는 고가다. 여름에 흘린 농부의 땀방울은 그렇게 대가를 받는다.

가을, 포도밭은 민족 박람회장으로

유럽에도 어김없이 수확의 계절 가을이 온다. 우리나라의 가을이 한점 티끌 없는 맑은 하늘과 상쾌한 날씨로 수확의 풍요로움을 더 배가하는 반면, 유럽의 가을은 일기가 불순하여 갑작스런 비나 바람으로 농사 피해를 많이 입는 편이다. 그래서 포도가 익으면 지체 없이 따야 한다.

가을이 찾아오면 보르도 지방 메독 지역에서는 메를로를 먼저 수확하고 카베르네 소비뇽을 보름 뒤에 수확한다. 수확기간이 한달 정도인 셈이다. 샤토당 평균 60~70헥타르를 경작하므로 수확기에는 많은 노동력이 필요하다. 그런데 수확 철이라고 모든 포도를 다 따

탐스럽게 늘어진 브루넬로 송이들. ⓒ Brunello di Montalcino Consorzio

는 건 아니다. 아무리 바빠도 잘 익은 포도만 거두어야 한다.

포도농사의 가장 바쁜 때는 가을이다. 한달 안으로 수확을 해야 하므로, 샤토 내 게스트하우스에는 아르바이트로 포도를 따기 위해 여러 나라에서 온 사람들로 넘친다. 일꾼들이 넘치니 덩달아 식당도 늘 분주하고, 저녁에는 소박한 파티도 계속된다. 아시아에서 와인 공부하러 온 학생이나 인근 동유럽에서 넘어온 아르바이트생들이 매일 밤 게스트하우스에서 저녁을 먹으며 그날의 피곤함을 달랜다.

검붉게 물든 포도를 따는 일은 언뜻 상상하면 낭만적인 풍경으로 보이겠지만, 엉거주춤한 자세로 작업해야 하기에 여간 힘든 게 아니다. 목과 허리, 무릎에도 무리가 많이 가고, 가위질을 연신 해대느라 손아귀도 곧 뻣뻣해진다. 밤이 되면 온몸이 쑤시고, 일기를 쓰려 해도 볼펜이 쉽게 잡히지 않을 정도다.

그렇게 온몸 바쳐 수확한 포도라고 해서 모두 그대로 양조장에 가는 것도 아니다. 양조장 입구에는 탁자를 두고 두세 명의 포도 감별사들이 앉아 송이 송이마다 모양과 상태를 확인하고 합격과 불합격으로 구분 짓는다. 합격한 포도는 양조장으로 직행하고 불합격한 포도는 저렴한 와인 양조용으로 따로 모은다. 욕심 부려 모두 양조장으로 들여보낼 만도 하건만, 최고를 위해 시간과 정성을 투자해 고르고 또 고른다. 이것이 와인이 명품 음료가 될 수밖에 없는 이유다.

▎ 포도가 곧 와인의 향과 맛이다

포도는 양조용과 생식용으로 나뉜다. 양조용은 말 그대로 술을 만드는 재료다. 와인도 모두 양조용 포도를 발효한 것이다. 생식용, 즉 그냥 먹는 포도에는 캠벨(campbell)이나 거봉이 있다. 캠벨이나 거봉은 알이 크다. 또한 시원하게 저장해서 먹으면 입 속에서 포도의 달콤함이 터져 향긋하게 퍼지며, 충분한 수분으로 갈증도 해소해 준다.

그러나 양조용 포도는 씨알이 작다. 수분도 상대적으로 적다. 그만큼 당분의 비중이 높다 하겠다. 당분이 높아야 발효를 하면 12도 이상의 알코올 도수가 나올 수 있다. 캠벨은 고작 6~7도 정도다. 생식용 포도로 와인을 만들 수 없는 건 아니나, 캠벨로 굳이 와인을 만든다면 발효통에 설탕 같은 당분을 첨가해야 한다. 번거로울뿐더러, 맛도 좋지 않다. 그런데 우리나라에서는 캠벨이나 기타 포도로 와인을 만들고 있다. 모든 음식이 재료가 좋아야 맛이 좋은 것처럼, 와인도 100퍼센트 제대로 된 포도를 써야 제대로 된 와인이 된다. 우리나라도 재배 방법을 개량하여 양조용을 육종한다면 좋은 와인을 얻을 수 있을 것이다.

드라마 〈대장금〉에서 어린 장금이의 "홍시 맛이 나 홍시라 하였는데……"라는 대사는 너무나 유명하다. 와인도 그러하다. 결국 와인의 맛은 포도 맛이다. 카베르네 소비뇽으로 와인을 만들면 카베르네 소비뇽 맛이 나고, 피노 누와로 만들면 피노 누와 맛이 난다. 포도의 종류를 알면 와인을 아는 재미가 더 쏠쏠해진다. 좋은 와인은 언제나 솔직하게 그 본연의 맛을 드러내며, 절대 혀를 속이지 않는다.

| 포도, 와인의 신화가 되다

카베르네 소비뇽은 검은 포도의 왕이다. 하지만 탱탱하게 영글기

알곡과 쭉정이는 최후의 순간에 판가름난다. 포도송이는 선별자들의 손을 통과해야만 비로서 와인으로 탄생한다. ⓒ Brunello di Montalcino Consorzio

전에는 성질이 고약하여 포도의 왕이라는 자태가 묻어나지 않는다. 검고 작은 두꺼운 껍질에 쌓인 카베르네 소비뇽은 어린 시절에는 거칠고 날카로운 쓴맛을 내지만, 지하 저장고에서 10년 이상의 숙성을 거치면 위대한 와인으로 변모한다. 복합적인 맛과 향이 가히 포도의 지존이라 할 만하다. 카베르네 소비뇽은 레드와인의 재료로도 가장 널리 쓰인다. 프랑스 보르도가 원산지이며, 캘리포니아에서는 양조할 때부터 강한 타닌을 길들여 만든다. 그리하여 캘리포니아 와인은 원산지와 판이한 성격의 부드러운 와인으로 태어난다. 같은 종이라도 주인의 손길에 전혀 다른 맛을 지닌 와인이 된다.

메를로(Merlot)는 매력적인 포도다. 포도의 껍질은 진한 보랏빛을 띤다. 카베르네 소비뇽보다 당분을 더 많이 함유하고 있으나 타닌은 적다. 그 맛과 향이 여성스러워 '메를로 부인'이라는 별명을 가지고 있다. 갓 담갔을 때는 친절하고 쉬운 맛과 향을 지녔고, 질감 또한 부드럽고 감미로워 인기가 높다. 주연보다는 조연에 가까운 메를로는 카베르네 소비뇽과 찰떡궁합을 연출하며 보르도 와인의 대표가 되었다.

피노 누와는 포도의 여왕이라 불리며 그 맛이 세련되고 우아하지만, 변덕스러워 범접하기가 무척 힘들다. 프랑스 부르고뉴의 품에서 자라는 피노 누와는 비가 많고 일조량이 부족한 고향의 기후 때문에 매년 훌륭한 맛을 기대하는 애호가들을 계속해서 실망시킨다. 하지만 10년에 두세 번 제대로 익을 때에는 그 어떤 포도보다 황홀한 매력을 내뿜기에 영원한 포도의 여왕으로 군림한다.

산지오베제(Sangiovese)는 라틴어로 '제우스의 피'라는 뜻이다. 이탈리아에서 가장 보편적인 포도로서 과거에는 별 조명을 받지 못했다. 하지만 몬탈치노에서 브루넬로라는 이름으로 다시 태어나면서부터 과연 '제우스의 피'다운 면모를 보여주고 있다. 실크 같은 질감과 꼿꼿한 타닌 그리고 적당한 산도를 지닌 산지오베제는 토스카나의 태양과 자연을 가장 많이 닮은 포도로 꼽힌다.

시라는 남프랑스 론(Rhone) 계곡에서 만날 수 있는 포도다. 호주로 전래되는 과정에서 이름이 쉬라즈로 바뀌 불리게 된 시라는 카베르네 소비뇽 못지않은 거친 맛과 강한 타닌, 그리고 특유의 향신료 같은 향이 특징이다. 호주의 대표 품종이 된 쉬라즈는 뛰어난 숙성력과 쾌활함을 바탕으로 이제는 신세계 최고의 포도가 되었다.

샤르도네는 청포도의 일종으로, 피노 누와처럼 프랑스 부르고뉴가 고향이다. 타고난 풍부함과 섬세함으로 최고의 화이트와인을 만드는 일등공신이다. 맛과 향이 다른 청포도에 비해 중립적이라 지역에 따라 상이한 스타일의 와인으로 태어나지만, 그중에서도 가장 훌륭한 샤르도네는 오크통 숙성의 흔적이 덜 보이면서도 육중한 질감을 유지하고 있는 몽트라쉐(Montrachet)다.

소비뇽 블랑은 풋풋한 풀 향기가 나는 상큼하고 신선한 청포도로서, 오크통 숙성에 따라 다른 평가를 받는다. 루이 비통 계열이 뉴질랜드에 조성한 클라우디 베이(Cloudy Bay)는 오크통이 아닌 스테인리스 강철 통에서 숙성시키는데, 그래야 제 맛도 나고 맛이 좋다는 세간의 평가를 뒷받침한다. 야생화가 만발한 풀밭 길을 긴 머리 날리며 달려가는 청순한 소녀가 떠오르는 포도다.

세미용(Semillon)이 없었다면 화이트와인의 숙성력은 끝내 증명할 수 없었을 것이다. 반짝이는 투명한 지푸라기 색에서 진화를 거듭하다가 점점 진한 색을 띤다. 그러다 나중에는 아예 갈색으로 바뀌는 기적을 보여준다. 두꺼운 껍질이 귀부 곰팡이의 공격으로 벌어져 포도알의 수분이 빠지면 드디어 포도는 흉측한 모양으로 변한다. 박씨 부인 같은 못난이 세미용은 나중에 달디단 화이트로 변신하여 애호가들이 잊지 못하는, 톡 쏘면서도 벌꿀 향 가득한 귀부 와인이 된다.

리슬링(Riesling)보다 다양한 스타일의 와인을 만드는 포도가 세상에 또 있을까. 리슬링은 천의 얼굴을 가진 청포도다. 깔끔한 드라이한 맛에서부터 새콤달콤한 맛, 나아가 디저트를 대신할 만한 단맛까지 다양하게 탈바꿈하는 변화무쌍한 모습을 지녔다. 고향인 라인강을 떠나 많은 나라에 두루 퍼져 있지만, 리슬링은 여전히 독일의 리슬링이 최고다. 누구나 다 맛있다는 아이스와인 역시 독일 아이스바인(Eiswein)이다. 원조의 힘은 세월이 흘러도 변하지 않는다.

포도가 신의 축복이라는 와인으로 재탄생하게 된 데에는 미식의 측면만이 고려된 것은 아니다. 포도는 조금만 시간이 지나도 상한다. 그래서 빨리 빨리 팔아야만 했다. 농부는 포도농사만으로는 항상 불리한 형국이었다. 그러나 와인은 두고두고 먹을 수 있었다. 또한 와인은 포도가 지니지 못하는 큰 부가가치를 지닌다. 당장 팔지 않아도 되니 흥정에서 밀리지도 않는다. 오히려 오래 묵힐수록 그 가치는 더 커질 수 있다.

와인의 탄생에 얽힌 또다른 측면에는 와인을 양조한 사람들이 모두 유목민이었다는 이유도

산지오베제의 변종인 브루넬로.
© Brunello di Montalcino Consorzio

작용한다. 새로운 땅에 정착한 그들에게는 식수가 귀했고, 야채도 귀했다. 각종 비타민과 미네랄을 확보하기 위한 먹거리가 필수 불가결한 문제였다. 건강을 유지할 수 있는 방법을 찾아야 했다. 와인은 그들에게 있어 삶의 숙제들을 일거에 해결해 준 신의 선물이었다. 지금 우리가 여가로 즐기는 와인은 생존과 연관된 고민으로 탄생한 산물이었다.

적을 품고 사는 포도나무

그 어느 때보다 인류의 사랑을 받고 있는 와인이지만, 위기의 순간도 있었다. 와인 역사 중에서 가장 의미 있는 일은 뭐니뭐니해도 와인의 탄생이지만, 그런 와인이 역사에서 영원히 사라질 뻔했던 사건이 있었다.

이 위험천만한 일의 원흉은 눈에도 잘 보이지 않는 아주 작은 생명체로부터 시작되었다. 바로 필록세라(phylloxera)라는 진드기가 그 주범이었다. 필록세라는 유럽의 포도밭을 거의 황폐화시켜 쑥대밭으로 만들었다. 진드기 한 마리에 유럽 전체가 흔들린 이유는 유럽산 포도, 즉 비티스 비니페라가 필록세라에 대해 전혀 내성을 가지고 있지 않았기 때문이었다. 한마디로 필록세라는 비티스 비니페라의 천적이었다.

필록세라는 원래 아메리카 대륙에만 분포했다. 그런데 미국 포도나무 묘목이 영국으로 수입되는 과정에서 뿌리에 기생했던 필록세라도 함께 영국 땅을 밟았다. 필록세라는 1863년 영국에서 처음으로 발생하여 전유럽의 포도밭을 차례로 초토화시켰다. 프랑스 보르도에는 1869년, 이탈리아에는 1875년, 스페인에는 1878년에 창궐하였다. 포도나무 뿌리를 썩게 만드는 대단한 파괴력의 필록세라는 한동안 해독제가 없어 농가들을 파멸로 이끌었다. 가히 흑사병에 견줄 만한 살상력이었다.

그런데 필록세라가 수천수만의 포도나무를 쓰러뜨릴지언정 결코 꺾지 못한 것이 있었으니, 바로 인간의 의지였다. 동종요법이란 게 있다. 질병에 걸리면 그와 비슷한 증상을 유발하는 약물을 투여하여 자기 면역력을 높임으로써 치료하는 방법이다. 함무라비 법전의 '이에는 '이 눈에는 눈' 같은 접근법이다. 필록세라가 미국 포도나무에 기생했으니 차라리 유럽산 포도의 대목을 모두 미국산으로 바꾸면 어떨까 하는 아이디어가 나온 것이다. 실패를 거듭했지만, 결국 필록세라를 잠잠케 하는 데 성공했다.

오늘날 유럽의 포도나무는 거의 대부분 미국산 대목에 접붙인 비티스 비니페라이다. 필록세라는 지금도 여전히 존재하지만 처방전이 있어 예방과 치료가 가능하다. 하지만 영원히 없앨 수는 없다. 필록세라는 와인에 박힌 결코 뽑아낼 수 없는 가시와도 같다. 가끔씩 와인을 괴롭히는 필록세라는 포도나무가 평생 더불어 살아야 하는 힘겨운 상대다. 없앨 수 없다면 공존하는 방법을 찾아야 하는 것, 그렇게 포도나무는 평생을 적과 함께 일생을 보낸다.

처방전을 발견했다고는 하나, 필록세라가 끼친 영향은 실로 대단했다. 수많은 와인 생산자들의 파산은 물론, 와인의 공급이 여러 해 동안 여의치 않아 유통 시장이 완전히 엉망이 되어버렸다. 일부 상인들은 이런 혼란을 틈타 가짜에 유명 와인 산지의 상표를 붙이고 진짜라고 속여 시장에서 팔았다. 이후로 진짜를 양조하는 와인 생산자들은 큰 피해를 보게 되었고, 스스로 자구책을 마련하지 않을 수 없었다. 이것은 와인의 원산지 구분을 보다 정확히 시행하는 계기가 되었다.

와인은 스타일이다

와인 하나의 스타일을 결정하는 데 수많은 요소들이 따른다. 와인은 원산지에 따라서도 스타일이 다르며, 같은 원산지라도 포도밭이 어디냐에 따라서도 다르다. 또한 어떤 포도냐 하는 문제도 큰 영향을 끼친다. 같은 포도라도 육종법에 따라 최종적인 와인의 스타일이 달라지며, 무엇보다도 와인의 스타일은 그 주인을 닮는다. 그래서 와인 하나가 탄생되어 세상에 이름을 알리는 순간, 그 이름엔 포도, 포도밭, 마을 이름, 만든 이의 모든 것이 총망라되어 이 세상과 대면한다.

▌와인의 모든 것, 원산지

와인은 제조되는 것이 아니다. 과학적, 기술적 계산만으로 좋은 와인을 얻기 힘들다. 좋은 음식이 신선한 재료에서 나오듯, 좋은 와인은 좋은 포도에서 출발한다. 적당한 포도로는 좋은 와인을 만들 수 없다. 그렇다면 좋은 포도는 어떻게 얻을 수 있을까. 그것은 포도밭이 좋아야 가능하다. 결국 좋은 포도밭에서 좋은 와인이 만들어진다는 애기다.

아무리 과학 기술이 발달했다 하지만, 질 나쁜 포도로 고급 와인을 만들 수는 없다. 품질 좋은 포도만이 고급 와인으로 진화할 수 있다. 이런 고품질 포도를 양산하는 포도밭은 좋은 토양과 기후 조건을 지니고 있다. 그렇더라도 한 포도밭에서 모든 포도가 다 잘 되진 않는다. 수많은 포도나무 중에서 잘 자라는 포도는 정해져 있다. 즉, 지역마다 그 지역 토양에 잘 어울리는 포도 종류가 따로 있는 셈이다. 유럽에서는 오랜 시행착오 끝에 그 땅에 가장 적합한 포도 품종을 발견하게 되었고, 그 포도를 지금껏 재배해 오고 있다. 이 점이 와인에서 중요하다. 와인 세계에서는 개천에서 용 나는 법이 없다.

프랑스에는 '테르와(Terroir)'라고 하는 용어가 있다. 해당 포도밭의 토양과 자연환경과의 상호작용 전체를 아우르는 말이다. 테르와에 잘 맞는 포도를 가꾸어 와인을 빚는 것이 프랑스 농부들의 스타일이다. 빔 프로젝트의 초점을 잘 맞추면 또렷한 화면을 볼 수 있듯이, 테르와에 코드를 맞추면 그에 어울리는 포도 품종을 알 수 있다. 테르와를 잘 이해한 농부들은 보르도에서는 카베르네 소비뇽과 메를로를 재배한다. 부르고뉴에서는 피노 누와를 기르고, 이탈리아 토스카나에서는 산지오베제를 선택한다. 캘리포니아에서는 카베르네 소비뇽이 길러지고, 호주에서는 쉬라즈가 자란다.

지중해 연안에서 전통적으로 와인을 생산하는 프랑스, 이탈리아 등은 테르와를 소중히 여겨 원산지를 와인의 이름으로 삼는다. 그래

샤토 마고 진입로의 스타일 역시 그 와인처럼 우아하고 로맨틱하다.

서 그 원산지를 라벨에 구체적으로 표시하고 있다. 원산지 이름을 얻으려면 그 지역에서 정한 포도 품종, 재배 방법, 양조 방법 등을 성실하게 지켜야 한다. 반면에 미국, 호주, 뉴질랜드 등 이른바 '신대륙'에서는 단순한 의미의 지역 구분으로 원산지 표시를 하고, 지역 구분보다는 포도의 품종을 중요시하여 이를 라벨에 반영하고 있다.

원산지 표시가 법제화된 것은 유구한 와인의 역사와는 대조적이다. 7,000년 이상의 와인 역사에 비해 원산지 표시는 겨우 100여 년 전부터 시작됐다. 20세기 들어와 비로소 고급 와인에 대한 수요가 생겨나 고급 와인 시장을 형성시켰기 때문이다.

테르와는 원산지의 중요성이 반영되어 생긴 용어다. 그런데 영어에는 이 말이 없다. 지극히 프랑스적인 말이다. 한편, 영어에는 '와인 메이킹(wine making)'이란 말이 있지만, 프랑스어에는 없다. 이 말에서, 미국인들은 와인을 얼마든지 '맛있게 만들 수 있다'고 여기는 게 아닌가 짐작해 본다.

하지만 진지한 와인 생산자들은 와인은 제조되는 것이 아니라 그냥 만들어지는 것으로 여긴다. 순서에 맞게 자신이 거들기만 하면 와인 스스로가 잘 알아서 상태가 바뀐다고 생각한다. 그러니 와인 메이킹이란 말이 아예 존재하지 않는다.

대신에 포도 재배를 중시한다. 좋은 포도를 얻어야 좋은 와인을 얻을 수 있다고 믿고 있다. 좋은 와인의 구성요소 중에서 85퍼센트 이상이 포도이다. 와인 메이킹은 고작 15퍼센트 안쪽이다. 이 생각은 유럽의 유명 와인회사 주인들의 한결같은 고백이다. 이탈리아 최고의 와인회사 안젤로 가야가 그랬고, 프랑스 최고의 와이너리 샤토 라플레르(Château Lafleur) 성주가 그랬고, 독일 최고의 와인회사 에곤 뮬러(Egon Müller)가 그렇게 고백했다.

원산지 표시 이전 시기에는 보르도 와인에 에르미타주 또는 스페인 와인을 첨가제로 넣어 맛을 강화시킬 수도 있었다. 일반 보르도 와인의 색과 향이 그리 진하지 않았기 때문이다. 한편 샴페인 지역에서도 샴페인이 아닌 외부에서 재배된 많은 포도를 반입하여 와인을 만들기도 했다. 이런 행태가 결국 지역 내 포도 생산자의 소득에 막대한 피해를 입혀 큰 소요를 일으키기도 했다.

특히 필록세라 이후 와인 시장은 출처가 불분명한 많은 와인들이 양산되어 저마다 유명한 지역 와인으로 위장되어 시장에 나돌기도 했다. 이러한 과정에서 선의의 피해를 입은 지역 생산자들은 서서히 지역의 이름을 보호해야 할 필요성을 느끼게 되었다. 그리하여 오늘날 와인 세계에서 가장 의미 있는 원산지 개념이 생긴 것이다.

구세계, 지역을 내세우다

　전통적으로 와인을 만들어온 유럽에서는 와인을 구분할 때 카베르네 소비뇽 와인이라든가 메를로 와인이라고 하지 않는다. 유럽 와인은 포도의 원산지, 즉 포도밭의 지리적 위치로 와인을 구분한다. 메독, 생테밀리옹, 샴페인, 샤블리 등이 그것이다. 프랑스, 이탈리아 등의 유럽 나라들은 그래서 와인 이름을 지역 이름이나 마을 이름으로 정했다.

　이런 방식은 지극히 과학적이다. 특정 지역에 잘 자라는 포도가 정해져 있기 때문이다. 오랜 세월 동안 어떤 한 장소에서 농부들이 다양한 포도를 재배해 왔을 것이다. 그중에서 그 밭에 잘 적응한 포도만이 살아남게 되고, 농부는 경제성의 원칙에 의해 그 포도만을 집중적으로 재배했으리라.

　이러한 경험들은 해당 정부에 의해 모두 체계적으로 수집된다. 정부는 특정 지역에는 특정 포도를 심기를 지도하고 관리한다. 그리하여 오늘날 메독은 카베르네 소비뇽, 생테밀리옹은 메를로, 부르고뉴에는 피노 누와, 샤블리에는 샤르도네가 자라게 되었다. 프랑스에서는 메독에서 나온 와인을 메독 와인이라고 부른다. 그 와인의 원산지가 메독이라는 뜻이다. 결코 이를 카베르네 소비뇽이라고 하지 않는다.

　유럽의 원산지 표시를 따른 발상으로 샴페인을 한번 살펴보자. 샴페인하면 축제와 즐거워하는 젊은이가 떠오른다. 그런데 과연 샴페

투박하지만 정겨운 메독 와인의 스타일이 잘 드러난 메독의 샤토 라투르드비(Château La Tour de By)의 건축물

인이란 말에 그런 뜻이 있을까. 절대로 없다. 샴페인은 그냥 지역 이름이기 때문이다. 원산지 표기를 중시하지 않았다면 샴페인 스파클링 와인이라고 이름을 지었을 것이다. 하지만 프랑스는 샴페인으로 와인 이름을 정했다.

샴페인은 거품이 생성되는 와인이라는 제약을 달고서 세계 시장에 나왔다. '쏟아지는 거품 속에서 환상을 보세요!' 라며 샴페인 회사들은 광고를 했다. 그 결과 오늘날 샴페인은 거품 있는 와인의 대명사가 되었다. 누구나 거품이 튀어나오는 와인을 보면 샴페인이라고 말하게 되었다.

그러나 원래 샴페인은 샴페인 출신 스파클링 와인만을 가리킨다. 호주에서 만든 스파클링 와인은 샴페인이 될 수 없다. 프랑스 부르고뉴 지방에서 스파클링 와인을 만들더라고 그것은 샴페인이 아니다. 오늘날 모든 트렌치코트를 '버버리'라고 호칭하는 것도 이와 같은 맥락이다. 이렇듯 지역 이름을 쓰면 훗날 지역 전체가 이득을 볼 수 있다.

포도 품종을 우선하는 신세계

유럽인들이 건너가 세운 나라들을 신세계라고 호칭한다. 신대륙이라고는 하지 않는다. 그런데 신세계의 구성원들 중에서 조상을 추억하며 와인을 양조하기 시작하는 사람들이 생겨났다. 그들은 와인을 만들 생각으로 꽉 차, 유명한 지역의 포도를 도입하는 데만 열을 올린 적이 있다.

그들은 지역의 테르와를 파악하기도 전에 그냥 유명한 포도, 예를

'토스카나 최고의 와인과 그 테르와를 한눈에 보시라!' 키안티에는 키안티뿐 아니라 발견할 것이 많다는 뜻의 시음회 '키안티에논솔레(Chianti e Non Sole)'의 전시장에서.

들어 피노 누와를 도입했다. 그리고 그것을 그들이 생각하기에 좋은 땅에다 심었다. 샤르도네도 그런 식으로 도입했다. 그 결과 미국, 호주, 뉴질랜드 등의 와인들은 큰 실패를 맛봐야 했다. 포도가 생장(生長)하기 알맞은 토양 연구는 하지 않고 그냥 인기 품종만으로 와인을 양조했기 때문이다.

서늘한 기후에서 생장하는 샤르도네를 호주나 미국에서는 뜨거운 기후대에 그냥 심었다. 기대는 컸겠지만 맛이 좋을 리가 없었다. 요즘은 포도밭 연구를 열심히 해서 나름대로 원산지를 구별하고 있지만, 상당한 양의 와인은 여전히 토양 연구 없이 대량 생산되고 있다.

신세계 와인의 구분법을 우리나라 김치를 재료로 구분하는 것과 비교해 보면 그 맥을 같이함을 알 수 있다. 배추김치, 파김치, 총각김치 들이 그런 종류이다. 그런데 갓김치 중에서 돌산 갓김치가 있다. 김치에 품종과 지역을 둘 다 표기한 것이다.

좀더 자세히 알아본다면, 돌산 갓김치라고 부르는 것은 나파 밸리 카베르네 소비뇽이라고 부르는 것과 같다. 미국 와인 생산지 중에서 최고로 치는 나파 밸리를 원산지로 하는 카베르네 소비뇽 와인이라는 뜻이다. 우리나라의 갓김치 중에서 돌산 갓김치가 가장 비싼 값을 받는 것과 같은 이치라 하겠다.

와인의 세계를 이분법적으로 나누는 것이 그리 현명한 일은 아니지만, 지금까지 살펴보았듯이 굳이 구분을 하자면 원산지 표기 와인과 품종 표기 와인으로 나눌 수 있겠다. 무엇이 더 좋다고 판단하는 것보다는 두 가지의 장단점을 살리는 것이 중요하다.

원산지 표기 와인은 소비자에게 너무 어렵게 느껴진다. 프랑스에만 500가지 좀 못 되는 원산지가 있다. 그 이름은 죄다 지명일 텐데 그걸 우리가 어떻게 구분하겠는가? 지명인지 인명인지 뭔지 도통 알기도 힘들다. 그래서 등장한 것이 품종으로 표기하는 것이다.

하지만 품종 표기 와인도 해당 포도가 정말 딱 맞는 토양과 기후를 지닌 밭에서 재배되었을까 의심하게 만든다. 그래서 두 구분 방법을 보완할 필요가 있다. 오늘날 고급 시장은 원산지 표시 와인, 일반 시장은 품종 표시 와인이 득세하고 있다.

| 포도밭에 따른 흥망성쇠의 명암

특정 원산지의 유명세가 더해짐에 따라, 근처에서 그 이름을 도용하거나 그 이름에 포함되길 원한다. 그래서 가짜 샴페인이 만들어진다. 또한 원산지의 면적이 자꾸 커진다. 보르도도 역시 원산지 면적이 커져 골치를 앓고 있다. 품질 저하도 문제고, 정부 보조금 부담 증가도 문제가 된다. 그러나 무엇보다도 큰 문제는 공급 증가로 인한 재고 증가다.

독일 모젤(Mosel) 역시 마찬가지다. 화이트의 명산지로 유명하다보니 지역 주민들의 성화에 못 이겨 원산지 면적이 점점 늘어났다. 그래서 소비자는 원산지를 살핀 다음에는 꼭 생산자를 확인해야 한다. 독일의 모젤은 훌륭한 화이트와인이지만, 수백 군데의 와인 생산자들이 포진하고 있어 같은 모젤이라도 누가 만들었느냐가 무척 중요하다. 누구인가를 살피는 것은 바로 그 포도밭을 확인하는 일이기 때문이다.

사실 단위 원산지는 큰 면적이다. 그곳에는 일조량이나 토양의 성분, 표토의 깊이, 구릉의 높낮이 측면에서 좋은 구역이 있는가 하면 좋지 않은 구역도 있기 때문에 구체적인 위치 파악이 중요하다. 누구네 포도밭이냐를 따져야 와인의 품질을 최종적으로 확인할 수 있다. 마고라고 해서 다 같은 마고가 아니다. 샤토 마고의 포도밭과 다른 샤토의 포도밭은 엄연히 그 질이 다르다.

명산지를 구분하는 방법 중에 해시계가 있다. 해시계는 정남향의 포도밭 언덕에 설치한다. 포도밭 주인은 그 포도밭의 포도를 따로 양조한다. 와인병에는 해시계라는 뜻의 존네누어(Sonnenuhr)를 표시하여 엄선된 포도임을 강조한다. 물론 값은 더 비싸다.

독일의 명산지는 평지보다 햇빛을 더 많이 받기 때문에 한결같이 언덕에 위치한다. 또한 더 많은 일조량을 받는 곳에 해시계를 설치하여 주변과의 차별화를 꾀한다.

바르바레스코는 포도나무의 서열이 분명한 곳이다. 그래서 단일 포도밭 와인은 라벨에도 원산지인 바르바레스코 옆에 해당 포도밭 이름을 별도로 구분해서 표기하고 있다.

포도의 육종 방법에 따라 맛이 다르다

포도가 와인을 결정하기 때문에 무엇보다 포도의 품종은 와인을 결정하는 데 있어 가장 큰 영향을 끼친다. 포도의 품종에는 원산지, 맛, 향, 개성 등등 모든 게 녹아 있다 해도 과언이 아니다.

농부의 관심은 우량한 포도를 수확하는 일이다. 포도에는 수많은 클론(변종)이 있다. 같은 산지오베제라도 육종 방법에 따라 여러 변종으로 나뉜다. 이탈리아 최고 와인 중의 하나인 브루넬로 디 몬탈치노는 육종을 잘한 결과로 얻은 명품이다.

토스카나의 고도 시에나(Siena)의 남쪽으로 가면 몬탈치노 마을

이 있다. 여기에서는 지역 품종인 산지오베제를 특별하게 육종한 브루넬로를 재배한다. 브루넬로는 돌아온 페루치오 비욘디 산티(Feruccio Biondi Santi)가 개발한 클론이다. 산지오베제의 칼날 같이 날카로운 타닌을 브루넬로는 부드럽게 다스린 걸로 평가 받고 있다. 육종을 달리하여 만들어낸 새로운 산지오베제인 브루넬로는 이후 이탈리아 대표 와인이 된다.

몬탈치노에서 '브루넬로로 만든 와인'이라는 뜻을 가진 브루넬로 디 몬탈치노는 비욘디 산티와 동격이다. 비욘디 산티 가문이 이 와인을 데뷔시키고 또 성장시켰기 때문이다. 하지만 비욘디 산티는 육종방법을 독점하지 않고 지역 주민에게 공개했다. 곧 브루넬로는 이지역 최고 와인 이름으로 널리 쓰이게 되었다.

우리나라 또한 와인의 품질 개선을 위해서는 이러한 육종 연구가 선행되어야 하겠다.

와인의 스타일은 주인을 닮는다

성실하게 포도밭을 일구는 사람들의 와인은 순박하고 단순하지만, 그 속에 진실이 담겨서 와인에 나타나는 법이다.

우리가 와인 산지를 방문하는 이유 중 하나는 주인을 만나서 그가 어떤 철학을 가지고 있으며 그가 추구하는 와인의 스타일이 무엇인지를 확인하기 위해서다. 그와 대면해서 같이 와인을 맛보는 가운데 많은 이야기를 한다. 오랜 이야기를 하고 오랜 시간을 보내고 나면 어렴풋이 그 주인의 생각을 읽을 수 있게 된다. 그럴 때 다시 한 번 와인을 시음하고 생각해 보면 그 와인이 과연 주인을 닮았는지 아니

비욘디 산티의 와인들. 로제의 싱그러움과 브루넬로의 그윽함이 차례로 밀려온다!

면 닮지 않았는지 알 수 있게 된다. 많은 수입상들이 수입 결정을 앞두고 주인과의 면담을 중시하는 것은 바로 그런 이유에서다.

고향으로 돌아와 포도밭을 가꾸는 일은 프랑스에선 흔한 일이다. 파리에서 은행원 생활을 청산하고 귀향한 브루노 드 쿠앙시(Bruno de Coincy)는 1991년 샤토 벨 브리즈(Château Belle Brise)를 매입했다. 2헥타르(약 6,050평) 남짓한 작은 포도밭에서 그는 선조들처럼 온몸으로 부지런히 포도를 재배했다.

지역 와인회사들이 양조장을 최신식으로 고치고, 숙성을 새로운 오크통에서 실시하는 등 최근의 추세에 따르는 것을 묵묵히 바라만 본 브루노는 발효를 위해 여전히 전통적인 콘크리트 양조통을 쓴다. 숙성할 때는 와인에 오크향이 강하게 묻을까 염려해 새 오크통의 사

집 앞 소나무(Pine) 한그루에서 착안하여 와인 이름을 르 팽(Le Pin)으로 지었다는 자크 티엔퐁. 포도가 타들어갈 정도로 무더웠던 2003 빈티지는 테르와의 스타일이 드러나지 않았다며 르 팽 출시를 포기했다.

용 비율을 최대한 줄인다. 오크통 역시 전통 방식의 대용량을 사용한다. 이 모든 것은 지극히 자연스런 맛과 향을 빚어내기 위함이다.

브루노가 정성스레 가꾼 빈티지 1998년산 샤토 벨 브리즈를 시음했다. 충만한 에너지를 담고 있는 와인이 늘 그렇듯, 마시기 전에 디켄터에 놓아두었다. 네 시간이 지나서야 비로서 벨 브리즈는 조금씩 자신을 드러내기 시작했다.

철분이 많은 진흙 토양의 포므롤(Pomerol)이 만드는 독특한 부케가 피어 오른다. 신선한 버섯 향이다. 입에서는 간결하지만 집중된 느낌이다. 오크통에서 잉태되는 걸쭉하고 육중한 모습은 전혀 없다. 튼실한 포도에서만 비롯되는 밀도와 질감이 입안에서 잔잔하게 퍼진다. 엘리제궁 혹은 『미슐랭 가이드』별 세 개짜리 레스토랑에서나 만날 수 있는 프랑스의 자존심어린, 지극히 자연스런 와인이다. 화려한 은행원 생활을 접고 귀농하여 지극히 자연스런 와인을 만들고자 하는 주인의 철학이 와인 한 잔에 듬뿍 담겨 있다.

보르도 포므롤에 있는 샤토 르 팽(Château Le Pin)은 주인을 닮았다. 자크 티엔퐁(Jacques Thiénpont)은 수려한 용모에 패션 감각도 있지만 온화하고 겸손한 마음이 더 빛난다. 그저 웃으면서 상대의 얘기를 들어주기만 할 뿐 본인 스스로 르 팽을 가리키며 좋다거나 대단하거나 하는 말을 하는 법이 없다. 르 팽은 다른 포므롤 와인과는 다르다. 소박한 2층집에 살면서 텃밭에 심은 포도로 와인을 만들지만 항상 페트뤼스와 비교되는 최고의 와인이다. 그는 이런 사실에 아랑곳하지 않고 묵묵히 좋은 와인 만들기에만 열중한다. 르 팽에서는 특별한 향기가 난다. 메를로로 만들었지만 피노 누와의 달콤한 과일 향기가 난다.

와인 속에 진실이 담겨 있다는 라틴어 '인 비노 베리타스(In Vino Veritas).' 포도의 순수성이 담긴 개성 있는 아로마 속에는 그 주인의 철학이 녹아 있어 특별한 여운을 남긴다. 그래서 와인의 스타일은 그 주인을 닮았다.

오크통의 비밀

술마다 독특한 저장법이 있다. 와인은 오크통에 담아 숙성한다. 왜 와인을 오크통에 담을까. 무얼 기대하지 않고서는 와인을 그런 나무통에 넣을 이유가 없다. 그냥 용기에 담을 거라면 애초에 유리나 플라스틱으로 만든 통이 더 싸고 만들기도 쉬웠을 것이다. 만들기 어려운 오크통에 담는 것은 거기서 나오는 독특한 무엇인가가 있기 때문이 아닐까?

참나무의 독특한 효과

와인이 오크에서 얻는 것은 색소와 향취와 타닌이다. 결론적으로 오크통에서 숙성된 와인은 색과 향과 맛이 더 복합적이 된다. 그렇다면 오크의 효과가 무언인지 차례로 따져보자.

첫 번째 효과는 색이다. 오크는 레드와인 색소인 안토시아닌(Anthocyanin)의 구조를 강화시켜 색깔을 더 오래 유지하게 만든다.

두 번째 효과는 향이다. 오크통 내부 표면을 구워서 와인에 바닐라, 초콜릿의 향취를 가미할 수 있다. 이때 태우는 물질은 오크통을 짤 때 생겨난 부산물인 오크 나무의 미세한 조각을 그대로 쓴다. 표면을 태우는 이런 행위를 '토스팅(toasting)'이라고 하는데, 빵을 구울 때처럼 오크의 표면이 열기에 그을리는 효과가 있다. 이는 또한 오크통의 곡선 형태를 갖추기 위해 필수적으로 행해지는 과정이다. 열을 가하면 나무가 오그라들어 접착제 없이 오크통이 밀봉된다.

세 번째 효과는 타닌이다. 식물 줄기에 분포하는 타닌이 오크 나무에서도 예외가 아닌지라 이런 타닌 성분이 와인의 타닌과 합쳐져 더 큰 타닌을 형성하게 된다.

그러나 오크통에 숙성한다고 해서 모든 와인에게 이런 마술과 같은 효과가 일어나지는 않는다. 와인의 구조가 약하면 오크통에서 오래지 않아 변해버리고 만다. 와인 분자들이 강하게 연결되어 있어야만 와인이 오크통에서 제대로 진화할 수 있다. 오크 향이 과하게 드러나는 와인을 오크 와인이라 부른다. 이는 저급 와인의 표상으로 일컬어지고 있다. 포도에서 우러나오는 본래의 향취보다 오크에서 비롯되는 인위적인 향, 예를 들자면 바닐라 향 같은 것이 지나친 데서 기인하는 명칭이다.

모든 재료는 어떻게 쓰냐에 따라 그 효과나 결과가 달라진다. 오크 자체는 위대하지만, 그 독특함을 제대로 이해하고 이용하지 못한다면 좋은 와인은 결코 태어나지 않는다.

오크 바릭의 틀짜기는 오로지 사람의 힘에만 의지한다. 접착제를 쓰지 않고, 장인이 쇠띠를 두르고 내부에 열을 가해 만든다. 샤토 오브리옹.

오크통이냐 스틸통이냐, 이것이 문제로다

오크통은 새것과 헌것으로 나뉜다. 모든 와인이 헌 오크통에서 숙성되지도 않으며 새 오크통만을 사용하는 것도 아니다. 새것과 헌것을 적절히 이용해야만 독특한 개성을 지닌 와인을 만들 수 있다. 오크통은 재활용됨으로써 더 큰 가치를 창출하는 것이다.

새 오크통에는 색소와 향취와 타닌이 풍부하다. 따라서 담기는 와인 역시 강하고 튼튼해야 제대로 오크와 결합할 수 있다. 그렇지 않을 경우에는 차라리 효과가 약한 쓰던 오크통이 낫다. 와인병 뒤에 붙어 있는 라벨에 표기되는 내용 중에 오크의 비율이 있다. 예를 들어 '새 오크통 100퍼센트'라는 것은 숙성 기간 내내 새 오크통에 담았다는 표현이고, '새 오크통 40퍼센트'라면 숙성기간의 40퍼센트는 새 오크통에서, 60퍼센트는 예전에 쓰던 오크통에서 숙성했다는 뜻이다.

그런데 와인의 숙성은 꼭 오크통에서만 이뤄지지는 않는다. 김치찌개를 끓여도 돼지고기를 넣느냐 캔 참치를 넣느냐 멸치를 넣느냐에 따라 맛이 다르듯이, 오크통을 새것을 쓰느냐 헌것을 쓰느냐에 따라 다르듯이, 와인도 오크통에 넣느냐 스테인리스 스틸통에 넣느냐에 따라 맛이 달라진다. 가끔은 콘크리트통에도 넣는다.

오크통에서 비롯되는 맛과 향을 꺼려 하는 생산자들은 와인 자체에서 뿜어나오는 맛과 향만을 지고의 매력으로 생각하기 때문에 스테인리스 스틸통을 쓴다. 예를 들자면 화이트와인의 상당수는 스테인리스 스틸통에서 숙성된다. 반짝이는 기포 와인인 샴페인 역시 거의 대부분 스테인리스 스틸통에서 일차적으로 만들어진다. 또한 상큼한 보졸레 누보도 오크통에서 숙성되지 않는다. 스테인리스 스틸로 된 대용량 탱크에서 보름 정도 숙성되어 쾌활한 맛을 띠게 된다.

동일 품종인데도 오크 사용 여부에 따라 와인의 맛과 향이 달라진다. 프랑스 샤블리에서는 오크통 사용을 절제하거나 스테인리스 스틸 통에서 샤르도네를 숙성하여 상큼함이 씹히게 만든다. 반면 캘리포니아에서는 주로 오크통를 재료 삼아 와인 속에 기름진 버터가 떠다니게 만든다.

오크 효과를 맹신하는 와인 생산자들은 새 오크통을 장만하는 대신 다른 방법을 써서 오크 맛을 내고 있다. 이는 지극히 경제적인 이유에서 출발한다. 숙성용 탱크 속에 스키 같이 긴 오크 널빤지를 집어넣어 오크 향을 얻거나 혹은 오크 티백을 우려내기도 하고, 심지어는 오크 가루를 풀어넣기도 한다. 이 모든 행위는 결국 오크 향을 선호하는 소비자의 취향을 반영한 결과다. 이 행위는 오크통이 비싸기 때문에 와인 값에 오크 값을 포함시켜서는 수지가 맞지 않는 소수의 일반 와인 생산자들이 비용 절감 차원에서 시행하는 일이다.

전통적인 와인 생산국가가 모인 유럽에서는 오크통만 사용 가능하지만, 후발국인 신세계에서는 다양한 방법들이 허용되고 있다. 그러나 최근 프랑스에서도 가격경쟁력 확보를 위해서 저렴한 와인인 경우에는 오크 칩 사용을 허가해야 한다는 의견이 일고 있다.

오크통은 어떤 재질로 만들어지느냐도 중요하지만, 용량에 따라 그 쓰임새가 다르다. 오크통은 다양한 용량으로 만들어진다. 오크의 용량이 작을수록 오크의 효과가 크다. 따라서 오크통 사용자는 기대하는 오크 효과에 따라 다양한 용량의 오크통을 선택한다. 예를 들어, 가장 작은 오크통은 16리터들이도 있는데, 이는 발사믹 식초 양조 과정의 마지막 단계에서 사용되는 것이다.

보통 와인을 숙성시키는 데에는 '바릭(Barrique)'이라고 하는 225리터들이가 사용된다. 보르도나 캘리포니아에서 주로 쓰이며 3개월마다 새로운 오크통으로 갈아준다. '토노(tonneau)'는 500리터들이를 일컫는 말로, 오크의 효과를 바릭보다는 덜 보려는 목적에서 사용한다. 은근한 오크의 효과를 바란다고나 할까.

이탈리아의 명주 브루넬로를 전통적인 방식으로 생산하는 사람들은 프랑스에서 유래된 바릭보다는 이탈리아의 토착적인 토노 용기를 쓴다. 경우에 따라서는 토노보다도 오크의 효과를 줄이기 위해 자체적으로 용량을 결정해서 만든 대용량 용기를 쓰기도 한다. 한 예로 브루넬로 생산자 중에서 살비오니(Salvioni)는 2,000리터 들이 오크통에 브루넬로를 숙성한다.

62헥토리터, 즉 6,200리터들이 대용량의 오크 캐스크에서 숙성중인 브루넬로 디 몬탈치
노. 통이 클수록 오크의 영향이 줄고 포도즙의 과일성분이 두드러지는 전통적인 스타일이
된다. 여기는 치아치 피콜로미니 다르고나(Ciacci Piccolomini d'Argona)의 양조장.
© Brunello di Montalcino Consorzio

와인의 잠재력을 평가하는 배럴 테이스팅

될성부른 나무는 떡잎부터 알아본다. 명품은 미완성이더라도 두
드러진다. 오크통에서 숙성중인 와인을 시음하는 것을 '배럴 테이스
팅(barrel tasting)'이라고 한다. 아직 오크통 숙성을 마치지 않았기
때문에 좀 이른 측면이 있긴 하지만, 지역 와인의 우수성을 홍보하
고, 와인의 잠재력을 평가하는 기회가 된다.

널리 알려진 배럴 테이스팅으로는 보르도가 가장 유명하다. 매년

"당신에게서 꽃내음이 나네요." 샤토 브란 캉트냑(Château Brane Cantenac)의 2005년산 오크통 샘플 와인. '에샹티옹-(échantillon)'은 견본이라는 뜻의 프랑스어.

4월초에 시행되는 보르도 배럴 테이스팅은 전세계 와인 관련자들이 촉각을 곤두세우고 지켜보는 흥미로운 행사다. 시음 결과는 고스란히 와인 값에 반영된다.

보통 발효 후에 18개월가량 오크통에서 숙성된 이후에 병입되는 보르도 와인은 배럴 테이스팅이 종료되자마자 거래되기 시작한다. 이런 미완성 와인 거래를 '엉 프리메르(En Primeur)'라고 부르며, 와인 선물거래로 해석된다. 배추밭의 배추가 다 익기 전에 통째로 매각하는 밭뙈기와 비슷하다. 배추 생산자 입장에서는 미리 다 팔면 배추 값을 미리 확보할 수 있는 장점이 있다. 그 대신 값은 좀 낮추어야 한다. 그래야 매입자가 신이 난다.

마찬가지로 엉 프리메르는 와인 생산자 입장에서는 와인 양조 비용을 조기에 회수하는 장점이 있다. 1년 동안 포도나무를 키우는데 많은 비용이 든다. 많은 노동력을 사서 가지치기, 열매솎기, 밭갈기, 수확 등을 해야 하며, 양조장 시설 보수, 교체 등 설비 관련 비용도 지출해야 한다. 그래서 와인을 미리 팔면 그 모든 지출 비용을 와인 판매로 감당할 수 있게 된다. 한편 엉 프리메르로 와인을 사는 사람은 미리 와인을 사게 되므로 좀 싸게 사는 장점이 있다.

배럴 테이스팅의 목적은 결국 엉 프리메르의 가격을 결정하는 데 있다. 훗날 병입된 와인의 품질이 배럴 테이스팅의 결과에 부합하면 엉 프리메르 구매자는 이익을 얻게 되지만, 그렇지 못할 경우에는 손해를 볼 수 있다. 그래서 매년 엉 프리메르 가격 결정은 파는 자와 사는 자의 두뇌싸움과 시음 능력을 가늠하는 자리가 된다. 혹자는 배럴 테이스팅으로 와인을 평가하는 일은 요리 중인 음식을 평가하는 것처럼 성마른 일이라고 주장한다.

실제로 배럴 테이스팅은 쉬운 일이 아니다. 한자리에서 수십 종류의 샘플용 와인을 시음하는 것은 무척 힘들다. 고도의 집중력이 필요하고 많은 경험과 숙련된 시음 기술을 요하는 일이다. 하지만 될성부른 나무는 떡잎부터 알아본다고, 잠재력이 우수한 와인은 분명 그렇지 않은 와인과는 차원이 다른 맛과 향을 선사한다.

오크 바릭에서 숙성 중인 2005년산 와인을 병에 담아 샘플 와인을 만든다. 이것을 엉 프리메르 테이스팅에 참가하는 와인중개상이나 저널리스트에게 시음하게 한다. 샤토 브란 캉트냑.

나는 '보르도 2005 엉 프리메르'에서 샤토 마고의 배럴 샘플을 시음한 일이 있다. 집중된 과일 향기가 진하고 확실하게 코를 사로잡았다. 입에서는 와인의 질감이 비단처럼 부드러웠고, 삼킨 이후에도 아주 오래도록 상큼한 여운이 온몸으로 퍼져 마치 향기의 최면에 걸리는 듯했다. 키를 잰다면 샤토 마고의 배럴 샘플 와인은 마고 마을의 다른 샤토의 그것들과는 한뼘 이상이나 차이가 났다.

온몸으로 산화를 막는 코르크

보통 음료나 술의 경우 대부분 병을 봉할 때 금속의 간편한 뚜껑을 쓰지만 와인병에는 코르크를 쓴다. 이유가 무엇일까. 우선 코르크 마개는 와인병 주둥이를 완벽하게 밀봉한다. 발효주인 와인은 산소의 공격에 산화되기 쉬우므로 외부와 완전히 차단되어야 하는데, 코르크는 그 역할에 아주 충실한 소재다. 또한 마개를 쉽게 열 수 있어야 하는데, 코르크는 따개를 이용해서 쉽게 열 수 있다. 그리하여 오랜 세월 동안 코르크 마개는 와인의 동반자가 되어왔다.

코르크, 길고 긴 세월 후에 탄생하다

코르크는 어디서 오는 것일까. 코르크는 참나무에서 나온다. 더 자세히 말하면, 굴참나무 줄기의 겉껍질을 통째로 쓰며, 포르투갈이

생나무 겉껍질을 모조리 벗겨 가공한 코르크는 재료가 자연산이라는 점도 있지만 수목보
호라는 환경문제에 봉착한 것도 사실이다. 오늘날 그 대안 마련에 많은 사람들이 골몰하
고 있다.

유명한 산지다.

고급 코르크를 얻기 위해서는 우선 다 자란 코르크나무를 찾아야 한다. 찾은 다음에 코르크의 겉껍질을 모두 벗겨내고 따로 표시해 둔다. 표시를 한 후부터 오랜 시간을 더 기다린다. 약 10년 후에 다시 찾아와 한 번 더 겉껍질을 모두 벗겨낸다. 그리고 또다시 그 만큼의 세월을 기다린다. 이번에는 큰 트럭을 가지고 와야 한다. 코르크 전문가는 다시 한 번 껍질을 벗겨 적당한 크기로 자르고 그것을 트럭에 싣고 떠난다. 트럭이 떠난 숲에는 벌거벗은 참나무들만 홀로 남는다. 공장에 도착한 코르크나무 판자들은 여러 공정을 거친 후에 둥근 날이 달린 톱에 의해 동그랗게 가공된다. 나무줄기에 구멍을 뚫는 식인데 이렇게 해서 원기둥 모양의 코르크가 만들어지는 것이다.

코르크는 자신의 몸을 반으로 줄여서 병 주둥이를 틀어막는 능력이 탁월하다. 이렇게 유연성이 넘치는 반면, 빽빽하게 주둥이에 박혀 공기를 통하지 않게 만드는 힘도 좋다. 코르크가 이렇게 외치는 것 같다. '이 한 몸 희생하여 와인의 산화를 막을 수만 있다면 기꺼이 줄어들리라!'

코르크가 보급되기 전에는 병 주둥이에 나무 조각을 끼우고 올리브기름을 두른 헝겊으로 싸고 실로 묶었다. 하지만 아무리 칭칭 감아도 미세한 틈으로 쉽사리 산화되었다. 코르크가 등장함으로써 와인은 우아하게 병 속에서 숙성할 수 있었다.

따라서 와인을 고를 때에는 세워둔 것보다는 눕혀둔 와인이 좋다. 오래 세워두면 코르크가 건조해진다. 그러면 코르크 고유의 팽창력이 떨어져서 병목과의 간극이 발생한다. 이 틈으로 공기 중의 산소가 병 속으로 침입하여 와인을 산화시킨다. 발효식품의 천적은 산소다. 그것을 막는 것이 코르크고, 코르크를 촉촉한 상태로 제 기능을 유지하게 하려면 와인을 꼭 눕혀야 하는 것이다.

누워야 제대로 숙성한다

코르크가 제대로 기능을 발휘하려면 외부의 습도가 충분해야 한다는 의견이 있다. 그들의 주장을 살펴보면, 코르크가 외부의 습도에 영향을 받아 와인을 잘 틀어막는다는 것이다. 외부가 습하면 코르크가 습해지고 그래서 탄력을 유지할 수 있어 병을 잘 밀봉한다는 얘기다. 반대로 외부가 건조하면 코르크도 말라서 틈이 생길 수 있다는 뜻이기도 하다. 하지만 이런 주장은 잘못된 것이다.

미국의 와인 칼럼니스트 맷 크래머(Matt Kramer)는 그의 저서 『와인 이해하기(*Making Sense of Wine*)』에서, 외부의 습도와 코르크의 기능은 무관하다고 단언한다. 부도체가 전기를 전달하지 않는 것처럼, 코르크도 외부의 습도를 전달하지 않는다. 어떤 사람들은 아직도 와인병은 무조건 지하에 넣어두어야 한다고 믿는다. 코르크가 습도의 도체인 것으로 착각하기 때문이다.

과거에 와인이 병이 아닌 오크통으로 거래되던 시절에는 오크통을 지하에 두는 것이 불문율이었다. 습한 지하에 오크통을 두어야 오크통의 미세한 틈으로 증발하는 와인의 손실을 최대한 막을 수 있었다. 하지만 이제 와인은 병에 담겨 거래되므로 꼭 지하에 보관할 필요는 없다. 결론적으로, 와인은 습한 곳이든 건조한 곳이든 상관없이 '눕혀서 보관하는 것'이 중요하다. 다만 습한 곳에서 보관된 와인은 그렇지 않은 경우보다 훨씬 힘을 덜 들이고 코르크를 개봉할 수 있다는 장점은 있다.

와인을 눕혀두는 것은 또다른 이점도 있다. 와인을 눕혀두는 것만으로도 충분히 코르크를 젖게 할 수 있기 때문에, 외부 습도의 영향 없이 와인 스스로의 습도만으로도 코르크는 오랫동안 탄력을 유지할 수 있다. 하지만 이 경우에 밀봉 효과가 최대화되려면 한 가지 조건이 필요하다. 코르크가 제대로 즉, 수직으로 정확하게 병 주둥이에 틀어박혀야 한다.

하지만 병에 따라 코르크가 박히는 상태가 조금씩 다르다. 기계의 오작동 등에 의해 코르크가 수직에서 조금 벗어난 각도 박힐 수 있다. 이러한 경우에 오랜 시간이 흐르면 미세한 틈으로 와인이 증발할 수도 있고 산화가 촉진될 수 있다. 그 결과 각 병마다 눈금이 조금씩 차이가 난다. '율러지(ullage)'는 코르크와 와인 눈금 사이의 면적을 가리키는 용어다. 동일한 조건 하에서 보관되었다고 해도 코르크의 끼인 각도에 따라 다른 율러지를 만들 수 있다. 제대로 끼이면 와인이 건강하게 숙성이 천천히 제대로 이루어지지만, 그렇지 못하면 숙성이 촉진된다.

율러지는 중요하다. 율러지를 보면 와인이 제대로 보관된 것인지 아닌지를 파악할 수 있다. 전문가들은 와인의 컨디션을 확인하는 방법 중의 하나로 율러지를 확인한다. 5년도 채 되지 않은 와인인데도 율러지가 커져서 눈금이 목 부분에 달랑 걸려 있으면 좋은 저장 조건의 와인이 아니다. 보통 15년 이상 묵은 와인은 목 부분까지 율러지가 확장되어도 무방하다. 50년 이상 묵은 와인이 새 와인처럼 율러지가 작으면 그건 '리코르킹(recorking)'을 한 것이다.

코르크화, 와인을 죽이는 행위

물론 코르크라고 해서 흠이 없는 것은 아니다. 코르크는 오랜 세월 와인에 적셔 있어서 점점 닳기 때문에 수십 년 이상 저장된 와인의 코르크는 정기적으로 교체해야 한다. 그런데 이것보다 더 심각한 코르크의 단점이 있다. 바로 코르크가 와인을 코르크화시킨다는 것이다. 쉬운 말로 하면, 와인에서 코르크 향이 배어나는 것인데, 신선한 과일 향이 생명인 와인에서 이것은 보통 문제가 아닐 수 없다.

왜 이런 부작용이 생기는 걸까. 완제품 코르크를 만드는 과정에서 TCA(Trichloroanisole)라는 화합물이 미량 남게 되는데, 이렇게 되면, 이 곰팡이류가 코르크에 기생하고 있다가 와인을 만나 맛을 변하게 만든다. 그렇다면 와인이 코르크화되었는지 아닌지를 어떻게 알 수 있을까. 코르크화된 와인은 특별한 냄새가 나는데, 젖은 신문 냄새나 곰팡이 썩은 냄새와도 비슷하다. 이 냄새는 와인 특유의 향기로운 아로마와 부케를 다 없애버린다.

그렇다면 코르크화된 와인을 만난다면 어떻게 해야 할까. 레스토랑이나 와인 바에서 이런 와인을 서빙 받을 때에는 거절할 수 있다. 와인을 거절하는 행위는 와인이 상하거나 코르크화된 경우가 아니면 해당되지 않는다. 와인이 상하는 경우는 드물지만, 코르크화되는 경우는 종종 일어난다.

코르크화된 와인의 비율은 대략 전체 와인 생산량의 5퍼센트에 해당한다고 한다. 이것은 와인 원가를 높이는 원인 중 하나라서 생산자 입장에서는 여간 골치가 아니다. 또한 코르크 문제는 와인의 향과 맛을 가로막기 때문에 소비자로 하여금 제대로 된 와인을 마실 기회를 빼앗는다. 분위기를 한껏 잘 잡아 놓았는데 개봉한 와인이 코르크화되었다면 그 분위기가 어떻게 될까.

하지만 와인 음용 경험이 풍부하지 않은 소비자는 와인이 코르크화되었는지 아닌지를 구분하기 어렵다. 좋은 조건에서 오랜 기간 저장된 와인을 개봉했을 때, 코르크의 둥근 바닥, 즉 원기둥의 밑면에 해당하는 부분에만 와인이 묻어 있는 것을 발견한다면, 지극히 정상이다. 10년을 저장하더라도 제대로 보관된 경우라면 코르크는 거의 와인을 흡수하지 않는다. 즉, 코르크는 산소를 차단하는 일만 해야 하고, 와인은 숙성되는 일만 해야 한다.

코르크와 와인은 평생의 동반자다. 와인을 눕혀 보관하니 코르크와 와인은 항상 서로 붙어 있다. 하지만 붙어 있다고 해서 진정한 동반자라고 말할 순 없다. 서로에게 관심을 두면서 조심스러워하는 관계이어야 한다. 와인도 코르크에 영향을 주어서는 안 되고, 코르크 역시 와인에 영향을 주어서는 안 된다.

코르크, 대안은 없을까

코르크만이 와인 마개의 최선인 걸까. 코르크의 대안으로 스크루 캡(Screw Cap)이 있다. 우리가 잘 아는 박카스의 따개와 흡사한 방식이다. 코르크의 단점을 극복하고 또한 편리하게 개봉할 목적으로 수년 전부터 이용되고 있다. 스크루 캡은 코르크화되는 문제를 완벽하게 극복했으며, 코르크스크루 없이도 손쉽게 딸 수 있는 것이라 일반인에게 인기가 있다.

하지만 일부 와인 회사나 애호가들은 와인을 스크루 캡으로 마감하는 것에 대해 극히 회의적이다. 자연발효주인 와인을 친환경 소재

이며 전통적인 코르크가 아닌, 지극히 인위적이며 기계적인 스크루
캡으로 밀봉해서는 안 된다고 반대한다. 또한 수백 년간 사용해 온
코르크는 와인을 코르크화시키는 문제 이외에는 너무도 완벽한 와
인의 동반자이지만, 스크루 캡의 부작용은 전혀 알지 못한다고 주장
한다.

실제로 어떤 과학자들은 스크루 캡이 미세한 틈도 와인에게 허용
하지 않아 도리어 화학적인 부작용이 생길 거라고 믿고 있다. 이른
바 산소의 환원 문제다. 와인을 발효하는 과정에서 첨가하는 방부제
인 이산화황의 구조가 스크루 캡에서는 오래 유지되지 못하기 때문
에 이 과정에서 황 냄새가 날 수 있다는 주장이다.

스크루 캡은 주로 호주, 뉴질랜드, 미국 등에서 널리 채택되고 있
다. 또한 프랑스 보르도에 있는 앙드레 뤼통(Andre Lurton) 가문 소
유의 여러 샤토들도 드라이 화이트와인의 마개로 스크루 캡을 택하
고 있다. 하지만 수십 년간 숙성이 가능한 레드와인의 파트너로 스
크루 캡이 채택될 가능성은 현재는 거의 없는 것 같다. 결국 스크루
캡은 비교적 빨리 마실 수 있는 화이트와인이나 일부 레드와인의 경
우에만 제한적으로 선택되고 있는 실정이다.

한편, 코르크만으로도 대충 와인의 수준을 가늠할 수 있다. 코르
크는 다른 마감 재료보다 비싼 편이라서 고급 와인이 아니면 제대로
된 코르크로 마감하지 않는다. 그래서 코르크의 질도 다양하다. 또
한 모양은 코르크 같은데, 자세히 보면 코르크가 아니라 톱밥을 응
축해 모양을 낸 것도 있고, 플라스틱으로 만든 합성품도 있다. 저렴
한 와인은 주로 톱밥이나 합성품 등으로 마감한다.

리코르킹 클리닉 풍경

오래 저장된 와인은 코르크도 삭고 라벨도 더러워지며 눈금도 줄어든다. 세월의 흔적이 와인의 맛뿐 아니라 코르크, 라벨, 눈금 등에도 나타난다. 오랜 와인과의 만남을 통해 삭아버린 코르크는 더 이상 밀봉의 기능을 유지하기 힘들기 때문에 교체해야 한다. 이를 '리코르킹'이라고 말한다.

리코르킹은 아무 와인이나 행하지 않는다. 리코르킹은 오래도록 숙성 가능한 와인의 경우에만 해당되는 특별한 서비스다. 여러 와인 회사들이 리코르킹 서비스를 실시하는데, 그중에서 전세계를 출장 다니며 서비스를 실시하는 펜폴즈(Penfolds)가 가장 유명하다. 리코르킹 클리닉으로 가장 유명한 와인이 호주 그랑지이기 때문이다. 호주 와인회사 펜폴즈는 1991년부터 미국, 영국, 스위스, 뉴질랜드 등을 순회하며 클리닉 서비스를 실시하고 있다. 네 나라에서 그랑지가 가장 많이 팔리기에 그렇다.

내가 아는 한 지인이 예전에 리코르킹 서비스를 받은 적이 있다고 하며, 그 경험을 들려주었다.

리코르킹 서비스를 하는

애초의 와인명은 그랑지 에르미타주. 하지만 유럽으로 수출하는 과정에서 프랑스 에르미타주를 연상시킨다는 판정을 받고는 수출품에는 그랑지로만 표시된다.

곳은 겉모습과 운영이 병원과 비슷하다고 한다. 올드 빈티지의 상태를 점검하는 와인병원인 셈이다. 입구를 통해 안으로 들어가면, 흰 가운을 입지는 않았지만 간호사가 있고 의사가 있다.

지인은 가방에 와인을 넣어 들고 갔었다. 조심스레 들고 간 가방을 열고 헝겊을 걷으니 와인 두 병이 나왔다. 와인 닥터는 우선 한 병을 탁자에 조심스레 올렸다.

"1976년산이로군요."

와인 닥터는 관심을 보이는 눈치였다. 1976산은 그랑지 중에서도 최고로 꼽힌다. 로버트 파커로부터 100점 만점의 평가를 받은 와인이다. 그는 캡슐을 손쉽게 제거한 후 스크루를 재빠르게 돌린다. 곧 코르크를 부드럽게 꺼냈다. 가볍게 병을 기울이니, 검붉은 와인이 잔 위를 기어가기 시작했다. 잔 속을 들여다보더니 잔을 왼쪽으로 서너 차례 돌린 후 이내 큰 입으로 털어넣었다. 눈을 감고 맛을 음미한 후 말했다.

"음. 와인이 제대로 익어가고 있습니다. 축하합니다. 상태가 좋은데요!"

그 지인은 안도의 한숨을 내쉬었다. 와인 닥터가 시음하는 시간이 마치 화장실 앞에 서서 기다리고 있는 것 같았단다. 닥터는 옆에 있던 2000년산 그랑지를 스포이드로 쪽 뽑아서, 방금 조금 따라 낸 양만큼 고스란히 도로 채워넣었다. 보통 리코르킹을 할 때에는 해당 빈티지의 와인이 없기 때문에 최근 빈티지를 넣는다.

와인 닥터는 코르크가 들어갈 자리만 남기고 다 채웠다. 그리고 그랑지 로고가 반듯한 새 코르크 마개를 끼워주었고, 품질 확인서에 사인을 하고는 그걸 병 뒷면에 붙였다. 거기에는 '2006년 1월 20일 피터 가고'라고 표기되었다. 이렇게 해서 애호가의 첫 번째 서비스가 끝났다.

두 번째 와인을 탁자에 올렸다. 그것은 1966년산이다. 1976년산보다는 더 싸게 장만한 거지만 지인에게는 더 애정이 가는 와인이라고 했다. 그가 태어난 해의 와인이라서다. 라벨은 좀더 낡았고 군데군데 얼룩도 있다. 1976년산보다 눈금도 더 낮아 상태가 좋지 않은 게 아닐까 싶었다.

와인 닥터는 곧바로 마개를 열었다. 잔에 담긴 1966년산은 색깔의 스펙트럼이 있었다. 잔 중간에는 진하지만 가장자리로 갈수록 연해졌다. 닥터는 커다란 와인 잔의 바닥 정도에만 와인을 따르더니 큰 코를 잔 속으로 집어넣었다. 코끝이 바닥에 닿을 것 같은 자세였다. 여러 가지 와인 향 분자들이 모조리 그 코 속으로 빨려 들어가는 모습이 보일 정도였다. 그는 담긴 와인 전부를 입으로 넣었다. 그리고는 한쪽으로 모두 뱉어냈다.

"우선 다행이군요. 와인이 코르크화되진 않았으니까요."

와인 닥터는 일단 지인을 안심시켰다.

"이 와인은 보관 상태가 그다지 좋지 않은 것 같아요. 좀 끓은 것 같군요. 아마 더운 여름을 와인이 홀로 버틴 것 같습니다. 그때 와인의 기력이 많이 쇠해졌을 겁니다. 하지만 이 와인은 눈금을 채울 필요는 없을 것 같습니다. 상태가 최고가 아니기 때문이지요."

와인 닥터는 먼저 번 코르크와는 다른 아무 표시 없는 새 코르크를 병에 끼웠다. 그리고는 지인에게 와인을 건네주었다. 물론 스티커도 붙이지 않았다. 1966년산은 결국 품질 확인서를 받지 못했다. 하지만 진품 확인을 간접적으로라도 받은 셈이니 거기에 만족해야 했다. 사실 고급 와인은 가끔 가짜 와인이 있어 골칫거리다.

그랑지 와인에 대한 리코르킹 순회 클리닉은 사실 다분히 상업적인 행사다. 호주 대표 와인인 그랑지는 이 행사를 통해 호주에도 숙성력이 훌륭한 와인이 있음을 홍보하려는 의도다. 결론적으로, 1976년산은 앞으로 20년 이상 무리 없이 숙성될 만큼 좋은 상태라는 판정을 받았다. 하지만 1966년산은 최고의 상태가 아니기 때문에 몇 년 내로 마셔야 했다.

그렇다면 언제 마시는 게 좋을까? 영국의 와인전문가 휴 존슨이 말한 구절이 생각난다. '와인이 아무리 좋아도, 분위기가 더 맛나게 한다.' 귀한 와인이니 와인을 제대로 음미할 줄 아는 사람들과 함께 그랑지 1966년산을 개봉하겠다고 그 지인도 말했다. 아마도 그 날은 지인의 생일이 되지 않을까 싶다.

│ 최상의 출장 리코르킹 서비스, 샤토 팔머

보르도는 사실 리코르킹의 원조다. 오래 숙성되는 보르도 와인은 오래전부터 샤토에서 리코르킹을 해오고 있다. 보르도 와인은 숙성 기간 내내 코르크 상태를 확인할 필요가 있다. 코르크가 건강해야 와인도 제대로 숙성되기 때문이다. 올드 빈티지를 소장한 사람들은 와인을 샤토로 직접 가져와서 코르크를 교체한다. 고객을 직접 찾아 나서는 그랑지 리코르킹 클리닉과는 좀 상황이 다르다.

나는 작년 2월 샤토 팔머(Château Palmer)를 찾은 일이 있다. 마케팅 및 홍보 최고책임자 베르나르(Bernard)가 나를 맞이했다. 시음을 마친 그는 작은 레스토랑으로 안내했다. 그는 조금 들떠 있었다.

"미스터 조, 제게 마카오에 갈 일이 생겼답니다. 그런데 혹시 1961년산이 몇 병이나 남았는지 아십니까?"

내가 최초로 방문한 보르도의 양조장은 마고에 있는 샤토 팔머다. 5남매를 둔 베르나르는
1961년산 팔머를 리코르킹하려고 직접 마카오를 다녀왔다.

난 정확하게 알지 못하는 일이라 이렇게 대답했다.

"글쎄요. 35,000병 정도 생산되었다는 것은 알고 있죠. 아마 40년
이 훨씬 지났으니 얼마 없지 않을까요?"

베르나르는 속도를 최대한으로 늦추어 큰 비밀을 말하는 듯 이렇
게 속삭였다.

"마카오에 500병이 있어요. 그것도 한 사람이 몽땅 소장하고 있답
니다."

나도 그 말을 듣고는 흥분했다.

"어떻게 그렇게나 많이 가질 수 있을까요? 대단하군요."

샤토 팔머 1961년산은 샤토 팔머 역사상 최고의 와인으로 인정받
는 대단한 와인이다. 그 질감의 풍부함과 그 향의 화려함은 가히 샤

토 마고 바로 아래의 와인으로 대접받기에 충분하다. 사실 팔머는 3등급이고, 마고 마을에는 3등급보다 한 단계 높은 2등급 샤토들도 여럿 있다. 그렇지만 팔머를 마고 마을의 이인자로 모두들 인정한다. 그만큼 팔머는 뛰어난 품질을 지닌 와인이다.

"내가 마카오에 가는 이유는 리코르킹 서비스 때문입니다. 리스보아 카지노(마카오에 있는 리스보아 호텔의 카지노) 주인이 팔머 61년산을 더 오래 저장하고 싶어 서비스를 요구한 것이지요. 원래는 와인을 샤토로 보내야 하는데, 500병을 어떻게 옮기겠어요? 차라리 우리가 직접 고객에게 가는 편이 낫다고 생각한 거죠."

그의 말처럼 작년 5월에 샤토 팔머의 책임자 여러 명이 직접 마카오로 날아갔다. 샤토 창건 이래 가장 훌륭한 와인으로 평가받고 있는, 나아가 보르도 1961년을 대표하는 와인으로도 평가받는 팔머를 마카오의 한 카지노가 무려 500병이나 소장하고 있다는 사실이 놀라웠다. 그리고 그 와인 전부를 리코르킹하러 현지에 출장 간 팔머의 적극성에 또한 놀랐다.

그러나 나를 더욱 놀라게 한 건 눈금을 채우려고 붓는 와인이 팔머의 최근 빈티지가 아니라 1961년산이라는 사실이었다. 이는 그랑지가 최근 빈티지로 눈금을 채우는 것과 대조적이다.

리코르킹을 하는 과정에서 500병은 최고 상태, 보통, 상함 등으로 분류될 것이다. 그중에서 최고의 상태로 인정받는 와인은 앞으로 수십 년 이상 더 숙성되면서 위대한 빈티지 1961을 더욱 위대하게 만들 것이다.

최근 빈티지 와인으로 올드 빈티지 와인병의 눈금을 채우는 행위에 대해 일부 전문가들은 회의적이다. 그들은 같은 빈티지가 아닐 바에야 차라리 그대로 두는 것이 낫다고 말한다. 또한 귀한 올드 빈티지를 그렇게 대접해선 안 된다고도 주장한다. 그런 면에서 팔머의 리코르킹 서비스는 최상의 대접이라 하겠다.

와인 개봉 박두!

와인은 이제 중요한 자리나 친목, 그리고 연인들이 특별한 데이트를 할 때 자주 등장하는 술이 되었다. 그래서 분위기 있는 자리에서 와인의 코르크를 따는 일은 중요한 부분이다.

와인을 개봉할 때는 코르크스크루라는 와인 전용 따개로 딴다. 코르크스크루는 마술램프와 같다. 마술램프를 문질러야 소원을 들어주는 거인을 만나는 것처럼, 코르크스크루로 마개를 따야 와인 맛을 볼 수 있어서다.

아무리 좋은 와인도 따지 못하면 소용없다. 초보자들이 따개인 코르크스크루를 제대로 사용하지 못해 애써 잡은 분위기를 날리는 경우가 있다. 오래 서 있는 와인은 코르크가 쉽게 부스러지며 스크루를 돌릴 때 뻑뻑하고 날카로운 소리까지 난다. 결국 젓가락으로 코르크를 쑤시는 상황이 되기도 한다.

따개의 스크루 나사는 되도록이면 긴 것이 좋다. 짧으면 긴 코르크를 뽑다가 부러지기 쉽다. 또한 지렛대가 두 개 달린 것을 추천한다. 아래 지렛대로 조금 올리고 난 다음, 다시 위 지렛대로 마무리하면 손쉽게

샤토 팔머 1961년산 .

코르크를 뽑을 수 있다.

지렛대가 없이 스크루만 달린 일반 따개는 마지막에 코르크를 뽑을 때 다리에 병을 끼워야 하는 사태가 발생한다. 그런데 모양은 좀 우습지만, 이것도 나름 얻는 게 있다. 지렛대가 있는 따개로 얻을 수 없는 것, 바로 경쾌한 소리다.

"퐁!"

딴 후에는 곧바로 잔에 따른다.

"콸콸콸콸."

공기가 급하게 병 속으로 빨려 들어가며 와인과 섞이는 소리가 난다. 청명하게 울리며 잔에 쏟아지는 붉은 액체가 최후에 뱉어내는 소리이기도 하다. 하지만 레스토랑에서는 주변 손님들이 놀라지 않게 조용히 마개를 딴다. 그것을 '소믈리에 코르크스크루'라고 한다. 조용히 따야 에티켓이 된다.

요즘에는 나사만 달린 따개인데도 소리 없이 코르크를 개봉할 수 있는 도구가 있다. 계속 돌리면 코르크가 자연스럽게 빠지는 기구다. 그저 돌리기만 하면 되므로 초보자나 여성들에게 인기가 많다. 하지만 한번쯤은 경쾌한 소리를 들으며 와인을 음미하는 것도 즐거운 일에 속하리라. 귀로도 듣고, 코로도 느끼며, 혀로 맛보는 삼박자를 맞춰보라.

와인 맛의 과학, 와인병

사람 마음처럼 그 속이 정말 궁금한 것 중 하나가 와인이다. 정확하게 와인병 속이 궁금하다. 정말 저 속에 대단한 맛과 향이 들어 있을까?

와인숍에 가면 가슴이 설레인다. 지휘관을 위해 도열하는 연병장 군인처럼 진열된 전체의 와인들이 내 눈길을 기대하고 있다. 샤토의 지하 셀러에 가면 특히 더 그렇다. 수십 년 이상을 잠들어 있는 와인을 불러 깨워 그 병을 따는 순간 큰 희열을 느낀다. 하지만 와인은 개봉되는 순간부터 서서히 힘을 잃어간다. 따버린 와인처럼 냉대 받는 것이 또 있을까?

사람 몸으로 퍼지는 와인은 감동을 주지만, 병 속에 남은 와인은 아무런 관심 대상이 되지 않는다. 아주 가끔은 이튿날 깨어나 전날 마시다 남은 와인병에 습관적으로 코를 들이대 향내를 맡았을 때 여전히 탐스런 방향을 내뿜는 와인을 발견하기도 하지만, 대부분의 경우 남은 와인병에서 얻는 것은 실망밖에 없다. 하지만 잔에서 꽃피던 와인의 아로마와 부케는 오래도록 기억 속에 남아 있다. 그렇게 아름답게 인생을 살았으면 좋겠다. 주변 사람들의 기억에 남을 만큼 풍부하고 너그러운 인생의 향기를 풍기면서 말이다.

무취의 유리병, 와인을 보호하다

무취의 유리병이 발명되지 않았더라면, 우리가 어떻게 와인의 향기를 보존하고 즐길 수 있을까. 유리병은 와인의 풍미를 그대로 보존해 주고, 따라서 우리에게 감미로운 행복감을 선사하는 데 큰 공을 세운 존재다.

현대 와인병은 크게 두 가지 모양이다. 하나는 어깨가 각진 모양이고, 나머지는 어깨가 무너진 모양이다. 전자는 보르도, 후자는 부르고뉴의 모양이다. 보르도는 카베르네 소비뇽을 위주로 와인을 만든다. 그 포도의 두꺼운 껍질에서 나온 타닌 성분이 숙성되면서 많은 찌꺼기를 양산한다. 따를 때 이런 침전물이 잔에 들어가지 않고 턱에 걸리도록 어깨를 만든 것이다.

부르고뉴의 피노 누와는 껍질이 그다지 두껍지 않아 보르도보다 침전물이 많이 생기지 않는다. 그래서 어깨선 없이 유선형으로 외형 처리된 병을 쓴다. 샴페인도 마찬가지다. 이러한 모양은 시대가 바뀌면서 조금씩 변형되었다. 이전 시대의 보르도는 어깨가 더 강조되어 불룩하게 나와 있다. 생테밀리옹의 샤토 파비(Château Pavie)는 여전히 이런 병 모양을 취하고 있는데, 병 속에 있는 현대적인 맛과 사뭇 대조적이다.

어깨가 도도하게 각진 보르도 병. 따르다 보면 이 어깨 부분에 침전물이 걸린다(왼쪽). 어깨가 축 늘어진 부르고뉴 병. 피노 누아는 상대적으로 찌꺼기가 많이 생기지 않지만, 고 품질 부르고뉴 와인은 양조과정에서 일체 필터링을 하지 않기 때문에 오래 숙성되면 침전 물이 제법 생긴다. 사진 속 마름모 라벨에는 해당 와인이 전혀 필터링되지 않았음을 알리 고 있다(오른쪽).

 호주에서는 제조자의 취향에 따라 같은 종류의 와인이라도 그 병 모양이 다르다. 예를 들어 그랑지로 유명한 펜폴즈는 쉬라즈 와인을 보르도 모양의 병에 담고, 런 리그(Run Rig)로 유명한 톨브렉 (Torbreck)은 부르고뉴 모양의 병에 담는다. 한편 샴페인 병은 다른 와인들과 용량이 같아도 두께가 훨씬 두껍다. 와인 속에 녹아 있는 이산화탄소의 양 때문에 높은 압력에 견디려면 병이 강해야 한다.

 이렇듯 와인의 유리병은 단순한 유리병이 아니다. 와인의 개성을 살려주고 더 좋은 맛을 위해 그 두께나 모양이 다르다. 와인이 소비 자와 만나는 바로 그 순간, 와인을 완성해 주는 화룡점정과도 같다.

와인병이 유리로 발전하기까지

기원전부터 애용된 와인은 운반과 보관이 큰 문제였다. 옛날의 와인은 지금의 와인과는 사뭇 달랐다. 색이 연했고 구조 또한 약했다. 와인의 치명적 약점은 외부 환경에 의해 쉽사리 상한다는 것이다.

저장방법이 다양하지 못하던 옛날엔 술을 부대, 즉 가죽가방에 담고 다녔다. 유목민들은 낙타 등허리에 가죽 부대를 매달고 이동하면서 와인을 즐겼다. 그 부대는 주로 양의 가죽을 바느질해 만들었다. 그러나 와인을 채우기 위해서는 바늘땀 사이를 막아야 했다. 그래서 송진으로 밀봉했다. 아마도 아라비아 사막에서 즐기던 와인은 와인에서 솔향기가 솔솔 풍겼을 것이다.

하지만 부대는 오래 사용할 수 없었다. 흔히 새로운 각오를 다질 때 '새 술은 새 부대에'라는 구절을 인용한다. 새 술을 새 부대에 담는 이유는 무엇일까. 한번 술을 담은 가죽 부대는 속이 부식되어 재차 사용하기 힘들었기 때문이다.

그러다가 유목민들이 여러 곳을 떠돌다 한 곳에 정착을 하기 시작하면서 그릇이 발명되었다. 흙으로 구운 항아리는 보통 이동이 간편하도록 주둥이에 손잡이가 붙게 되는데, 양쪽으로 두 개가 붙은 것을 암포라(Amphora)라고 한다. 로마인들이 유리병을 발명하기 전에는 주로 암포라에 와인을 담았다.

하지만 암포라는 흙이 재료인지라 액체를 담으면 일정한 시간이 지난 후에 액체가 다 스며 나왔고 쉽게 상해버렸다. 그런데 우연히 암포라 내면에다 송진을 첨가한 회반죽을 발라보았더니, 와인이 새지도 않았고 오랜 기간 보관할 수 있다는 것을 알게 되었다. 이내 송진 첨가는 와인제조에 있어 필수과정이 되었다.

송진을 첨가한 와인 중 가장 유명한 것이 그리스의 와인 '레치나 (Retsina)'다. 레치나는 전통 계승을 위해 양조되는 그리스 고유의 화이트와인이다. 옛날에는 와인에 직접 송진을 첨가했지만, 지금은 발효 중에 가미하는 차이만 남아 있다. 독특하고 진한 송진 향 때문에 외국인들은 고개를 절레절레 흔들지만, 올리브기름을 두른 꽁치 구이에 곁들이면 그런대로 괜찮다. 레치나는 식사 중에 마시는 와인으로 그리스인들에게 여전히 사랑받고 있다.

이렇게 와인 용기는 끊임없이 발전했다. 유리병은 암포라나 가죽부대의 단점을 극복한 무취의 용기로서 와인 맛을 제대로 보존할 수 있다. 유리는 수천 년 전에 우연히 발명된 것이지만, 대략 기원전 1세기에 입으로 부는 기술이 터득된 후에야 와인을 담는 유리병으로 진화할 수 있었다. 그걸 발견해 낸 장본인은 로마 사람들이다. 유리 가공 기술은 베네치아 장인을 빼고는 얘기할 수 없다. 이들은 로마인들의 유리 공예 수준을 수십 단계 발전시켜 예술의 경지로 올려놓았다.

실패작이 최고의 와인병이 되다

유리 공예로 유명한 이탈리아에 '피아스코(Fiasco)'라는 병이 있다. 멋진 유리 작품을 기대한 베네치아 장인은 마음에 들지 않으면 한쪽으로 불량품을 따로 모아 두었다. 그는 그것을 피아스코라고 하면서 스스로를 자책했다. 이런 어원을 지닌 피아스코는 영어로 계획의 실패라는 뜻으로 사용된다. 극장에서 배우가 연기를 하다 실수할 때에도 피아스코라고 말한다. 이렇게 불만족스럽게 태어난 유리병은 천덕꾸러기 신세였지만 어느 날 그 쓰임새가 발견되었다.

토스카나의 키안티(Chianti) 지방 상인들이 피아스코에 지방 와인을 채우기 시작했다. 바닥이 둥글어 처음에는 어찌할 줄 몰라 했지만, 이내 마을마다 널려 있던 볏짚으로 바구니를 만들었다. 그 바구니 속에 병을 넣으니 안성맞춤이었다. 볏짚은 완충 역할도 했다. 이렇게 해서 우리에게 알려진 와인이 바로 키안티다. 키안티는 신맛이 도드라지며, 가볍고 경쾌하며 저렴한 와인으로 이탈리아의 보편적인 와인이기도 하다.

영화 〈로마의 휴일〉에도 피아스코가 나온다. 앤 공주가 조의 집에서 마신 것이 키안티다. 하지만 요즘은 볏짚 속의 피아스코를 더 이상 볼 수 없다. 볏짚을 만드는 품삯이 비싸졌고, 키안티 와인 회사들도 이미지 제고를 위해 일반 와인병을 쓰기 때문이다. 요즘은 중국이나 베트남에서 합성수지로 만든 것을 수입하여 키안티 와인을 만들기도 한다. 한때는 볏짚을 짜는 품삯이 키안티 와인보다 훨씬 저렴했지만, 이젠 이탈리아 내에서 그런 품삯으로는 피아스코를 담을 수 없어 아쉬움을 남기고 있다.

나는 피렌체 시민들에게 인기 있는 포졸리 레스토랑에서 식사를 한 적이 있다. 키안티가 피아스코에 담긴 것과 일반 병에 담긴 두 가지 모양이었다. 물론 피아스코에 담긴 것이 좀더 저렴하다. 피렌체 시민들은 저렴한 피아스코 키안티를 손잡이도 없는 물잔에 따라 물

피아스코. 둥근 바닥 때문에 짚으로 단을 쌓아야 겨우 세울 수 있다. 요즘은 짚 말고 플라스틱으로 짠다.
© Chianti Classico Consorzio

처럼 마셨다. 레스토랑 주인도 와인잔을 제공하지 않았고 손님들도 요구하지 않았다. 우리가 막걸리를 사발에다 따라 마시는 것과 똑같았다. 와인은 그들의 일상이다. 와인을 컵으로도 마실 수 있는 간소함이 너무나 편하게 보였다.

와인병에 얽힌 재미있는 이야기들

와인의 역사도, 와인을 담는 용기의 역사도 오래된 만큼, 아주 특이한 와인병도 있다. 독일 프랑코니아(Franconia) 지방의 '복스보이텔(Bocksbeutel)'이 그렇다. 모양이 배꼽 같다. 프랑코니아 지방의 와인임을 나타내는데, 그전부터 사용해 오던 포르투갈의 마테우스(Mateus) 와인을 제외하고는 더 이상 다른 지역에서 와인병으로 채택할 수 없다.

프랑코니아 지방의 가장 유명한 포도밭은 스타인(Stein)이다. 도

배꼽처럼 생긴 복스보이텔은
독일 프랑코니아에서만 사용된다.

어느 와인이 가장 오래 숙성할까? 와인의 용량이 클수록 더 천천히 더 오랫동안 숙성할 수 있다. 병 주둥이는 비슷하지만, 비슷한 크기의 틈을 비집고 들어오는 산소의 공격을 용량이 크면 클수록 더 잘 막아내기 때문이다.

시 뷔르츠부르크(Würzburg)에 있으며, 돌이라는 뜻이다. 암석 토양인지라 배수가 용이하며 철분 및 각종 미네랄을 함유하고 있어 포도에 많은 영양분을 제공한다. 비가 많고 일조량이 적은 독일은 명산지가 대부분 강 유역에 분포한다. 특히 강에 붙어 있는 가파른 남향 언덕이 최고로 꼽힌다. 그곳이 평지보다 태양을 받는 각도가 가팔라서 포도나무들이 서로 그림자 지지 않고 태양빛을 받을 수 있기 때문이다. 또 강물에 반사되는 햇빛도 고스란히 일조량 확보로 이어진다.

　와인의 병 모양만큼이나 용량도 가지가지다. 상이한 용량마다 별칭이 붙어 있는데, 그게 모두 성경 인물인 것이 특이하다. 이를테면 샴페인의 3리터는 여로보암(Jeroboam), 4.5리터는 르호보암

(Rehoboam), 6리터는 므두셀라(Methuselah), 15리터는 느부갓네살(Nebuchadezzar)이다. 르호보암은 솔로몬(Solomon)의 아들이다. 그는 이스라엘이 남북으로 분열되었을 때 남쪽 이른바 유다의 임금으로 옹립되었다. 므두셀라는 969세로 성경에서 가장 장수한 인물이다. 느부갓네살은 강국 바벨론의 임금이다.

그렇다면 세계에서 가장 오래된 와인병은 어떤 것일까. 바로 독일산이다. 지금부터 140여 년 전에 독일 스파이어(Speyer)에 있는 어떤 포도밭에서 와인병 하나가 발굴되었다. 때는 1867년, 그 병 속에는 위는 올리브 오일, 아래는 와인이 들어 있었다. 건물을 지으려고 땅을 파던 중에 발견된 로마시대의 유물로 추정되는 석관 안에는 이 외에도 여러 병이 같이 출토되었다. 그 당시 로마인들은 와인이 쉽사리 상한다는 이치를 간파하여 와인을 올리브 오일로 덮어 그 산화를 방지하였던 것이다. 빈티지 325년으로 알려진 이 와인은 현재 독일 팔츠(Pfalz) 역사 박물관에 전시되어 있다.

와인글라스의 미학

　『식객』에도 소개된 하동관 곰탕은 참 맛있다. 놋그릇에 담아낸다. 운치가 있고 보온 효과도 있어 더 맛나는 것 같다. 놋그릇이 아닌 사발이나 뚝배기에 담긴 하동관 곰탕을 생각할 수 없다. 와인도 어울리는 그릇이 따로 있다. 쓰임에 따라 조금씩 다르다. 거품이 있느냐 없느냐, 화이트냐 레드냐, 단맛이냐 아니냐에 따라 다르다.

　대를 걸쳐 와인잔 생산에 매진하는 리델(Riedel)의 대표는 와인잔을 골프 클럽에 비유하였다. 그는 어느 일간지와의 인터뷰에서 "골프 칠 때 드라이버, 아이언, 퍼터를 골고루 바꿔가며 쳐야 좋은 점수가 나듯, 와인도 와인 종류에 따라 잔을 구분해야 제대로 맛을 즐길 수 있다"고 말했다. 품에 맞는 옷을 입어야 멋이 나듯이, 와인도 어울리는 잔이 따로 있는 셈이다.

그 와인에 그 잔

와인잔의 종류는 셀 수 없이 많다. 그래서 잔 만드는 회사의 상품 구색을 모두 다 이해하기란 실제로 어려운 일이다. 품종별로 구분된 혹은 등급별로 구분된 잔의 차이를 과학적으로 분석해 내기란 참 난해하다. 하지만 화이트와 레드, 드라이와 스위트, 스파클링과 스틸에 대해서는 모두 그 차이를 인식하고 있다.

화이트 잔은 레드에 비해 지름이 짧고 표면적이 작다. 혀에 떨어지는 폭을 좁힐 목적이다. 화이트의 주된 맛은 신맛이라 혀가 덜 느끼도록 한 것이다. 레드에 비해 작은 표면적은 주위로부터 열을 덜 빼앗기도록 고안되었다. 화이트의 음용 온도와 실온 간에 온도 차이가 크므로 공기와 닿는 면적을 줄이는 것이 도움이 되어서다. 따라서 화이트는 10도 부근에서 마시는 게 좋다. 그래야 상쾌하다.

레드의 음용 온도는 실온과 큰 차이가 없다. 여기서의 실온은 난방을 많이 하는 우리의 실온이 아니다. 유럽의 실온을 얘기한다. 즉 난방보다는 옷을 껴입고 지내는 그들의 생활에 닿아 있다. 일단 레드 잔은 온도를 뺏길 염려는 없다. 그래서 잔의 지름도 크다. 잔을 기울이면 넓은 폭을 유지하며 입으로 떨어진다. 화이트보다는 향기가 훨씬 복합적이라 혀의 다양한 부위에 내려앉도록 고안된 것이다.

스위트 와인을 위한 잔은 끝이 안으로 모아져 있다. 다른 잔에 비해 안으로 구부러진 각도가 심하다. 이것은 잔을 기울였을 때 혀끝으로 와인이 떨어지도록 설계되었다. 그래야 단맛을 잘 확인할 수 있다. 스위트 와인잔은 와인 종류에 상관없이 모두 작다. 스위트 와인이 비싼 편이라 아껴 마시라는 뜻 같기도 하고, 단 것을 적당히 마시라는 뜻 같기도 하다. 또한 온도 유지에도 작은 크기가 한몫한다.

보르도 레드.   부르고뉴 레드.   소테른.

스파클링 와인은 길쭉하게 생겼다. 일반 잔보다 훨씬 길다. 이를 통해 솟아오르는 거품을 지켜볼 수 있다. 스파클링 잔은 거품의 향연을 보는 재미를 위해 다른 잔보다는 많이 따르며, 주로 반 이상을 채운다. 그래야 좁은 바닥에서 태어난 방울이 드넓은 세상으로 날아오를 때까지 쭉 관찰할 수 있다. 축제나 파티에서는 스파클링 와인을 애용한다. 파티장에서 사람과 사람 사이를 비집고 들어갈 때 어떻게 하는지 영화에서 많이 봤을 것이다. 어깨를 올리고 팔을 몸에 바짝 붙여 최대한 얇게 만들지 않던가. 길쭉한 잔은 옆으로 퍼진 모양이 아니니 이럴 때에도 별 탈 없이 손으로 들고 갈 수 있다.

와인잔의 기본 요건 중에서 무엇보다 첫째는 투명한 민무늬에 있다. 여러 각도로 조각된 것이나 색으로 물든 잔은 사양한다. 와인이 생각보다 많은 정보를 제공하기 때문에 와인의 색을 관찰할 필요가 있다. 유명 디자이너가 화려하게 깎은 와인잔은 와인을 배려한 게 아니라 시음자의 허영을 채우려는 것이다.

둘째, 잔은 얇아야 한다. 잰시스 로빈슨은 "애호가들은 가능하다

몽트라쉐.   샤블리.   코냑.

면 더 가까이서 와인에게 속삭이고 싶어한다"라며 얇은 잔을 강조했다. 얇을수록 입술과의 거리가 덜 느껴져 잔을 기울이는 그 순간에 맛볼 수 있다. 반대로 두꺼운 잔은 평소보다 많이 기울어야 와인이 입 속으로 들어오므로, 와인이 잔의 두께를 타고 흐르는 시간이 생각보다 길게 느껴진다. 당연히 얇은 잔이 고급이다. 얇게 만드는 것은 어렵기 때문에 보통 수제품이라고 보면 된다. 하나씩 일일이 만들다보니 대량 생산 체계로 막 찍어내는 잔보다는 모양이 훨씬 불규칙하다. 그래서 수제품 와인잔은 가끔은 좌우대칭이 불균형하며, 군데군데 아주 작은 흠집도 발견된다. 하지만, 이런 인간의 작은 실수조차도 와인의 풍미를 북돋운다.

셋째, 가벼워야 한다. 잔은 담는 목적 외에도 흔들며 돌리는 목적도 있으므로 흔들 때 가볍게 돌아가야 한다. 초보자들은 잔 돌리는 재미로 와인바에 간다고도 한다. 맷돌처럼 잘 안 돌아간다면 누가 그 잔을 쓰겠는가? 이탈리아 자페라노(Zafferano) 와인잔은 잔 아랫부분에 주름이 잡혀 있어 흔들 때 와인의 회전력이 배가 되는 특징이 있다. 주름까지 따르면 제대로 따른 것이라 편리하다.

와인의 잔은 한결같이 튤립 모양이다. 변곡점이 아랫부분에 있다. 그 지점까지 따르면 되므로 이는 보통 잔 높이의 3부 정도에 해당한다. 나머지 7은 여백이다. 이 공간이 중요하다. 향이 뿜어 나와 이 넓은 공간에 머문다. 안으로 오므라진 끝은 향이 최대한 머물게 하고, 빈 공간이 과학적으로 향을 붙잡아 둔다. 숙성될수록 복합적인 향기가 나는 바롤로나 부르고뉴 와인은 방향 기운을 증폭시키기 위하여 잔의 지름이 가장 길게 만들어졌으며, 옆으로 퍼진 모양이다. 여러 와인잔 중에서 가장 뚱뚱하다고 보면 된다.

흔히 와인은 좋은 걸 마시려 하면서 잔에 전혀 신경을 쓰지 않는 사람들을 본다. 하지만 진정한 와인의 맛을 느끼려면 최소한 앞서 나열한 정도의 잔의 요건을 갖추어야 좋은 맛을 얻을 수 있다. 코로 80퍼센트를 마시는 와인은 그에 맞는 잔이 꼭 필요하다.

마니아 중에는 잔을 직접 식당까지 들고 가는 사람도 있다. 레스토랑 간판이 아니면 보통은 와인잔이 없기 때문이다. 이들은 음식 맛이 좋으면 다시 오마 마음먹으며 쓰던 잔을 아낌없이 기증하기도 한다. 식당 주인도 당연히 좋아하고, 마니아들도 흔쾌히 놓고 간다. 다음번에는 빈손으로 와도 되기 때문이다. 한편 이런 마니아를 붙들기 위해 잔을 보관해 주는 와인바도 생겨났다. 양주를 킵핑하는 것과 같다.

최근에 아주 단순한 형태의 잔이 출시되었다. 단순했던 선사시대로 회귀하고픈 복잡한 현대인의 갈망이 낳은 작품이리라. 잔의 다리는 품격을 높였지만 잘 부러지는 결정적 약점도 지녔다. 최근에 리델에서는 이런 다리를 없앤 잔을 팔고 있다. 단순하지만 실용적인 컨셉이다. 비행기에서 제공하는 와인잔에도 다리가 생략된 투명 잔이 나오기도 한다. 물론 재료는 유리가 아닌 플라스틱이다.

와인을 와인답게 만드는 디켄팅

디켄팅은 무엇일까. 음료나 와인을 덜어 담는 빈 그릇을 디켄터라 하고, 거기에 담는 행위를 '디켄팅'이라고 한다. 그렇다면 와인을 디켄딩하는 이유가 무엇일까.

와인의 진실한 맛을 즐기자

디켄팅의 주된 목적은 찌꺼기를 걸러내고 투명한 와인만을 얻기 위함이다. 그래야 와인의 맛과 향을 제대로 즐길 수 있다. 묵은 와인은 익는 동안에 타닌 성분이 병 바닥으로 침전되면서 오랜 시간이 지날수록 쌓이는 침전물이 많아진다. 애당초 포도껍질에 붙어 있는 이런 성분들은 카베르네 소비뇽이나 네비올로(Nebbiolo) 같은 품종에서 특히 많이 발견된다. 이러한 포도를 많이 혼합하는 보르도나

빈티지를 맞추라는 질문에 대한 나의 답은 "색은 어린데, 부케는 묵은 가죽향이 나서 오래된 훌륭한 빈티지임에 틀림없습니다." 디켄터의 와인은 나이보다 훨씬 젊게 느껴졌다.

바롤로는 숙성될수록 침전물이 많이 생기기 마련이다. 이런 와인을 그냥 마시는 것보다는 찌꺼기를 걸러내고 마시는 게 낫다.

병에서 디켄터로 옮기는 행위는 아주 오래전부터 행해 왔던 일이다. 디켄팅을 할 때 사용하는 촛불의 예가 그렇다. 옛날에는 디켄터로 와인을 담을 때 촛불을 비추어 병의 찌꺼기가 빨려 들지 않도록 주의했다. 지금은 조명 기술이 발달하여 셀러나 레스토랑 홀에서 굳이 촛불을 밝힐 필요는 없지만 아직 그런 습관이 남아 있어 자주 볼 수 있다. 애당초 샴페인도 디켄팅이 필요한 와인이었다. 2차 발효의 결과물인 찌꺼기를 제거하기 어려웠던 시기에는 으레 디켄팅을 통해야만 맑은 샴페인을 얻을 수 있었다.

디켄팅의 목적에는 찌꺼기 제거 이외에 한 가지 더 있는데, 와인이 전혀 익지 않았을 때 디캔팅을 통하면 와인을 좀 부드럽게 만들 수 있다. 디캔터에 담으면 공기와 닿는 표면적이 병보다 넓어진다. 그래서 더 많은 공기와의 접촉이 가능하다. 결국 디캔팅은 숙성 와인의 흔적을 느끼기 위한 것이다. 제대로 된 와인바에 가서 괜찮은 와인의 최근 빈티지를 주문하면 소믈리에가 "디캔팅을 해 드릴까요?"라며 묻는다.

디캔팅은 크게 세 가지 방법이 있다. 첫째로 병에서 디캔터로 옮겨 바로 마시는 경우, 둘째로 병에서 디캔터로 옮기고 다시 병으로 옮기는 경우, 이것을 더블 디캔팅(double decanting)이라 한다. 셋째로 디캔터에서 디캔터로 여러 번 반복하는 경우가 있다.

더블 디캔팅을 할 때 한 가지 주의할 점이 있다. 디캔터에서 다시 병에 담을 때에는 반드시 병을 씻어 병 속의 찌꺼기를 제거해야 한다. 로버트 파커는 무통 로쉴드 1982을 마실 때에는 더블 디캔팅할 것을 추천하고 있다. 그 와인의 힘이 워낙 세기 때문이다. 그리고 더블 디캔팅을 한 다음 바로 마시는 것보다는 12~24시간을 기다려야 제대로 된 맛과 향을 즐길 수 있다고 한다. 이럴 때 반드시 뚜껑을 막아놓는 것이 좋다.

만약 이런 과정이 번거롭다고 느껴진다면, 2010년까지 기다릴 것을 파커는 권하고 있다. 파커의 주장으로는 2010년부터 최고조에 들어 2075년까지 그 맛과 향이 유지될 거라고 추측한다. 와인의 나이가 93세에 이르러도 최고조의 기운을 보인다고 하니 대단한 와인임에 틀림없다.

디캔터에서 디캔터로 반복해서 옮기는 방법은 타닌이 아주 센 와인을 빠른 시간 내에 마시고자 할 때 효과를 본다. 뜨거운 물을 식힐 때 컵에서 컵으로 반복하며 옮기면서 식히는 방법과 유사하다. 디캔터와 디켄터로 반복하는 횟수는 정해진 게 없다. 시음자 스스로 판단할 일이다.

디켄팅은 비타민 같다고 한다. 비타민을 늘 달고 사는 사람이 있는가 하면 가끔씩 이용하는 사람이 있고, 물론 한 평생 한번도 먹지 않는 사람도 있다. 디켄팅 맹신론자들은 와인을 마실 때마다 디켄팅을 해야 직성이 풀린다고 한다. 모든 와인을 발가벗기고 그 구석구석을 공기와 접촉해야 비로소 와인을 제대로 마신다고 생각하기 때문이다.

어떤 애호가들은 올드 빈티지를 마실 때에만 디켄팅을 한다. 찌꺼기가 많을 때에만 디켄터를 꺼낸다는 이야기다. 가끔 디켄팅을 즐기는 이들은 아주 정성을 들여 디켄팅을 행한다. 와인의 맛과 향에 상당한 조예가 있는 부류라 하겠다.

올드 빈티지 와인은 오랫동안 누워 있었다. 그래서 찌꺼기가 병의 측면에 길다란 흔적으로 남아 있다. 이런 와인을 마실 때에는 미리 3~4일 전에 병을 세워두어야 한다. 그러면 찌꺼기가 모두 병 바닥에 고이게 된다. 이후 조심스럽게 병을 들어 디켄팅 한다. 이때 손이 떨려 혹시 찌꺼기가 디켄터에 들어갈까 염려하는 사람들도 있다. 이들은 별도의 기구를 이용한다. 바로 손잡이가 달린 바구니인데, 병을 담을 때 비스듬히 담게 되는 바구니다. 손잡이를 돌려가며 병의 각도를 조절하여 서서히 와인을 눕혀 결국 따를 수 있게 만든 것이라 하겠다.

무려 열 개 연도의 빈티지가 디켄터에 담겨 있다. 샤토 브라네르 뒤크뤼의 성주 파트릭 마로토(Patrick Maroteaux) 덕분에 생줄리앙 전통 스타일을 맛보았다.

디켄팅으로 소믈리에의 정성을 가늠한다

엄격한 디켄팅을 추구하는 고객에게 와인을 대접할 때, 소믈리에 가 찌꺼기를 제대로 걸러내지 못하면 크게 혼날 수 있다. 찌꺼기가 잘 걸러진 와인과 그렇지 않은 와인을 놓고 비교하면 그 차이는 매우 분명하다.

묵은 와인의 찌꺼기는 입자가 매우 작고, 색은 까맣다. 잔을 숙일 때마다 이런 입자가 따라 움직인다. 입자들은 와인의 묵은 향과 맛을 많이 가린다. 그래서 오래 묵은 와인은 디켄팅 후에 바로 마시는 게 좋다. 오래 묵은 와인은 시간이 지나면 곧 싸늘하게 변한다. 향이 달아나 버리면 와인에게서 얻을 것이라곤 그저 삼키는 맛밖에 남지

"디저트에는 단맛의 샴페인이죠." 단 샴페인을 디캔팅하면 단 기운이 좀 누그러진다며 디캔팅하고 있는 뵈브 클리코의 소믈리에.

않는다.

　몇 년 전 동경 긴자(銀座)에서 저녁을 먹을 때의 일이다. 가끔 들리는 '오자미(Aux Amis)'라는 프렌치 레스토랑에 갔었다. 식당도 작고 말도 잘 통하지 않지만, 종업원들이 친절하고 와인 지식이 전문적이라 늘 흥미롭다. 샤토 마고 1990년산과 스테이크가 세트 메뉴로 구성된 특별한 디너를 예약해 놓은 터라 제 시간에 레스토랑에 도착했다.

　소믈리에는 조심스럽게 코르크를 제거하고 손잡이를 돌려서 병의 각도를 낮추기 시작했다. 얼마나 몸을 사리는지, 보는 내가 안스러울 정도로 그는 긴장하고 있었다. 아주 살살 손잡이를 돌리고 있었다. 무슨 의식을 치르는 것 같은 진지함이 소믈리에의 온몸을 감쌌다. 그도 나처럼 마고 1990을 무척이나 탐내고 있는 것처럼 보이기도 했다.

　소믈리에는 병의 각도가 수평선을 그리기 직전에 작은 잔을 주둥이에 댔다. 곧 잔으로 와인이 흘러 들어왔다. 그는 코를 대고 와인이 상했는지 여부를 확인한 후 안심하는 표정이었다. 이윽고 내게로 와서 내 잔에 와인을 따르기 시작했다. 찻숟갈로 한 세 술 정도의 와인이 내 잔에 차자 그는 손잡이를 반대로 돌려서 와인이 더 이상 나오지 않게 했다. 그리고는 내 잔을 들더니 그것을 뚫어지듯이 쳐다보았다. 곧 이어 잔을 눕혀서 돌리기 시작했다. 샤토 마고 1990년산은 잔속에서 방울처럼 이리 저리 굴러 다녔다. 소믈리에는 참기름 같이 두텁고 진한 와인을 잔 안쪽 벽에다 싹싹 다 발랐다. 그리고는 내 앞에 그 잔을 내려놓았다. 이는 향기로운 와인의 매력을 손님에게 선사하려는 소믈리에의 정성이다. 그렇게 하지 않을 때보다 향을 맡기가 훨씬 수월하다.

나는 잔을 기울였다. 손목을 채 꺾지 않았는데도 향기는 벌써 내 코끝으로 달려왔다. 내 후각 세포 한가운데로 농염한 향이 쳐들어왔다. 잊을 수 없는 마고의 향. 난 그날 밤 딸기 향기로 된 마스크를 쓰는 기분이었다. 그 소믈리에는 미세한 침전물이라도 잔으로 들어오지 않도록 애를 쓰며 디켄팅을 깔끔하게 해냈다. 최고의 와인을 맛과 향을 그대로, 찌꺼기 한 점 없이 대접하고픈 소믈리에의 정성이 담긴 디켄팅이었다.

최고의 소믈리에는 최고의 와인인지 잘 맛보아야 하지만, 최고의 맛을 그대로 유지한 채 손님에게 대접할 줄 아는 정성과 능력도 겸비해야 한다. 그날 나는 소믈리에의 실력이 어떤지 그의 디켄팅에서 바로 가늠할 수 있었다.

와인의 얼굴, 라벨

누구나 첫 인상으로 사람의 얼굴을 본다. 얼굴이 미남인지 미녀인지, 자신이 좋아하는 스타일인지 아닌지, 호감이 가는 인상인지 평범한 인상인지 거의 100퍼센트 얼굴로 판단한다.

와인에 있어 사람의 얼굴 같은 역할을 하는 것이 바로 와인의 '라벨'이다. 어떤 제품이든 라벨에는 그 제품에 관한 모든 것이 들어 있다. 상표가 무엇인지, 어떤 물건인지, 성분이 어떤지, 언제 만들어졌는지 등등, 한눈에 보고 그 상품에 대한 모든 것을 알 수 있다. 와인의 라벨은 이 모든 정보에다 그 와인만의 가치를 부여한다.

┃ 라벨, 예술가와 대화하다

라벨은 와인의 아이덴티티이자, 와인의 맛과 향을 표현하는 힘을

1973, en hommage à Picasso (1881·1973)

PABLO PICASSO . BACCHANALE . MUSÉE DE MOUTON

Château Mouton Rothschild
1973
PREMIER CRU CLASSÉ EN 1973

PREMIER JE SUIS . SECOND JE FUS
MOUTON NE CHANGE

LE BARON PHILIPPE PROPRIETAIRE
APPELLATION PAUILLAC CONTRÔLÉE
PRODUCE OF FRANCE
73 cl TOUTE LA RECOLTE MISE EN BOUTEILLES AU CHATEAU

샤토 무통 로쉴드는 1973년 빈티지를 피카소에게 헌정했다.
© Baron Philippe de Rothschild

지녔다. 우리는 어떤 종류의 와인이든 라벨 없이는 와인 한 병에 담긴 진실을 다 알지 못한다.

캘리포니아의 라벨 디자이너 칼드웨이(Jeffrey Caldeway)와 척하우스(Chuck House)가 함께 펴낸 『아이콘: 와인 라벨의 예술 (*Icon: Art of the Wine Label*)』에서는 와인 라벨을 현대문명의 아이콘이라고 말했다. 라벨은 와인 생산 지역의 문화적, 정신적 가치를 상징하고 알리는 예술적 기능을 한다고 주장한다. 즉, 와인 라벨이 예술과 마케팅의 결합이라는 의미다. 1945년부터 지금껏 예술가

의 작품 이미지를 라벨에 새기고 있는 샤토 무통 로쉴드가 그 전형
적인 예다. 아르망(Armand), 타피에스(Tapies), 앤디 워홀(Andy
Warhol) 등의 작품을 와인병에 새겼다. 특히 1973년 빈티지는 피카
소로 장식되어 있다. 2등급에서 1등급으로 승격된 것을 축하하기 위
해 최고의 걸작품을 와인에 헌정했다.

라벨의 역사는 의외로 오래되었다. 그리스나 로마 시대에도 라벨
이 있었다. 물론 외형은 지금과 달랐다. 그 당시에는 유리병 대신 암
포라에 와인을 담았다. 하지만 지금까지 남아 있는 것은 거의 없다.
폼페이 유적지에서 발견된 암포라에는 거래상의 이름이 찍혀 있다.
이집트 투탕카멘 무덤에서 발굴된 암포라에는 빈티지, 포도밭, 양조
자 이름이 쓰여 있다. 플리니(Pliny the Elder, AD 23~79)는 로마의
대단한 와인애호가였다. 그가 즐겼다는 와인 라벨은 순금이었다고
한다. 근대의 라벨 역시 가끔은 순금이고 대부분은 은이었다. 그것
들은 주둥이 주위에 감긴 체인에 붙은 일종의 꼬리표였다. 와인에
독극물을 넣으려다 은 라벨로 인해 들통나기도 했다.

그렇다면 누가 종이 라벨을 맨 처음 붙였을까? 누구인지는 전혀
알려져 있지 않다. 와인은 주로 통으로 거래되었기 때문에 종이 라
벨은 상당히 늦게 만들어졌다. 라벨의 재료가 되는 질긴 종이나 그
종이를 유리에 착 달라붙게 하는 접착제가 라벨의 필수불가결한 요
소이기 때문에, 이 모든 것이 다 가능했던 시기부터 라벨이 만들어
졌으리라 짐작만 할 뿐이다.

18세기 말엽에도 아직 종이 라벨은 등장하지 않는다. 토머스 제퍼
슨의 와인 병에도 라벨은 붙어 있지 않다. 스스로가 유리병에 와인
이름과 자기 이름을 음각하여 와인을 구분하는 정도다. 가끔은 빈티
지도 새겼다.

라벨보다는 코르크가 먼저 등장하였다. 그래서 코르크에 정보를 담았다. 코르크에 인두로 지져 와인 이름이나 빈티지 등을 새겼다. 하지만 코르크는 병에 박혀 있어 식별하는 데 불편했다. 즉석에서 확인할 수 없는 코르크에는 당연히 위조 혹은 변조하는 사기 사건이 따랐다. 보르도 와인 페트뤼스를 개봉해 보니 포므롤 마을 대신 포이약 마을이라고 표시되어 것이 그러한 예다. 고가의 와인 경매에서는 캡슐을 반쯤 잘라내어 입찰자가 코르크에 새겨진 문자들을 확인하도록 한다.

| 라벨에는 무엇이 담기나

와인의 얼굴이자 모든 정보를 담고 있는 라벨. 그렇다면 어떤 내용이 담길까.

첫째, 빈티지가 담긴다. 포도의 수확연도를 뜻하는 빈티지는 같은 빈티지라도 북반구와 남반구에 따라 6개월의 시차가 존재한다. 물론 모든 와인이 다 빈티지를 표시하는 것은 아니다. 여러 해의 와인을 혼합해서 만드는 샴페인, 포트, 세리, 마데이라, 코냑 등은 빈티지의 구분 없이 생산하기 때문에 빈티지가 그다지 중요하지 않다.

유럽의 가을 날씨는 변화가 무쌍하다. 수확 철에 가끔은 돌풍이 불기도 한다. 여기서는 일기가 불순하므로 빈티지가 중요하다. 1945, 1961, 1982는 20세기 대표적인 빈티지다. 이런 빈티지가 있는 라벨이라면 한 번 더 유심히 살펴보는 것도 좋을 것이다. 빈티지를 맹신하지 말라. 빈티지는 광활한 지역에 미친 토양과 기후의 상호작용이기 때문에 국지적으로 변화가 심하다. 같은 포도밭에서 같은 양

샤토 병입 원년은 또한 디자인 라벨의 원년이기도 하다. 화살 다섯 개는 로쉴드 오형제를 뜻하며, 샤토의 심볼인 양(mouton)이 형상화되어 있다. ⓒ Baron Philippe de Rothschild

2003년은 아티스트 라벨이 아니라 샤토 구입 150주년 기념 라벨이다. 사진 인물은 다게레오타입으로 찍힌 나타니엘 로쉴드. 그가 친히 샤토를 구입했다. 배경의 문자들은 구입계약서의 텍스트들이다. ⓒ Baron Philippe de Rothschild

2006년 5월 홍콩 비넥스포에 전시된 독일 월드컵 기념 와인. 병 이면에 새겨진 축구 사진이 병 표면의 투명한 처리로 인해 입체감이 살아난다.

조자가 만든 와인인데도 빈티지에 따라 오랫동안 저장할 수 있는 와인이 있는 반면, 수년 이내에 마셔야 하는 와인이 있는 것은 다 빈티지의 영향이다. 이와는 반대로 캘리포니아나 칠레는 날씨의 변화가 상대적으로 덜 하다. 그래서 빈티지에 따른 품질의 차이가 그렇게 다르지 않다. 그래서 빈티지를 참고는 할지언정 무조건 믿는 건 와인 선택시 실수하는 일이다.

둘째, 병입 주체가 누구인지 담긴다. 와인이 병에 담긴 것은 그리 오래된 일이 아니다. 최초의 병입은 샤토 무통 로쉴드에서 일어났는데, 1924년 빈티지부터 직접 병에 담기 시작했다. 이전에는 오크통으로 거래되었다. 샤토 주인 입장에서는 마차에 통을 여러 개 실으면 그걸로 거래가 끝났기 때문에 통으로 거래하는 것이 훨씬 수월했다. 하지만 통을 구입한 중개상이 자체적으로 제작한 라벨이 샤토 주인의 마음에 들지 않을 수도 있었다. 또한 통을 좋지 않은 환경에 저장 숙성하여 품질이 떨어지는 와인이 유통될 염려도 다분했다.

이런 이유로 당시 무통 로쉴드의 성주였던 필립 남작은 스스로 병입할 것을 결정하였다. 물론 자금도 많이 소요되었다. 일일이 병입 처리해야 했고, 병에 담은 와인은 통보다도 훨씬 많은 보관 면적을 필요로 해 저장할 장소가 더 넓어야 했다. 하지만 와인 양조의 전 공정을 샤토가 관장함으로써 품질에 일관성이 생겨 결과적으론 더 큰 이윤을 얻을 수 있었다. 이후 지역 생산자들 모두가 그를 따라 병입 처리했다.

세계의 와인투자자 중에서 벨기에 사람들은 와인의 보관과 관리에 가장 세심한 주의를 기울이는 것으로 정평이 나 있는데, 남부지역보다 북부지역이 더 그렇다. 벨기에는 고급 보르도 와인을 배럴 상태로 수입하여 별도의 병입 과정을 거친 후 재수출했다. 가끔 경매에는 벨기에에서 병입된 와인들이 등장한다. 그중에서 반데르뮬렌(Vandermeulen)이 가장 유명한 병입 회사다. 오래된 샤토 슈발 블랑, 샤토 오존, 페트뤼스에서 가끔 볼 수 있는 붉은 로고는 반데르뮬렌의 트레이드마크다.

병입 처리에 관한 문구는 이렇다. "Mis en Bouteilles au Château." 즉, 샤토에서 병입되었다는 뜻이다. 병입 처리는 보르도에만 있는 것이 아니다. 부르고뉴 지방에도 역시 생산자가 직접 병입한다. 부르고뉴에서는 샤토 대신에 도멘이 붙는다. 미국이나 호주에서는 "estate bottled"라고 표시한다. 독일에서는 "Gutsabfullung"이라 한다.

셋째, 배경 이미지가 담긴다. 쇼핑 코너에 산처럼 쌓인 와인 중에서 색깔이나 이미지가 특이한 것이 인기가 있다는 보고가 많다. 비슷비슷한 와인 더미 속에서 마음에 드는 곳을 고르기가 무척 어렵다. 애호가들은 평소에 궁금한 와인을 그냥 집어 들기 때문에 라벨을 관찰하진 않지만, 일반 소비자들은 다르다.

보통 메독 와인들은 웅장한 건축물의 이미지를 라벨 한복판에 박는다. 와인의 품질과는 별 상관없지만 그런 이미지가 메독의 일반 이미지로 굳어 있다. 하지만 메독의 최고인 샤토 라투르의 이미지는 다르다. 멋진 성의 이미지 대신에 탑과 그 위에 사자가 그려져 있다. 여백을 강조한 것이 오히려 힘있게 느껴진다. 보르도 최고의 와인 페트뤼스는 페트뤼스 성자의 얼굴이 새겨져 있는데, 예수의 수제자인 베드로를 뜻한다. 자세히 살펴보면 그가 한 손에 열쇠를 쥐고 있다. 그 열쇠는 성경에서 언급한 대로 천국의 열쇠다. 아마도 최고 와인의 비밀을 보유하고 있을 것 같다. 부르고뉴 와인은 이미지가 별로 없다. 포도밭의 등급, 포도밭 이름, 생산자 등에 대한 정보를 다

넣어야 하기 때문에 공간이 부족한 편이다. 미국 고급 와인의 효시 오퍼스 원은 샤토 무통 로쉴드와 캘리포니아의 로버트 몬다비가 합작하였다. 그래서 라벨 이미지는 두 샤토의 대표가 등장한다. 서로 등을 지고 반대방향을 향하는 옆얼굴이 그려져 있다.

라벨은 특이한 로고로 인해 더욱 두드러져 보인다. 이탈리아 와인, 키안티 클라시코의 로고는 강렬한데, 맹렬한 수탉의 용맹성이 잘 드러난다. 병 주둥이에 새기는 검은 수탉의 로고는 멀리서도 키안티 클라시코를 식별하게 한다.

와인을 마신 후에 어떤 사람은 코르크를 모으고 또 어떤 사람은 라벨을 모은다. 라벨 수집가를 가리켜 빈티툴리스트(vintitulist)라고 한다. 우표책처럼 라벨을 모은 파일을 열어 그날의 감흥을 되씹으려는, 애호가들 중의 애호가들이라 말할 수 있겠다.

잠자는 숲속의 와인

여러 해 전부터 김치냉장고가 불티나게 팔리기 시작하더니, 이제는 와인셀러(와인냉장고)가 보급되고 있다. 와인 소비가 촉진되고 있다는 증거다. 우리는 상하기 쉬운 음식은 반드시 냉장고에 넣는다. 따라서, 김치든 와인이든, 둘 다 발효식품이므로 냉장고가 반드시 필요하다. 온도와 습도가 일정해야만 신선도를 유지할 수 있기 때문이다.

와인셀러가 필요한 이유

우리나라는 사계절 구분이 뚜렷하다. 그래서 주거생활이 대부분 아파트에서 이루어져서 햇빛은 막아본다고 쳐도 일정한 온도를 유지하기는 거의 불가능하다. 혹자는 냉장고를 차선으로 꼽기도 하지

천연 석회암 동굴 셀러로 유명한 생테밀리옹의 샤토 오존(Château Ausone). 서늘한 기온과 일정한 습도가 유지된다.

만, 냉장고는 너무 저온이다. 따라서 저온으로 인해 와인의 숙성과 정이 많이 지연된다. 거의 숙성 진행이 멈추게 된다고 보면 맞을 것이다.

반대로 고온이면 와인이 어떻게 될까? 숙성이 촉진되어 조숙해져 버린다. 사람으로 치면 조로현상에 걸리는 것인데, 포도의 신선함과 상큼함이 고온에 실종되어 사라지는 것이다. 결국 원점으로 돌아와 셀러 장만을 숙고하지 않을 수 없다.

과거에는 굳이 셀러가 필요하지 않았다. 단독주택에 살면서 지하실을 따로 가졌기에 그곳에다 와인을 두면 그만이었다. 땅속은 땅 위보다는 온도가 낮고 볕이 들지 않고 습도가 높았기에 와인을 두기에 알맞은 장소였다.

하지만 아파트 생활을 하는 현대인들은 일정한 전기시설을 지닌 전용 냉장고가 아니면 도저히 와인의 신선도를 유지하기 힘들다. 또한 장기간 숙성을 요하는 고급 와인은 셀러에서 깊은 잠을 자야 한다. 고요한 숲에서 잠자는 미녀처럼, 와인도 그렇게 잠자코 셀러에 있어야 숙성의 최고조에 이른다. 공주가 잠을 자야 왕자를 만나는 것처럼, 와인도 제대로 잠을 자야 최고의 맛에 이를 수 있는 것이다.

그렇다면 셀러가 가져야 할 기능은 어떤 것일까.

첫째, 셀러는 항온 기능이 필수다. 기온이 일정하게 유지되어야 맛도 유지된다. 최적의 온도는 섭씨 13도라고 한다. 화씨로는 55도가 된다. 이 온도가 얼마나 중요하면 '55도'라는 와인 보관 회사가 캘리포니아에 있겠는가.

셀러 종류에 따라 칸마다 다른 온도로 설정할 수도 있고, 단일 온도로 설정할 수도 있다. 와인마다 음용 온도가 조금씩 차이가 나기 때문에 스파클링, 화이트, 레드 등 다양한 와인을 보관할 경우에는 칸별로 온도를 나누면 마시기 편리하다.

둘째, 습도를 70~80도로 유지해야 한다. 건조해지면 코르크가 말라 와인병 주둥이와 코르크 사이가 벌어질 수 있다. 이때 공기 중 산소가 와인을 공격하게 되면 와인이 산화된다. 산화가 촉진되면 김치가 시어버리듯 와인도 상한다. 유난히 눈금이 낮은 와인은 그 산화 정도가 상당히 진행된 것으로, 벌어진 틈 사이로 와인이 새어버린 결과이기도 하다.

셋째, 진동을 최소화해야 한다. 진동으로 인해 와인 속 여러 분자 구조가 흔들려서 와인의 섬세한 맛과 향을 뭉개버릴 수 있다. 셀러가 없을 경우에 냉장고나 김치냉장고를 이용하게 되는데, 그것들은 진동이 심한 편이라 오래 보관하는 목적으로는 피해야 한다.

넷째, 자외선을 차단하는 게 중요하다. 발효식품은 자외선에 노출되면 상한다. 그러니 여닫는 문은 자외선 차단 유리이거나 불투명한 재질이어야 한다. 보이기를 즐기는 경우에는 꼭 자외선이 차단되는 유리문을 사용해야 하겠다. 셀러는 유리문과 막힌 문으로 나뉜다. 유리는 주로 자외선을 막기 위해 암갈색 코팅처리가 되어 있다. 병역시 자외선을 차단하기 위해 갈색이나 푸른 색으로 착색이 되어 있지만, 이중으로 보호하기 위해 코팅 처리하는 것이다. 유리문은 내부가 들여다보이는 장점이 있어 막힌 문보다 비싸다.

이런 기능들을 갖춘 셀러를 구입했다면, 이제 저장하는 방법에 대해 알아보자. 셀러에 마구 와인을 집어넣는다고 능사는 아니다. 와인을 넣을 때에는 매번 병을 세워 골라 낼 수도 없는 노릇이니 꺼낼 때를 대비해서 꼬리표를 달아 두는 것이 좋다. 귀하고 비싼 와인은 병끼리 붙이지 않는 게 좋다. 국지적으로 온도차이가 나니 말이다. 장기적으로 숙성시킬 요량으로 구입한 와인 한 상자(열두 병)는 모두 깊숙이 저장하는 것보다는 두세 병은 손이 잘 닿는 곳에, 나머지는 안쪽으로 깊이 밀어넣는 것이 좋다. 긴 숙성 과정 속에서 와인이 어떻게 진화해 나가는지 이따금 그 맛을 살펴보는 일은 와인 애호가의 즐거움이자 숙제이리라. 미국에는 고객의 셀러를 실시간으로 점검해 주는 서비스가 있어 장기간 집을 비우는 애호가들의 걱정을 덜어 주고 있다. 만약 3개월 출장을 마치고 돌아왔는데, 셀러가 정전되어 멈추었다면? 돌아온 날이 초가을이었다면? 생각만 해도 아찔하다.

와인셀러는 이미 최고의 기술로 양산되고 있다. 따라서 요즘은 셀러를 고를 때 디자인이 문제가 되는 경우가 대다수다. 지하에 셀러 전용 공간을 만들든지 아니면 거실 한 쪽에 와인셀러 한 대를 두든지 간에 주변 분위기에 어울려야 한다고 생각한다. 셀러의 높이, 재질, 색깔, 여닫이 문 종류 등에 따른 다양한 구색을 갖추고 있어도 마음에 확 와 닿지 않은 사람들을 위해 부엌가구 일체형도 여럿 출시되어 있다. 다만 남성 마니아는 디자인보다는 성능의 우수함에 무게를 둔다고 한다.

하지만 어느 점에 중점을 두든, 셀러의 기본 목적이 와인을 제대로 만끽하기 위한 것이라는 점을 잊지 말자.

| 습도에 관한 미신

셀러와 와인과의 관계에서 한 가지 짚고 넘어가야 하는 문제가 있는데, 그것은 바로 외부 습도에 관한 것이다. 사실 외부 습도는 와인에 기대보다 큰 영향을 미치지 않는다. 하지만 우리는 보통 외부의

생태밀리옹 지역에 널리 분포하는 석회암을 파서 조성한 샤토 보세주르(Château Beausejour)의 셀러.

높은 습도 유지를 통해 코르크가 축축하게 젖는다고 믿고 있다. 그래서 셀러는 습도 유지를 또 하나의 장점으로 내세운다.

19세기 말까지 주로 와인은 대형 용기 단위로 거래되었다. 오늘날처럼 샤토가 직접 병입한 와인병을 사고파는 것이 아니라, 배럴이나 캐스크에 담은 와인을 사고팔았다. 이런 큰 용기는 모두 나무로 제작되었는데, 미세한 나무구멍으로 와인이 증발하는 일들이 빈발했다.

《와인 스펙테이터》에 따르면, 캘리포니아 나파 밸리에 있는 루더포드 힐 와이너리(Rutherford Hill Winery)에서는 매년 3퍼센트에 해당하는 와인이 배럴에서 증발하였다고 한다. 그래서 18억 원을 들여 지하 셀러를 조성했다는데 이를 통해 매년 4만 병의 와인을 절약하였고, 7년 만에 본전을 몽땅 다 뽑았다고 한다. 이렇듯 외부 습도는 나무로 된 배럴의 상태에 영향을 미친다.

하지만 표면적이 반 이하로 줄어든 코르크로 꽉 막힌 병 속의 와인에는 거의 영향을 미치지 못한다. 애초에 코르크의 목적이 완전밀봉이며, 더구나 코르크 위를 알루미늄 호일로 싸고 있어서다. 부르고뉴의 와인 생산자 르루와(Leroy)는 코르크를 끼운 후에 병 주둥이 전체를 밀랍으로 싸버린다. 그런데 이런 경우에도 습도는 밀랍을 뚫고라도 와인으로 전달된다고 본다. 그래서 일정한 습도가 유지되는 셀러 내에서 와인을 세워 보관하는 것 역시 무리다.

외부 습도는 코르크보다는 라벨에 심각한 영향을 미친다. 습하면 라벨이 젖고 곰팡이가 슬고, 곧 벗겨진다. 라벨에 인쇄된 잉크도 녹아 연해진다. 나중에는 무슨 와인인지 구분하기도 힘들다. 그래서 제대로 라벨을 읽기 위해서는 습도 조절이 중요하다.

19세기말 필록세라 창궐 이후에 문란해진 시장 질서를 틈타 배럴 와인을 병입할 때 거짓 라벨을 파는 이가 늘었다고 한다. 지하 저장고에서 오래 보관된 와인의 라벨이 형체를 알아보기 힘든 것을 노려 위조, 변조 라벨이 성행한 것이다. 이를 막을 방법을 강구하던 중에 코르크에 인두로 상표를 새기는 묘안이 마련되었다. 지금이야 대부분의 와인들이 코르크에 자사 상표를 인쇄하여 병에 끼우지만 19세기에는 그런 일이 불가능했다.

아주 귀한 와인의 진위 여부를 확인할 때에는 코르크의 인쇄 상태를 꼭 확인해야 한다. 최고급 와인 경매를 준비할 때에는 경매 회사들이 출품 와인을 별도의 저장실에 미리 갖다 놓는다. 이때 해당 와인이 진품임을 보장하기 위해 캡슐의 반을 제거한 후에 진열한다. 이것은 코르크에 새겨진 오리지널 문양을 보이기 위함이다.

샤토 보세주르의 셀러 입구. 오후가 되면 뻐꾸기 소리가 나는 자그마한 수풀이 셀러 위에 펼쳐져 있다.

공주는 숲속에서, 와인은 셀러에서

잠자는 숲 속의 공주처럼 와인을 셀러에서 쉬게 하자. 와인의 생체시계를 멈추게 하고 주름살을 펴서 아주 건강하게 왕자님을 기다리게 만들어주는 게 좋다. 그러면 우리는 신이 내린 음료인 와인을 맛있게 먹을 수 있고, 와인이 주는 무한히 잠재된 웰빙 에너지를 덩어리 채로 채울 수 있다.

프랑스의 최고급 레스토랑인 타이유방(Taillevant)은 천연 상태의 와인을 서빙하기로 정평이 나 있는데, 이는 유통업자를 통해서가 아니라 직접 샤토로부터 납품 받아 지하 셀러에 장기간 숙성시키기에 가능하다. 제대로 보관하지 못하는 와인 컬렉션은 무용지물이다.

또한 와인 컬렉션은 정적인 것이 아니라 동적인 활동이다. 즉, 와인 기록 관리를 철저하게 해 놓지 않으면 낭패 보기 일쑤다. 꼭 필요할 때 찾으면 그 와인이 없다. 그것은 필시 언젠가 들뜬 마음에 병을 따버렸을 확률이 높다. 셀러 성능도 훌륭해야 하겠지만, 셀러 관리도 효과적이어야만 비로소 와인의 행복을 맛볼 수 있다.

그런데, 만약 셀러가 없다면 어떻게 해야 할까.

가급적 와인이 생기는 대로 바로바로 처치하도록 하자. 파리 시민들이 매일 아침마다 갓 구운 바게트를 사 먹는 것처럼, 와인도 묵히지 말고 바로 마시는 것이다. 대부분의 와인은 수명이 생각보다 훨씬 짧다. 보관하고 저장할 만한 와인은 와인 전체 중에 5퍼센트 미만이다. 일상생활에서 만나는 대부분의 와인은 바로 마실 목적으로 양조된 것임을 명심하자.

그래도 보관해야 한다면, 볕이 들지 않는 서늘한 곳에 와인을 눕

왕자님을 기다리는 키안티 클라시코의 카스텔로 베라차노(Castello Verazzano).

히자. 서 있는 와인은 꼭 묘비처럼 그 맛이 죽어 있는 것들이 많다. 따라서 쇼핑할 때에도 오래 서 있었던 와인은 피하고 비스듬히 누워 있는 와인을 고른다.

고급 와인의 경우, 그냥 집에 보관하기에는 무리가 있으므로 단골 식당의 와인셀러에 맡겨두자. 훗날 그 식당에서 그 와인을 음식과 함께 음미하면서 소믈리에에게 한 잔 권한다면, 당신은 그 식당의 최고의 고객이 될 것이다.

그렇다면 고급 와인을 집에서 보관할 수 있는 방법은 딱히 없는 것일까. 사실 냉장고를 활용할 수 있다. 장기간 저장하는 건 힘들지만, 한달 이내에 마실 와인이라면 냉장고에 넣어두어도 무방하다. 레드는 꺼낸 후 온도가 좀 오르기를 기다렸다 마시면 좋다. 화이트는 바로 마셔도 상관없다.

너무 오래 방치한 와인은 바로 냉장고로 직행한다. 사실 그런 와인들은 이미 기력이 다 빠진 상태다. 그래도, 그냥 마시기보다 냉장고에 두면 차가운 맛으로 마실 만해진다. 또한 군이 보관할 와인이라면 여름과 겨울은 피한다. 결국 우리나라에서 보관이 가능한 기간은 고작 한 계절일 뿐이라는 얘기다.

와인용어 모음

나파(Napa) 샌프란시스코 북부 지역의 마을로 캘리포니아의 최상급 와인들이 생산된다. 미국 최고의 와인들은 모두 다 나파 출신이다.

노균병(Mildew) 포도나무에서 발생하는 질병.

노블롯(Noble Rot) 보트리티스 시네레아(Botrytis cinerea)를 일컫는다.

누보(Nouveau) 보졸레 누보가 가장 널리 알려져 있다. 와인을 급속으로 양조하여 수확한 해부터 마시는 와인이다. 신선하며 과일 맛이 뛰어나며 오래 숙성되지 않는다.

드미 섹(Demi-sec) 샴페인 용어로 중간 정도 달다는 뜻이다.

디오니소스(Dionysus) 그리스의 주신.

디켄팅(Decanting) 병에 있는 와인의 침전물을 없애기 위해 조심스럽게 와인을 따라 다른 깨끗한 용기(decanter, 디켄터)로 옮겨 따르는 행위다.

로제(Rose) 색이 분홍빛인 와인으로 검은 포도의 즙을 조금 내어 만든다. 다만 로제 샴페인인 경우에는 화이트와 레드를 혼합하여 만들 수도 있다.

론(Rhône) 프랑스 남부에 흐르는 강 이름. 이 강 유역에 있는 포도원에서 생산되는 와인들의 이름은 론 밸리다.

루아르 밸리(Loire Valley) 프랑스의 루아르 강을 따라 위치한 길다란 와인 산지로서 보르도 다음으로 생산량이 많다.

리슬링(Riesling) 독일이 원산지인 청포도 품종 이름.

리오하(Rioja) 스페인의 와인 생산 지역.

마데이라(Madeira) 포르투갈 섬으로서 주정강화 와인을 양조한다.

말벡(Malbec) 보르도산 검은 포도로서 아르헨티나가 그 우수성을 세계에 알리고 있다.

매그넘(Magnum) 표준 용량 750밀리미터보다 두 배 큰 와인병이다.

메독(Médoc) 프랑스 보르도에 있는 지역이다. 원산지로서의 메독과 지역으로서의 메독은 구분되어야 한다. 지역으로서의 메독은 보르도 지롱드 강 좌안에 위치한 지역을 말한다. 메독은 다시 해발 고도가 낮은 바메독(Bas Médoc)과 높은 오메독(Haut Médoc)으로 나뉜다. 그러나 '낮은'이란 뜻의 바(bas)는 어감이 좋지 않아 지역 주민의 요청으로 바를 떼고 그냥 메독이라 부른다. 그래서 원산지를 뜻할 때 메독은 정확하게 말하면 바메독이 맞다. 원산지를 얘기할 때의 메독은 메독 지역 북단의 구역을 뜻하고, 지역으로서의 의미인 경우는 바메독과 오메독을 합친 전체 메독을 뜻한다.

메를로(Merlot) 보르도산 검은 포도. 또한 캘리포니아, 칠레, 호주 등 많은 곳에서 재배한다. 주로 카베르네 소비뇽과 블렌딩한다.

뮈스카데(Muscadet) 루아르 지방의 상큼한 향기가 나는 화이트와인. 청포도인 뮈스카데로 만든다. 보르도의 뮈스카델(Muscadelle)이나 남프랑스의 뮈스캇(Muscat)이 같은 계통의 포도다.

바디(Body) 맛의 점성도, 진한 정도와 농도 혹은 질감의 정도를 표현하는 말이다. 풀 바디, 미디엄 바디, 라이트 바디로 구분된다. 알코올 도수가 높으면 풀 바디해진다.

바르베라(Barbera) 이탈리아의 피에몬테 지방의 검은 포도

바인굿(Weingut) 프랑스의 샤토에 해당하는 독일말로서, 자기 소유 포도원에서 와인을 양조하는 곳이다.

바쿠스(Bacchus) 로마시대의 와인의 신. 그리스의 디오니소스(Dionysus)가 로마시대로 넘어가면서 바쿠스로 이름이 바뀐다.

발효(Fermentation) 대기에 존재하는 효모가 포도의 당분을 갉아먹으면서 발효하면 에탄올과 이산화탄소가 발생한다. 발효는 알코올 발효와 유산발효로 나뉜다.

밸런스(Balance) 산도, 당분, 타닌, 알코올 도수가 조화를 이룰 때 균형이 좋다고 한다.

뱅(Vin) 프랑스어로 와인이다. 이탈리아어로는 비노, 스페인어로도 비노, 독일어로는 바인이다.

베렌아우스레제(Beerenauslese) '선택된 열매'라는 뜻이다. 베렌아우스레제는 포도 송이를 고르는 것이 아니라 포도알을 골라 만든 와인이다. 아우스레제보다 당분이 더 높다.

베리(Berry) 포도 낱알

보트리티스 시네레아(Botrytis Cinerea) 어떤 특정한 기후 환경에서 포도가 무르익을 때 포도껍질에 생성되는 곰팡이로 훌륭한 디저트 와인을 만들게 한다. 영어로 이것을 노블 롯(noble rot), 즉 귀한 곰팡이라고 한다.

부케(Bouquet) 숙성 과정에서 생기는 와인의 향기를 말한다. 병 속에서 오래 숙성되기 때문에 'bottle bouquet'라고 한다.

브랜디(Brandy) 와인을 증류하여 만든 술로서 코냑 지방의 브랜디가 가장 유명하다. 우리는 그것을 그냥 코냑이라고 부른다.

브뤼(Brut) 프랑스 말로 드라이를 나타낸다. 샴페인 브뤼는 달지 않은 샴페인의 맛을 나타낸다.

블랑 드 누와(Blanc de noirs) 검은 포도인 피노 누와와 피노 므뉘에로 만드는 샴페인이다.

블랑 드 블랑(Blanc de Blancs) 청포도 품종으로 만든 화이트와인을 뜻한다. 샴페인은 검은 포도(피노 누와와, 피노 므뉘에)와 청포도 품종(샤르도네)으로 만들어지는데, 블랑 드 블랑 샴페인은 샤르도네만으로 만든다.

비냐(Viña) 스페인어로 포도원이라는 뜻. 캘리포니아에서도 포도원의 이름으로 널리 사용된다.

비오니어(Viognier) 프랑스 론 밸리에서 재배되는 청포도. 씹히는 듯한 산미와 쾌활한 향이 매력적이다.

빈티지(Vintage) 포도의 수확연도.

산도(Acidity) 와인에서 느끼는 신맛의 정도를 가리키는 말. 주로 포도가 주는 산도는 주석산이다. 풍부한 사과산은 유산발효를 통해 섬세하고 부드러운 와인으로 변모한다. 산도가 낮은 와인은 보통 그리 오래 숙성되지 않는다. 다만 레드와인의 경우는 좀 다르다. 타닌이 풍부하면 산도가 낮더라도 오랜 기간 저장 숙성할 수 있다.

샤르도네(Chardonnay) 청포도의 일종으로 부르고뉴 지방이 원산지다. 샴페인을 만들 때에도 사용된다.

샤블리(Chablis) 프랑스 부르고뉴 지방에 속한 원산지로서 화이트와인만 생산된다. 옛날에는 바다였던 곳이라 토양에서 조개 껍질이 많이 발견된다. 그래서 해산물과 마시면 안성맞춤이다. 미국에서는 그 유명세를 이용하여 일상적인 화이트와인들을 말할 때 샤블리라고 한다.

샤토(Château) 프랑스 말로 성(Castle)이라는 뜻이다. 보르도에서는 자기 소유의 포도밭에서 딴 포도로 와인을 양조할 때 샤토라고 이름을 붙인다. 물론 양조장으로 쓰는 건물은 성처럼 멋지기도 하다.

샴페인 방식(Methode Champenoise) 스파클링 와인을 만들 때 병 속에서

2차 발효하는 방식이다. 이 방식을 거쳐야 샴페인이 된다.

샴페인(Champagne) 프랑스 상파뉴 지역에서 생산되는 스파클링 와인으로 상파뉴를 영어로 발음하여 샴페인이 되었다. 협정에 의해 다른 나라에서 생산되는 스파클링 와인을 샴페인이라 부를 수 없다.

세미용(Semillon) 보르도 지역에서 주로 재배되는 청포도 품종이다.

소노마(Sonoma) 나파 밸리와 함께 캘리포니아의 최고 와인을 생산하는 지역으로, 샌프란시스코의 북부 해안에 위치한다.

소믈리에(Sommelier) 레스토랑에서 와인을 전문으로 하는 웨이터를 말한다.

소비뇽 블랑(Sauvignon blanc) 청포도 품종으로 샤르도네 다음으로 세계적으로 많은 사랑을 받는 포도 품종이다. 주로 세미용과 블렌딩되는 경우가 많다.

소테른(Sauternes) 프랑스 보르도 남부의 디저트용 화이트와인이다. 세미용, 소비뇽 블랑, 뮈스카델을 혼합하여 만든다.

수렴성(Astringency) 타닌에 의해 느껴지는 맛의 감각을 의미한다. 땡감을 씹었을 때의 느낌과 비슷하다.

숙성(Aging) 와인의 묘미는 숙성이다. 최고의 맛을 위하여 오랜 기간 동안에 어떤 특정한 환경 속에서 와인을 보관하는 것을 말하다. 온도와 습도의 변화가 없고, 진동이 없는 지하가 가장 좋은 조건이다.

슈냉 블랑(Chenin Blanc) 전 세계적으로 널리 재배되고 있는 청포도.

슈발 블랑(Seyval Blanc) 프랑스산 변종으로 주로 미국 동부지역에서 재배된다.

슈파트레제(Spatlese) 독일어로 '늦은 수확'이라는 뜻이다. 카비네트보다 당분이 높고 아우스레제보다 낮다.

스틸 와인(Still wine) 스파클링이 아닌 일반 와인을 말한다.

스파이시(Spicy) 와인의 맛을 표현할 때 쓰이는 테이스팅 용어. 게부르츠트레미너(Gewurztraminer) 독일산 포도 품종으로 만든 와인이 대표적으로 스파이시한 느낌을 준다.

스푸만테(Spumante) 이탈리아에서 샴페인 방식으로 만든 스파클링 와인을 뜻한다.

신맛(Sour) 신맛을 느끼는 테이스팅 용어.

아로마(Aroma) 포도의 원산지에 따라 맡을 수 있는 와인의 향기를 의미한다. 포도에서 비롯되었다.

아상블라주(Assemblage) 영어로 '블렌딩'이다. 두 가지 이상의 포도 품종들을 혼합하는 것을 말한다. 보르도 와인은 아상블라주를 통하고, 부르고뉴 와인은 그렇지 않다.

아우스레제(Auslese) 독일어로 '선택된'이란 뜻이다. 잘 익은 포도송이만을 골라서 만들어진 와인이다. 포도의 당분이 높아 발효시 잔당을 일부 남겨 아주 단맛의 와인이 된다.

아이스와인, 아이스바인(Ice Wine, Eiswein) 얼어붙은 포도로 와인을 만드는 것으로 포도가 언 상태에서 압착을 하여 주스를 짜내어 발효를 한다. 아이스 와인은 항상 달콤한 디저트 와인이다. 리슬링으로 만든 것을 최고로 친다.

아페리티프 와인(Aperitif wine) 식전에 마시는 와인.

아펠라시옹(Appellation) 원산지로 등록된 포도원의 위치를 세분화한 명칭이다.

여로보암(Jeroboam) 표준 용량보다 큰 와인 병을 말하나 정확한 크기는 표준화되지 않았다. 샹파뉴에서는 네 병들이, 즉 3리터를 뜻하지만 보르도는 3.75리터 그리고 영국은 4.5리터를 뜻한다.

AOC(Appellation Origine Controlee) 프랑스 정부에서 정한 와인의 원산지, 원산지에 따라 생산 가능한 와인이 정해져 있다. 예를 들면 메독 원산지는 레드와인만 생산한다. 보르도 원산지는 레드, 화이트, 로제 모두 가능하다.

오크(Oak) 참나무 일종으로 만들어 와인을 담는다. 접착제를 사용하지 않고 조립으로만 틀을 짜기 때문에 튼튼한 모양을 만들기 위해 내부에 불을 놓아 나무가 일정한 모양으로 굳도록 작업한다. 내부를 태울 때에는 오크 나무의 미세한 톱밥을 사용한다. 내부가 어느 정도 구워져서 와인을 담으면 특유의 초콜릿이나 바닐라 향이 난다. 코냑이 발달한 이유는 주변에 오크숲이 울창해서다.

와이너리(Winery) 양조장.

우디(Woody) 오랜 기간 동안 오크통에 숙성 보관된 경우에 나무 향과 맛이 강해진다.

유산 발효(Malolactic fermentation) 유산균을 생성시키는 박테리아를 통해 발효한다. 포도에 많이 함유된 신맛의 사과산을 부드러운 젖산 혹은 유산으로 변모시키는 활동이다. 고급 와인은 유산 발효를 지하 셀러에서 수개월에 걸쳐 실시하여 매력적인 질감으로 탄생된다.

2차 발효(Secondary fermentation) 2차 발효는 두 가지다. 우선 알코올 발효가 끝난 후에 이루어지는 유산발효를 의미한다. 주로 레드와인에서 이루어지고 극소수의 화이트 스틸 와인에서 이루어진다. 또다른 2차 발효는 병 속에서 일어나는 것으로 스틸 와인에서 스파클링 와인으로 변환시킬 때 일어난다.

저그 와인(Jug Wines) 항아리같이 큰 용기에 있는 와인으로 보통 저렴하다. 질보다 양을 추구하는 와인이다.

정제(Fining) 와인의 불필요한 구성요소를 없애기 위해 정화하는 것을 말한다. 계란의 흰자를 이용하여 주로 정제한다.

젝트(Sekt) 독일에서 샴페인 방식으로 만들어진 스파클링 와인을 젝트라고 한다.

진판델(Zinfandel) 캘리포니아에서 널리 생산되고 있는 포도품종이다.

카베르네 소비뇽(Cabernet Sauvignon) 레드와인의 일반적인 품종으로 세계적으로 가장 많이 사용되며 사랑받고 있다.

카비넷(Kabinett) 와인이 좋아서 캐비닛에 넣어두고 싶다는 뜻으로 독일 고급 와인의 가장 아래 단계에 속한다. 카비넷은 비교적 저렴하지만 생산 과정에서 당분을 올릴 목적으로 설탕을 첨가하는 행위는 금지되어 있다.

코냑(Cognac) 프랑스 코냑 지방에서 생산되는 브랜디다.

코르크(Cork) 참나무 줄기의 겉껍질을 원통 모양으로 잘라 만든다. 탄력이 뛰어나 좁은 와인 병 주둥이에 틀어박힌다. 밀봉효과가 뛰어나다.

코르크화된 와인(Corked wine) 혹은 코르키 와인(Corky wine) 와인에서 케케묵은 신문지 향이 나는 경우를 말한다. 코르크 제조과정에서 미세한 곰팡이가 붙어 있다가 와인에 코르크 향을 전달하는 문제인데, 레스토랑에서 이런 와인을 만나면 거절한다.

크뤼(Cru) 품질 있는 포도밭을 뜻하는 말로 부르고뉴 지방에서는 프리미어 크뤼(premier cru), 그랑크뤼(Grand cru) 등으로 구분한다.

키안티(Chianti) 이탈리아 토스카나 지역의 와인 산지이자 그 와인 이름이다. 검은 포도인 산지오베제(Sangiovese)로 만든다. 생산자에 따라 청포도를 섞기도 한다.

타닌(Tannin) 폴리페놀 물질로 쓴 맛 혹은 수렴성이 있어서 입안에서 떫은 맛을 느끼게 한다. 포도의 껍질과 줄기 그리고 씨앗에 많이 함유되어 있다. 오크통에서 숙성할 때에도 오크로부터 많은 타닌이 스며 나온다.

타스트뱅(Tastevin) 주로 은으로 만들어진 납작한 컵으로 와인 테이스팅을 하기 위해 쓰인다. 조명이 어두운 지하 저장고에서 와인 맛을 보기 위해서 빛을 반사하는 은이 도움이 된 것이다.

탄산가스 침용(Carbonic Maceration) 포도알을 으깨지 않고 발효하는 과정을 말한다. 보졸레 누보를 생산할 때 많이 쓰이는 방식이다.

테이블 와인(Table Wine) 14퍼센트 미만의 알코올 도수를 함유한 모든 와인들을 이 범주에 넣고 있다. 와인은 식사할 때 함께 즐길 수 있는 음식이라는 의미다. 한편 이 범주에 들지 않는 와인을 주정강화 와인이라고 한다.

투명성(Clarity) 와인을 평가할 때 와인에 침전물이나 뿌연 느낌이 없이 투명한 경우에 사용되는 용어다.

트로켄베렌아우스레제(TBA, Trockenbeerenauslese) 독일에서 생산되는 가장 당도가 높은 와인이다. 독일어로 '건포도의 선택'이라는 뜻의 이 와인은 건포도가 될 정도로 농축된 포도를 한알씩 골라서 만든다.

포도재배학(Viticulture) 포도나무 재배와 관련된 학문이다.

포도주 양조(Vinification) 와인 양조에서 일어나는 모든 과정을 말한다.

포트(Port) 포르투갈의 오포르토(Oporto) 지역에서 양조되는 주정강화 와인이다.

폴리페놀(Polyphenols) 와인에서 생기는 화학적인 성분으로 떫은맛과, 쓴맛, 입안이 마르는 듯한 느낌을 준다. 폴리페놀은 포도의 타닌과 포도 껍질의 색소에서 주로 발견되는 성분이다. 이것은 활성산소와 결합하여 혈관의 노폐물이 산화됨을 방지한다. 그리하여 동맥경화를 예방하는 효과가 있다.

퓌메 블랑(Fume Blanc) 청포도 소비뇽 블랑을 캘리포니아에서 부르는 별칭이다.

프루티(Fruity) 포도의 신선한 향을 유지한 와인을 뜻한다.

플랫(Flat) 테이스팅 용어로 산미와 생동감이 결여된 와인을 일컫는다. 플랫

와인은 향이 좋다 하더라도 마시기가 어렵다. 꼭 김빠진 맥주 같기 때문이다. 스파클링 와인에서 플랫은 와인에 탄산가스가 결여되었다는 뜻이다.

피노 누와(Pinot Noir) 부르고뉴 원산지의 검은 포도이며 청포도 품종 피노 블랑과 가깝다.

피니시(Finish) 와인을 삼킨 후 입안에 남아 있는 맛이다. 오래 숙성할 수 있는 와인은 뒷맛도 길다.

필록세라(Phylloxera) 포도나무 뿌리에 살고 있는 미세한 진딧물로 뿌리의 주스를 빨아먹고 산다. 미국 포도밭에 살다가 19세기 말엽에 유럽으로 넘어오면서 내성이 없던 유럽 포도나무가 거의 전멸했다. 지금의 유럽 포도나무는 모두 뿌리가 미국산이다. 필록세라는 제압되지 않았다. 다만 내성으로 버틸 뿐이다.

하이브리드(Hybrid) 변종으로 두 개의 다른 포도품종을 접목하여 새로운 품종이 되는 것이다.

헥토리터(Hectoliter) 1헥토리터는 100리터다.

흙 같은(Earthy) 와인에서 흙이나 토양 같은 맛이 날 때.

흰가루병(Powdery mildew) 포도나무에 생기는 곰팡이의 일종으로, 건조한 기후에서 주로 발견되는 이 질병은 전세계적으로 보편적이다.

와인은 오랜 세월 동안 사람이 만들어왔고 마셔왔다. 그러는 동안, 여러 품종의 포도와 서로 다른 기후만큼 수많은 종류의 와인이 태어났다. 대표적인 레드와인 외에도 화이트와인, 거품이 있는 스파클링 와인 등, 와인은 문화와 생활의 한 축으로서 변화무쌍하게 그 스타일을 변화시켰다. 다양한 와인의 종류만큼 독특한 개성을 지닌 와인의 세계는 어떤 모습일까?

4

인간이 만든 신의 술

1 럭셔리 그룹 루이뷔통모에헤네시(LVMH) 소유의 샤토 디켐. 2005 빈티지의 오크통 샘플 와
  인에 옷을 입혔다.
2 전통 용기에 담긴 헤네시 코냑.
3 효모 찌꺼기(lee) 위에서 숙성 중인 독일 스파클링 와인 젝트(Sekt). ⓒGerman Wine Institute

붉은 색에 빠지다

레드와인의 그 붉은 색깔은 알알이 영근 검은 포도로부터 나온다. 화이트와인의 깔끔한 맛과 투명한 색깔은 청포도의 상쾌한 느낌과 일맥상통하다. 하지만 뭐니뭐니해도 '와인'이라면 '레드와인'이다. 인간의 역사와 그 맥을 같이 했으며, 다양한 맛과 향으로 인류의 보석이 되어왔다. 인간을 유혹하는 그 붉은 빛깔의 향연, 과연 신의 술은 어떤 것일까.

레드와인이 빚어지는 과정

모두가 잘 알다시피 레드와인은 검은 포도로 만든다. 그리고 화이트와인은 청포도로 만든다. 하지만 화이트와인은 검은 포도로도 만들 수 있다. 검은 포도의 껍질 색소를 충분히 뽑아내면 레드와인이 되는데, 껍질 색소를 뽑아내지 않고 그냥 즙만 짜내면 화이트와인이 된다. 색소를 조금만 우려내면 로제와인도 만들 수 있다.

와인 중에서도 레드와인은 오랜 역사 동안 세계인의 사랑을 받아왔다. 하지만 지금처럼 레드와인이 각광받고 열풍이 일게 된 이유는 무엇일까.

'프렌치 패러독스(French Paradox)'라는 말이 있다. 프렌치 패러독스는 1991년에 미국 CBS방송 보도 후에 생겨난 말이다. 방송 내용은 '동맥경화와 레드와인의 관계'였다. 보르도 대학의 르노 (Renault) 교수는 프랑스인, 특히 동물성 지방을 많이 섭취하는 남프랑스인들이 다른 나라 사람들에 비해 오히려 심장병 위험률이 낮다는 연구 결과를 발표했다. 남프랑스인들이 북구인들보다 와인을 많이 마셨다는 것이 그 이유였다. 와인을 잘 마시지 않은 북구의 주민들이 심장병 위험률이 훨씬 높게 나타났다.

이 방송이 보도된 후에 미국 시장에 괄목할만한 변화가 생겼다. 이른바 레드와인의 붐이 일었다. 레드와인 속에 있는 폴리페놀 (Polyphenol) 성분이 핵심이다. 이 폴리페놀은 혈관 속에 쌓인 지방 노폐물들을 분해하는 데 탁월한 효능을 발휘한다.

곧 이어 일본에서도 비슷한 논문이 발표되었다. 1994년 일단의 의사들이 영국 의학저널《란체트(Lanchet)》에 동맥경화와 레드와인의 관계에 대한 실증 결과를 발표했다. 효과는 빨랐다. 일본에서도 레드와인이 선풍적으로 인기를 끌기 시작했다. 우리나라도 〈생로병사의 비밀〉이라는 방송을 통해 레드와인의 소비가 촉진되기 시작했다.

이렇듯 레드와인에 관심을 가지게 된 데에는 껍질에 붙어 있는 안토시아닌이라 불리는 붉은 색소의 영향이 크다. 이 색소는 건강에 중요한 효능을 지니기 때문에, 와인을 만들 때 아주 중요하다. 그래서 와인메이커는 자신들의 선택에 따라 포도송이를 으깨기도 하고, 알이 다치지 않게 통째로 통에 넣기도 한다.

포도즙과 껍질의 접촉을 도모하는 것을 '침용(沈溶)'이라 한다. 검은 포도는 침용을 통해 풍부한 붉은 색소를 얻는다. 그러나 너무 오래 침용하면 색깔이 오히려 약해지고, 타닌이 과하게 분비되어 와인의 맛과 색을 잃어버릴 수 있다. 침용하는 과정에서 발효도 동시에 진행된다. 통에 들어간 포도는 중력에 의해 밑에 깔린 포도부터 발효가 일어난다. 침용은 화이트와인 양조에서는 찾아볼 수 없다. 포도즙을 바로 짜내고 그 즙만으로 양조하기 때문이다.

이제 발효되는 과정을 알아보자. 포도 속의 당분이 효모에 의해 발효하면 알코올과 이산화탄소가 생긴다. 포도가 달면 달수록 당분이 많이 함유된 것이다. 당분은 모조리 알코올과 이산화탄소로 치환되기 때문에, 높은 당분은 높은 알코올 도수와 직결된다. 즉, 포도가 잘 익을수록 알코올 도수가 높다.

지역에 따라 와인의 알코올 도수가 다른 것은 그 지역의 기온과 관련이 있다. 프랑스보다 더 무더운 기후인 이탈리아, 미국, 칠레 등에서는 포도가 더 잘 익는다. 그래서 이런 지역들의 알코올 도수가 높은 편이다.

효모는 대기 중에 존재하는 미생물로서 포도껍질 표면에서 쉽게 찾아볼 수 있다. 이를 자연 효모라고 한다. 이론상으로는 통에 아무것도 넣지 않아도 포도는 저절로 발효된다. 하지만 포도의 부패를 막기 위해 방부제인 이산화황을 발효통 속에 넣기 때문에, 자연 효모는 소실된다. 그래서 다시 한 번 효모를 접종해야 발효가 지속된다.

포도를 으깨기만 하면 껍질에 붙어 있던 효모가 당분을 먹으면서 발효를 시작한다. 이러한 발효를 알코올 발효라고 한다. 알코올 발효를 마치면 와인의 면모를 갖춘 것이다. 알코올 발효를 1차 발효라고 하는데, 그 이유는 2차 발효를 마쳐야 와인이 제대로 된 맛을 지니기 때문이다.

1차 발효를 마친 와인의 성분에는 신맛이 나는 사과산이 많이 생성된다. 이를 잘 다스려 유산 혹은 젖산으로 치환하면 부드럽고 고운 느낌의 와인이 된다. 그래서 보통 1차 발효를 마친 와인을 오크통에 담고 각각의 통에 유산균 박테리아를 접종하여 유산발효를 진행시킨다. 이것이 2차 발효이다.

2차 발효를 마친 와인은 3개월마다 통을 갈아준다. 통에 오래 담아두면 와인 속에 있는 여러 부유 물질들이 서로 뭉쳐 아래로 침전된다. 바닥에 고인 이런 침전물을 제거하는 목적으로 통을 바꾸는

대형 오크통에서 양조하는 샤토 파비.

과정을 '래킹(racking)'이라고 한다. 통에 들어간 시간을 측정하여 보통 18개월가량 숙성하면 통에서 와인을 꺼내어 병에 담는다. 와인의 구조를 파악하여 타닌이 많고 구조가 단단한 경우가 아니면 숙성 기간을 줄이거나, 오크통이 아닌 스테인리스 스틸 통으로 옮겨 숙성하기도 한다.

레드와인 업계의 최고 학벌 1855

평등과 박애를 숭상하는 프랑스에서 와인은 등급으로 인해 차별받는다. 구별된다고도 볼 수 있지만, 와인에 대한 얘기라면 박애가

스테인리스 스틸통에서 양조하는 샤토 오브리옹.

아니라 편애가 되어버린다. 1855년 와인 등급을 보면 이 사실은 자명해진다. 어떻게 보면 1855년산 와인은 와인업계의 최고 학벌이라 할 수 있다.

모든 와인은 공평하게 기회가 주어져야 하지만, 등급이 없거나 등급이 낮으면 많은 손해를 감수해야 한다. 가장 극심한 손해라면 잘 안 팔린다는 뜻이리라. 소비자는 와인을 살 때 등급을 많이 참고한다. 그래서 캘리포니아 와인 생산자들은 진정한 와인의 민주주의가 실현되려면 등급이 없어져야 하고 오로지 브랜드로만 승부해야 한다고 주장한다. 그러면 이런 등급은 과연 어떻게 해서 생겨난 것일까.

1855년도의 일이다. 나폴레옹의 조카는 선거에서 이겨 대통령으로 선출되었고, 곧 나폴레옹 3세로 등극한다. 그해 프랑스에서 만국 박람회가 열릴 예정이었다. 18세기 중반부터 산업혁명으로 나라 전체가 발전하기 시작한 영국은 이런 박람회를 통해 자국 산업을 육성, 발전시키는 계기를 마련하였다. 나폴레옹 3세 역시 박람회의 성공적인 유치를 통해 영국과 같은 도약을 꿈꾸었던 것이다.

프랑스적인 전통과 역사를 알리기 위한 것 그리고 가장 세계에 자랑할 수 있는 것을 찾던 중, 나폴레옹 3세는 와인을 전시하기로 결정했다. 그리고 어떤 와인을 전시할까 고민한 끝에 와인의 등급을 마련하기로 결정했다. 그리하여 당시 유명했던 메독 지역의 와인을 대상으로 등급 분류에 착수했다.

기준은 수십 년간의 거래 가격이었다. 그 결과, 대상 와인의 일부가 5단계의 등급으로 나뉘었다. 가장 비싼 값으로 거래된 와인 네 종류는 1등급으로 분류되었다. 샤토 오브리옹, 샤토 마고, 샤토 라투르, 샤토 라피트 로쉴드가 해당된다. 나머지 샤토들은 2등급에서 5등급으로 구분하였다. 이때부터 1855년 와인 등급은 지금까지 프랑스

1985 빈티지의 1등급 비교 시음 결과 오브리옹의 힘과 균형이 단연 돋보였지만, 라피트 로 쉴드가 준비되지 않아 이빨 빠진 진검승부였다.

고유의 독특한 문화유산으로 유지되고 있다.

2005년에는 1855년 등급 제정의 150주년 기념식이 있었다. 황제 가 인정하는 1855년 동창회인 셈이다. 이들은 세계 와인 산업에서 가장 영향력이 큰 학벌이다. 애초 등급을 받았을 때의 성주들은 모 두 영면했고, 부여받았던 포도밭의 일부 또한 유실되거나 분리되었 다. 품종별 경작비율도 많이 변모하였고, 샤토의 소유주 역시 거의 대부분 바뀌었다.

하지만 등급 자체는 하나도 바뀌지 않았고, 단 하나의 예외만을 허용하고 150년 동안 그대로 세습되었다. 2등급이었던 샤토 무통 로 쉴드는 끊임없는 품질 개선을 통해 등급의 상향을 요청하였다. 100년 이상이 소요된 끈질긴 청구는 드디어 결실을 보게 되었다. 2등급 샤토 무통 로쉴드는 1973년 마침내 1등급으로 승급하였다. 그리하여 지금은 1등급 와인이 다섯 가지가 된 것이다.

와인의 품계가 정해진 후에는 자연스럽게 와인 가격이 그 품계에 따라 결정되었다. 품질에 상관없이 등급이 높을수록 비싼 와인이고, 결국 좋은 와인이 되었다. 1855년 이후에 생겨난 샤토 혹은 1855년 등급 결정 시 자료를 제출하지 않은 샤토 등은 당연히 등급하고는 전혀 관계가 없다.

1855년산 메독 와인은 잘 팔린다. 와인 라벨에도 예의 '그랑 크뤼 클라세(Grand Cru Classé)'가 항상 적혀 있다. 그런데 1등급 와인은 이 '그랑 크뤼 클라세' 앞에 '프리미어(Premier)'라는 서수를 하나 더 붙이고 있다. 그것은 첫 번째라는 뜻이다. 이런 별칭에 탐을 낸 일부 무등급 와인들은 '그랑 뱅(grand vin, 위대한 와인)', '그랑 크뤼(최고급)' 등 근거 약한 명사를 라벨에 나열하고 있다.

1855 회원들은 개성이 강해 뭉치지 못한다. 하지만 등급에 관해서만큼은 한결같은 목소리를 낸다.

"와인이라고 해서 다 같은 와인이 아니다. 1855년산 와인이 최고다. 다른 어떤 와인도 우리만큼 열심히 노력하지 않는다. 그래서 우리는 대접을 받을 만하다."

그렇다면 1855 와인들은 정말 티끌 하나 없이 완벽한 와인들일까. 1855에도 약점은 있다. 등급과 품질이 항상 일치하지는 않는다. 다시 말해, 등급에 걸맞은 와인을 생산하는 곳이 많지 않다. 어떤 해에는 1등급보다도 2등급 혹은 3등급이 더 뛰어날 수 있다. 그리고 5등급의 와인이 1등급과 비슷한 품질을 보이기도 한다.

2등급의 코스 데스투르넬(Cos d'Estournel), 레오빌 라스 카즈(Leoville Las Cases), 몽로즈(Montrose), 그뤼오 라로즈(Gruaud

Larose), 피숑 라랑드(Pichon Lalande) 등은 가끔 1등급보다 훌륭한 와인을 양조한다. 3등급의 팔머(Palmer)와 5등급의 린치 바주(Lynch Badges) 역시 등급을 훨씬 뛰어넘는 우량한 품질을 자랑한다. 그래서 이런 와인들을 가리켜 일명 '슈퍼 세컨드(Super-Seconds)'라고 칭한다. 1등급은 아니지만 2등급 정도는 뛰어넘는다는 뜻이다.

등급 값을 하지 못하는 와인들은 주인이 자주 바뀌거나 후손들이 포도밭에 관심이 없는 경우가 대부분이다. 주로 마고에 있는 와인들이 표적이 되고 있다. 메독 북단에 있는 생테스테프(St-Estèphe) 주민들은 "만약 마고가 보르도 시내에서 멀리 떨어져 있었다면, 상당수가 1855 등급을 받지 못했을 것이다"라고 말한다. 생테스테프는 마고와는 반대로 보르도 시내에서 가장 멀리 떨어져 있다. 그들은 1855 등급 심사 때 이런 이유로 불리한 처우를 받았다고 믿고 있다.

이런 논란이 일어나고 있는 지금, 1855 등급이 존속되어야 할까. 다른 대안은 없는 것일까. 1855 등급의 존속성에 대해서는 다양한 의견이 있다. 지난 150년간 그랬고, 앞으로도 계속해서 논란이 일어날 것이다. 어떤 이는 생테밀리옹처럼 등급의 유효기간을 한정하고 품평회를 거쳐 등급을 재조정해야 한다고 주장한다. 또 어떤 사람은 아예 등급을 없애버리자고 한다.

1855 등급 회원들은 이러한 주장들을 다 새겨듣지만, 등급 자체는 나름대로 장단점이 있으며, 그것은 엄연한 전통이라고 믿기에 존속시켜야 한다는 입장을 분명히 밝혔다. 그들은 1855년에 있었던 와인의 품계를 영원한 현재로 가꾸어 나가려 한다. 그래서 1855학번은 앞으로도 최고의 학벌이 될 것이 자명해 보인다.

생테스테프 최고의 양조장 샤토 몽로즈. 특히 1990 빈티지는 1등급을 뛰어넘는 향과 맛을 지녔다.

신대륙과 구대륙의 레드와인 전쟁

구세계와 신세계의 와인 경쟁은 월드컵에서 맞붙는 유럽과 남미의 축구 시합과 비슷하다. 축구장에서 유럽의 압박과 남미의 기술이 대립하듯, 식탁 위에서는 밸런스를 중시하는 구세계 와인과 오크 향 중심의 신세계 와인이 다투고 있다. 월드컵 챔피언 축구팀은 압박과 기술을 겸비하고 있듯이, 최고의 와인이라면 밸런스 잡힌 구조 위에 화려한 오크 향을 피워야 할 것이다.

지금 와인 세계에서는 구세계와 신세계 간의 총성 없는 전쟁이 진행되고 있다. 전쟁 발발의 근원은 와인의 공급에 있다. 하지만 어떤 생산자도 와인 생산을 멈추지 않는다. 그리하여 보이지 않는 붉은 전쟁은 와인에 대한 많은 쟁점들을 양산한다.

구세계는 신세계 와인에 대해, 포도더미를 과도하게 압착하여 잼 같다거나, 오크통 숙성을 맹신하여 포도 본연의 싱그러운 맛이 전혀 없다거나, 양조 시 인공적인 것을 많이 첨가한다고 비난한다. 신세계 와인은 스스로를 이렇게 변호한다. "선진 양조 기술을 도입하였으며, 빈티지의 부침이 없어 일관성 있는 와인 생산이 가능하고, 품질 좋은 와인을 싸게 만들 수 있다."

신세계 중에서 특히 호주의 성장이 눈부시다. 호주는 1992년에 고작 2억 달러를 수출했지만, 2004년에는 열세 배를 상회하는 27억 달러를 수출하고 있다. 수입에만 의존하는 우리나라는 전통적으로 구세계의 대표인 프랑스 와인의 비중이 높았지만, 차츰 낮아지고 있다. 2002년까지만 해도 수입 실적의 절반을 차지한 프랑스 와인은 2005년에는 40퍼센트로 떨어졌다.

신세계 와인은 구세계 와인의 흉내내기부터 시작했지만, 점점 그 격차를 줄이고 있다. 칠레, 아르헨티나, 호주 등의 신세계 와인은 긴 터널을 지나 이제 서광을 보고 있다. 신세계 와인의 전도가 밝은 것은 미국 소비 시장의 확대도 한 요소이지만, 베이비붐 세대의 고령화가 큰 몫을 차지한다. 태어나면서부터 신세계 와인을 마시기 시작한 베이비붐 세대들은 기존 세대와는 달리 신세계 와인에 대한 거부감이 전혀 없다. 맛 좋고 저렴한 와인이라면 그것이 구세계든 신세계든 별 상관이 없다는 것이다.

반대로, 프랑스 와인업계가 고수하는 전략은 이렇다. "사람들이 나이 들면 입맛이 변한다. 즉, 젊은 시절에는 단맛과 오크 향이 충만한 와인을 좋아한다. 하지만 50~60대가 되면 균형 잡힌 와인 그리고 달지 않은 와인을 찾게 된다." 여기서 균형 잡힌 와인은 프랑스 와인을 암시한다.

그러나 이런 주장에 반대자들이 있다. 심지어 프랑스인조차 반대한다. 그중 대표적인 인물이 베르나르 마그레(Bernard Magrez)다. 그는 보르도에 있는 샤토 파프 클레망(Château Pape Clement)의 소유주다. 그는 향후에는 신세계 와인들도 균형 잡힌 와인 반열에 오를 것으로 내다보았다. 신세계 와인들이 결국 프랑스 고급 와인 시장을 잠식할 것으로도 예상했다.

전세계를 누비며 좋은 토양과 그에 맞는 포도 찾기에 골몰하고 있는 베르나르의 행적을 지켜보는 샤토 소유주들은 긴장하고 있다. 베르나르는 미래 프랑스 고급 와인의 경쟁자로 호주를 지목하고 있다. 호주의 그랑지, 클래런던 힐(Clarendon Hills), 그리녹 크릭(Greenock Creek) 등이 경쟁자가 될 거라고 전망한다.

구세계는 앞으로 자존심을 좀 접어두고 샤토의 문을 활짝 개방하여 언제나 와인 애호가들을 환영할 준비를 갖추어야 한다. 미국이나 호주의 와이너리가 제공하는 여러 편의시설을 참고하는 것이 어떨까. 고객을 향해 문턱을 낮추어야 한다. 그러기 위해서는 와인 관광도 강화해야 한다. 샤토 린치 바주가 하나의 좋은 사례다. 린치 바주는 호텔과 레스토랑을 운영하여 많은 고객들을 맞이하고 있다.

최근 보르도의 샤토 다르삭(Château d'Arsac)이 캘리포니아 스타일의 와인 센터를 메독에 세울 계획을 발표하였다. 이 샤토는 통신판매와 인터넷 사업 기지가 될 것이며, 와인숍, 전시 공간, 교육 시설, 와인바, 테이스팅 룸, 레스토랑들도 마련하여 관광의 중심지로 자리 잡겠다는 포부를 밝혔다.

또한 프랑스 와인 당국 역시 규제 완화를 통해 고객을 더 맞이하려고 노력하고 있다. 당국은 신세계의 품종표시 와인과 대항하기 위하여 라벨의 표시 사항에 대해 어느 정도 융통성을 부여한다. 남부 프랑스 와인들이 주로 이에 해당된다. 랑그도크-루시용(Languedoc-Roussillon) 지방 와인에는 카베르네 소비뇽, 샤르도네 등 품종 표시의 와인들이 많이 양조된다. 그리고 화이트 와인인 경우에는 호주, 뉴질랜드에 보편적인 스크루 캡 방식의 마개를 채용하여 손쉽게 와인을 개봉하도록 했다. 이렇듯 프랑스는 와인의 종주국이란 위치를 지키기 위해 여러 모로 노력하고 있다.

장미를 닮은 와인, 로제

색깔이 레드이면 레드와인, 투명한 화이트이면 화이트와인으로 부른다. 그런데 색깔이 핑크이면 핑크 와인으로 부를까? 아니다. 그 대신 로제와인이라고 부른다. 아마 장미라는 이름에 매료된 듯싶다. 핑크라는 단순한 색깔을 지명한 이름보다는 장미의 고고함과 화려함을 이미지에 끌어들이고 싶었던 것은 아닐까. 장미 색깔이 연한 것부터 진한 것까지 다양하듯, 로제와인의 색깔도 다양하다. 어떤 방법을 쓰면 그런 색이 나오는 걸까.

▌ 포도에서 장미가 꽃핀다

로제는 레드와인의 원료인 검은 포도로부터 만들어진다. 로제 샴페인을 만들 때에는 예외적으로 레드와인과 화이트와인을 섞어서 만들기도 한다.

로제와인을 만드는 방법은 크게 두 가지로 나뉜다. 하나는 포도를 짜자마자 즙과 껍질을 분리한 후 발효를 진행하는 방법이고, 다른 하나는 포도를 통째로 통에 집어넣고 며칠동안 기다린 후 발효가 어느 정도 진행된 후에 껍질과 즙을 분리하는 것이다.

전자는 껍질에 붙어 있는 색소가 아주 조금 밖에 스며 나오지 않기 때문에 연분홍 로제를 얻는 방법이다. 프로방스(Provence)의 로제가 여기에 해당한다. 후자는 며칠동안 계속해서 붉은 색이 빠져 나오므로 진분홍 로제가 된다. 둘 다 껍질에서 피가 뚝뚝 흐르는 것처럼 색소를 얻어서 로제가 되지만, 껍질과 즙이 접촉하는 시간에 따라 색이 달라진다. 짧은 만남을 미화하여 전자를 하룻밤 와인이라고 부르기도 하는데, 이것은 화이트와인을 얻는 법과 흡사하다. 한편 색이 강하고 진한 레드와인은 접촉 시간이 보통 3주 정도 지속된다.

로제의 맛은 색처럼 다양하다. 포도의 당분을 모두 발효하여 드라이 스타일을 얻을 수도 있고, 발효를 중단하여 스위트 스타일을 얻을 수도 있다. 다양한 스타일의 개성 있는 로제는 사실 단맛으로만 승부하는 저급한 와인이라는 평가를 받고 있다. 방향이 약하고 밋밋한 와인으로서 초보자만을 위한 와인이 아니냐고 단정하는 이가 많지만, 이런 편견을 버려야 제대로 로제를 이해할 수 있다.

태양을 절여 만든 로제와인, 프로방스

옛날 프로방스에는 태양을 절여 와인을 만드는 어부가 있었다고 한다. 그는 태양을 헹구고 빨아서 분홍빛을 얻었다. 그 분홍빛을 잔 속에 담아 만든 것이 로제와인이다. 그래서 로제하면 프로방스다.

지중해를 가득히 안고 있는 프로방스는 높은 산과 깊은 바다 그리고 따스한 햇살을 갖춘 천혜의 땅이다. 라벤더나 로즈마리 등의 허브가 사람 키만큼 자라고, 해산물이 풍부하고 인심도 좋은 곳이다. 프로방스는 자연의 무한한 기운을 맛보려고 후기 인상파 고흐와 세잔이 칩거한 곳이며, 영화 〈프렌치 키스〉의 무대이기도 하다.

프로방스는 프랑스에서 로제를 가장 많이 생산하는 지역으로, 생산량의 70퍼센트가 로제다. 그래서 프로방스는 〈나그네〉라는 시의 한 구절인 "술 익는 마을마다 타는 저녁 놀"을 떠오르게 한다.

프로방스 로제는 그르나슈(Grenache), 시라, 무르베드르(Mourvèdre), 생소(Cinsault) 같은 검은 포도로 만든다. 프로방스에서는 로제와인을 '뱅 그리(Vin gris)'라고 부른다. '회색빛 와인'이란

뜻이다. 정확한 의미를 알 수 없으나, 연한 분홍빛이 어찌 보면 회색으로도 보이는 모양이다. 프로방스 로제는 껍질과 즙의 접촉 시간을 최소한으로 하여 만들기 때문에 색도 연하고 타닌이 적다. 그래서 갓 담갔을 때 마시는 것이 바른 음용법이다. 대부분은 1~2년 이내에 소비된다.

하지만 숙성력이 좋은 로제도 있다. 세잔이 즐겨 찾았던 생빅투아르(St-Victoire) 산자락에 있는 포도밭에서는 숙성용 로제가 나온다. 진한 색깔과 많은 타닌 성분으로 5년 이상 즐길 수 있는 와인

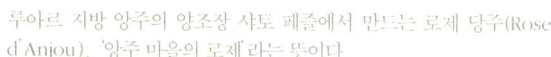

루아르 지방 앙주의 양조장 샤토 페즐에서 만드는 로제 당주(Rose d'Anjou). '앙주 마을의 로제'라는 뜻이다.

이다. 그곳 와인의 명칭은 '팔레트(Palette)'인데, 이는 세잔의 팔레트를 기념하는 것이다.

분홍은 돋보이는 색이다. 영화에서도 가끔 이런 색을 통해 등장인물의 캐릭터를 보여준다. 〈금발이 너무해(Legally Blonde)〉의 주인공 의상은 온통 분홍색이다. 그녀는 활기차고 거침없는 성격과 진지한 노력을 통해 불가능을 가능으로 바꾼다. 얌전한 분홍 원피스를 입었지만 그녀는 하버드 로스쿨까지 진학하는 기염을 토한다.

이렇듯 분홍색은 무한한 상상력을 제공한다. 분홍 와인, 로제를 마시고 한 번도 가지 못한 프로방스의 쪽빛 바다로 떠나는 상상을 해보자. 곧 바캉스철이다. 도시민들은 바캉스 때 숨막히는 도시를 탈출하여 남으로 남으로 달려간다. 쪽빛 언덕이라 불리는 코타주르(Côte d'Azur)에서 고갈된 정신세계를 채우려고 한다. 당신도 기회가 된다면, 해변 노천카페에서 쪽빛 바다를 바라보며 태양을 잔 속에 빠뜨려 보라. 낭만이 절로 우러나오는 휴가의 한때가 될 것이다. 로제를 들면 어느새 세잔의 액상 프로방스에 갈 수 있다.

분홍은 또한 바른 예의를 상징한다. 뜨거운 색 빨강과 차가운 색 하양이 혼합되어 만들어진 분홍은 타협의 미덕을 지녔다. 그래서인지 로제는 어느 음식에나 잘 어울린다. 특히 프랑스식 해물탕인 부이야베스에는 로제만큼 잘 어울리는 음료가 없다. 생태찌개나 해물 뚝배기에도 무리가 없다. 빈대떡이나 닭볶음에도 좋다. 맵게만 하지 않으면 어떤 음식에라도 어울린다.

캘리포니아의 하얀 장미

미국 캘리포니아에도 로제가 많다. 주로 진판델
(Zinfandel)이라는 포도 품종으로 만든다. 한때 이
탈리아의 프리미티보(Primitivo)가 미국으로 건너
가서 진판델이 되었다고 알려졌으나, 최근 크
로아티아 품종인 플라박 말리(Plavac
Mali)가 원종이라고 밝혀졌다.

미국에서 로제와인이 등장한 것은 우
연이다. 진판델을 대량으로 발효하던 와
인 회사 서터 홈(Sutter Home)의 양조장
에서 발생한 일이다. 여느 때처럼 발효 통
에 진판델을 잔뜩 넣고 발효가 잘 되기를
기다리고 있었다. 그런데 시간이 되어 뚜껑을 열어보니 발효가 이미
중단된 것이 아닌가.

로제의 베스트셀러, 마테우스.
© Sogrape

양조자는 크게 실망했다. 색도 진하지 않고 맛도 좀 단 와인을 놓
고 양조자는 어찌 할 바를 몰랐다. 그 많은 와인을 어떻게 처리해야
할지 난감했다. 그렇다고 그냥 버릴 수도 없는 노릇이었다. 양조자
는 일단 와인은 팔아야 하니 우선 이름을 '화이트 진판델'로 정했다.
색이 연해서 붙인 이름이다. 과연 팔린 것인가 노심초사하며 시장
의 반응을 기다렸는데, 오히려 소비자들은 단맛이 나는 와인에 열
광했다.

화이트 진판델은 큰 인기를 얻었다. 누구도 예상하지 못한 결과
다. 이후 와인 소비가 촉진되면서 많은 회사들이 너도 나도 화이트
진판델을 양산하기 시작했다. 다산 품종인 진판델은 얼마든지 구할

수 있는 포도라서 대량생산에 큰 문제가 없었다.

로제와인은 미국에서 '블러시 와인(Blush Wine)'으로 불린다. 수줍어하는 여인의 발개진 볼을 연상시키는 블러시 와인은 연인들의 단골 메뉴다. 사랑을 고백하는 젊은이에게는 작업용 와인인 셈이다. 최근에는 진판델 외에도 메를로나 카베르네 소비뇽으로도 로제를 양조한다.

세계에서 가장 많이 팔리는 로제는 포르투갈의 마테우스다. 독일의 프란코니아 지방에만 사용되는 배꼽 모양의 병에 담긴다. 마테우스 로제는 여섯 가지 포도를 혼합하여 만드는데, 신선하고 향긋하고 적당히 달고 거기다 값도 저렴하여 인기가 많다.

달콤한 유혹, 귀부 와인

맡으면 벌꿀 향이 나고 삼키면 새콤달콤한 덩어리 같은 맛이 입안 가득 오래도록 남는 그런 싱그러운 와인이 있다면 그 누가 마다하겠는가. 솜사탕 같은 스위트 와인은 술을 일체 입에 대지 않는 사람이든, 와인에 관심이 없는 사람이든 간에 모두 다 좋아하는 와인이다. 스위트 와인 중에 으뜸인 귀부 와인은 과연 어떤 색다른 특성이 있는 것일까.

곰팡이가 만든 귀한 와인

단맛은 피할 수 없는 유혹 같은 본질적인 맛이다. 그런 유혹을 지닌 스위트 와인 중에서 최고는 단연 '귀부(貴腐) 와인'이다. 귀부 와인은 말 그대로 '귀하게 부패한' 세미용 포도알을 재료로 만든다. 그

'이 한 몸 바쳐 달콤한 와인만 만들 수 있다면야 잠시 모과덩어리가 된들 어떠리.' 곰팡이가 붙으면 포도알의 형체가 볼품없이 일그러지기 시작한다. ⓒ German Wine Institute

런데 귀하게 부패했다는 게 무슨 뜻일까.

귀부 와인은 알이 꽉 찬 포도로 만들지 않고 쭈글쭈글해진 포도로 만들어 그 모양이 볼품없다. 그 이유는 '보트리티스 시네레아(Botrytis cinerea, 잿빛곰팡이균)'라는 곰팡이가 포도알의 수분을 빼앗기 때문이다. 균의 작용으로 당분만 남은 포도알 속에는 벌꿀 같은 향취가 나며 어디에서도 찾아보기 힘든 독특한 맛이 나기 때문에 '귀하게 부패한다'고 표현한다. 귀부 와인은 이런 포도 알을 고르고 골라 만든 와인이다.

귀부 와인의 메카는 소테른(Sauternes)이다. 소테른은 프랑스 보르도 지방의 남쪽에 위치한 마을이며, 가론 강가에서 가깝다. 귀부 곰팡이는 강가에서 발생하는 물안개에 의해 확산된다. 귀부 곰팡이

샤토 디켐의 성안. 오른쪽에 보이는 우물은 거의 천 년에 이른다.

가 바람을 타고 소테른 포도밭까지 날아온다. 그리고 포도알에 내려 앉아 곧 껍질을 갉아먹기 시작한다. 곰팡이의 작용으로 연해진 껍질에 아침 태양이 내리 쬐면 껍질 사이가 벌어지며 그 틈으로 수분이 빠져 나온다.

밤이 되어 잠잠하다가 다음날 새벽이 찾아오면 곰팡이가 기승을 부리며 다시 껍질을 갉아먹는다. 그러는 동안 수분은 점점 더 많이 빠져나간다. 이후 동그란 포도알의 모양은 자꾸 변해간다. 한쪽이 허물어지고 또 한쪽이 허물어져서 모양은 쭈글쭈글해진다. 언뜻 보기에는 포도가 상한 것 같지만, 상한 것은 아니고 귀부병에 걸린 것이다.

체코의 시인인 릴케의 시 〈가을날〉을 보면 이런 구절이 있다.

마지막 열매들이 영글도록 명하시어,
그들에게 이틀만 더 남국의 따뜻한 날을 베푸시고,
완성으로 이끄시어 무거운 포도송이에
마지막 단맛을 넣어주십시오

위 구절의 '이틀'은, 이를 테면 소테른에서 보트리티스 시네레아가 마지막으로 포도알의 수분을 제거하는 시간이다. 그리고 곰팡이의 대활약이 끝나면 달콤하면서도 귀한 와인이 태어나는 첫 단추가 채워진 셈이 된다.

소테른 와인의 양조상의 특징은 엄청나게 많은 당분에 있다. 다른 와인보다 당분이 훨씬 많기 때문에 발효가 더디다. 효모가 발효하다가 당분이 너무 많아 더 이상 발효하지 못하는 상태에 이르게 되는 것이다. 보통의 양조통에는 발효가 끝나면 당분이 남지 않지만, 소테른의 양조통은 발효가 마쳐도 여전히 당분이 남아 있다. 이게 바로 단맛이 나는 이유다.

발효를 마친 와인은 새로운 오크통에서 2년 이상 숙성하고, 병에 담은 다음에는 지하 셀러에 저장한다. 그러니 추수하고 대략 3년 이상 지나야 소테른을 만날 수 있다.

귀부 와인의 대표, 샤토 디켐

소테른 중에서 가장 훌륭한 와인은 샤토 디켐이다. 디켐의 명성은 이미 수세기 전부터 알려지기 시작했다. 나폴레옹 3세는 소테른 와인의 등급을 메독과는 별도로 정했다. 소테른도 메독처럼 1855년에 등급이 매겨졌는데, 디켐만이 유일하게 특급 와인으로 지정되었다. 디켐의 포도밭 면적은 252에이커(약 308,000평)이다. 이는 대략 사방 1킬로미터의 크기다. 포도밭의 80퍼센트 면적에다 세미용을 심고, 나머지 20퍼센트의 땅에는 소비뇽 블랑을 심는다. 일찍 익는 소비뇽 블랑은 보통 9월에 수확하는데, 2005년에는 9월 19일부터 따기 시작했다. 세미용은 귀부 곰팡이가 달라붙는 포도다. 그래서 세미용은 농익을 때까지 기다려 늦게 수확한다. 보통은 10월 중순까지 기다리지만, 2005년에는 10월 28일까지 수확했다. 잘 익은 소비뇽 블랑의 쾌활한 산 성분과 늦게 수확한 농익은 세미용의 진한 당이 결합하고, 여기에다 귀부 곰팡이까지 합쳐지면 비로소 샤토 디켐이 탄생되는 것이다.

소테른의 수확은 제철이 한참 지나 이뤄지는 늦수확이다. 모든 수확은 사람이 직접 손으로 실시한다. 세미용을 추수할 때에는 보트리

피에르 뤼통은 샤토 디켐뿐 아니라 샤토 슈발 블랑의 최고책임자이기도 하다.

티스 작용이 심화된 송이만을 고른다. 오랜 기간 동안 농익은 포도 송이만을 일일이 골라야 하므로 포도밭에는 일꾼이 항시 대기하고 있다. 보통 6주 정도 걸린다. 그들은 매일 매일 밭에 나가 잘 익은 송이를 골라낸다. 또한 비가 오면 수확을 멈추고 갤 때까지 기다린다.

디켐은 소테른 와인 중에서 가장 비싼 와인이기도 하다. 첫째, 양조기간이 오랜 걸리기 때문이다. 새로운 오크통에서 3년 내지 3년 반 동안 숙성시키고, 병입하고 다시 1년을 지하 셀러에서 저장하는 등 긴 준비 기간이 필요하다. 3개월마다 통을 갈아주는 래킹을 하려면 얼마나 많은 새로운 오크통이 필요할까. 그게 모두 다 돈이다. 2005년에 수확한 포도는 2011년이 되어야 비로소 와인으로 출시된다. 약 6년의 시차를 두니 많은 정성이 들어간 와인이 아닐 수 없다.

둘째, 포도의 농축된 맛을 얻기 위해 가지치기를 많이 한다. 그래서 소출이 아주 적다. 일반 보르도 레드와인에 사용되는 포도 수확 비율의 약 10퍼센트 정도만을 거둬들인다. 대략 포도나무 한그루에서 한 잔 정도만을 생산할 뿐이다. 그런 이유로 황금 액체라고도 불린다.

2004년 5월 뉴욕 와인 경매에서는 뤼 살뤼스(Lur Saluces) 백작이 직접 출품한 디켐이 단연 화제였다. 샤토 지하 셀러에 100년 이상 저장되던 1899년 빈티지를 위시하여 20세기 대표적인 빈티지들이 출품되었다. 완벽한 저장 조건이 담보된 와인이라 경쟁이 치열할 것은 불보듯 뻔한 일이었다. 예측한 대로 1899년 빈티지는 한 병에 무려 5,265달러에 낙찰되었다. 그리고 엄청난 맛과 향으로 유명한 1934년 한 병은 5,148달러에 팔렸다. 이날 경매에서는 출품된 40품목 전부가 낙찰되는 기염을 토했다.

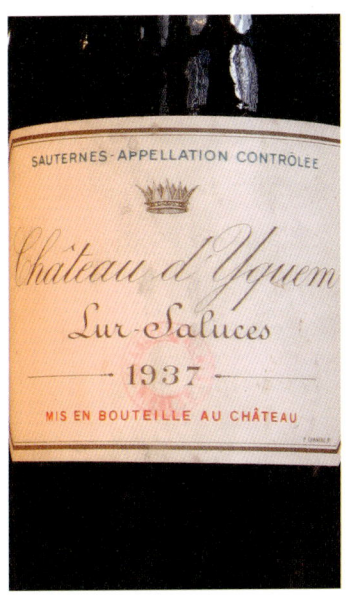

샤토 디켐 1937. 디켐의 숙성력은 보통 50년이고 빈티지가 좋은 때에는 100년 이상을 달린다. 오래 숙성된 디켐은 레드와인처럼 된다. 라벨의 붉은 원은 니콜라 와인 창고의 표식.

한편, 디켐은 경매 역사상 최고가 화이트와인의 기록도 보유하고 있다. 디켐 1784년 한 병이 그 주인공이다. 낙찰가는 55,800달러다. 소장자가 제퍼슨 대통령일 거라는 추정에 힘입어 이런 최고가를 얻었다.

샤토 디켐의 어떤 특성이 그렇게 사람들의 열렬한 러브콜을 받은 것일까. 샤토 디켐 맛의 특징은 조화, 균형, 여운, 이 세 가지다. 이 세 가지는 당, 산 그리고 균에서 비롯된다. 벌꿀보다 더 단 당분, 신선하고 상쾌한 산 성분, 물안개를 타고 포도알에 달라붙는 보트리티스 시네레아균이다.

디켐은 달지만 넘치는 당분 속에 숨어 있는 톡 쏘는 벌꿀 향취가 그만이다. 삼키려는 순간에 밀려드는 설탕의 진저리로 입안이 마비될 것 같다는 두려움도 잠시뿐, 이내 침과 함께 넘어간 당분이 이번에는 산미로 되살아나서 목 젖 아래로부터 독특한 향과 신선함을 몰고 올라온다. 그래서 입 전체를 적신다. 그러면 신기하게도 혀가 건조해지고 다음 잔을 청하는 자신을 발견한다.

샤토에서 권장하는 디켐의 알맞은 음용 온도는 섭씨 12도로서, 약간 차갑게 마시는 게 맛있다. 알코올 도수는 보통 13.5~14도이며, 잔당은 리터당 80~120그램이다. 알코올로 환산하면 약 20도에 해당한다.

디켐은 숙성 분야에서 세계 챔피온이기도 하다. 어떤 와인보다도 오랫동안 저장할 수 있다. 빈티지가 좋을 경우에는 보통 50년에서 75년 정도 숙성된다. 2005년산도 여기에 해당한다. 요즈음에도 가끔 외국 언론에서는 19세기의 디켐을 시음한 후 그 맛의 대단함을 표현한 글이 실린다.

샤토 질레트(Château Gilette)는 지역 양조자들이 즐겨 쓰는 오크통이 아닌 시멘트 콘크리트조에서 18년 이상 숙성시킨 와인을 병입한다. 면도날 같은 산미가 청량감을 주는 와인이다.

프랑스 영화 중에 〈넬리와 아르노(Nelly & Monsieur Arnaud)〉라는 영화가 있다. 그 영화에서, 아르노는 넬리를 레스토랑으로 데려가서 사은의 뜻으로 미리 준비한 디켐을 대접한다. 힘든 일을 마무리하고서 나누는 와인, 혹은 생명의 은인에게 대접하는 와인으로 디켐이 제격이지 않을까 하는 생각을 나는 그때 처음 하게 되었다. 서양에서는 흔히 감사의 표시로 선사하는 것이 초콜릿이다. 그 초콜릿의 최상위급으로 샤토 디켐을 바라보면 어떨까.

이글거리는 태양과
찬 서리를 견디고

아이스와인을 만들기 위한 첫걸음은 포도수확부터 고난의 연속이다. 나는 예전에 경험삼아 한 번 아이스와인을 위한 포도 따기에 동참한 적이 있다. 지금도 그 기억을 떠올리면, 여전히 칼날 같은 바람이 뼛속 깊숙이 들어와 온몸을 에이는 것 같다.

한참 단잠에 빠져 있다 큰소리로 깨우는 소리에 잠을 깼던 것 같다. 칼바람을 맞으며 포도밭으로 나오란다. 도대체 몇 시냐고 옆 동료에게 물으니, 새벽 2시란다. 이 꼭두새벽에 호출이라니! 너무 매서운 바람에 여기저기서 나지막하게 사람들의 불평이 쏟아졌다. 나역시 투덜거리는 입술이 매서운 추위에 놀라 시퍼렇게 굳은 채 덜덜 떨렸다.

뭐라 뭐라 말하는 반장의 지시는 뽀드득뽀드득 눈을 밟는 장화 소리에 묻혀 잘 들리지 않았다. 오늘 무조건 재빨리 다 따야 한다며 명령하는 반장이었지만, 오히려 그의 행동이 북극곰마냥 굼뜬 것 같았다. 몇 겹을 걸친 건지 쯧쯧 혀를 차는 나를 보고 옆 사람이 우스갯소리로 한마디했었다.

"프랑스 사람인 우리보다 오히려 네가 꼭 미슐랭 타이어의 로고맨 같네."

그의 말이 갑자기 외계인 언어처럼 들렸다. 얼어붙은 턱이 뿜어대는 파열음의 조합이 처음에는 도통 무슨 소리인지 몰랐다. 이런 날씨에는 아무리 중무장을 해도 추위에서 벗어날 수 없을 것 같았다. 하지만 그런 강추위가 아이스와인을 완성하는 아주 중요한 요소다.

눈꽃이 피는 포도알 따기

독일에서 처음으로 발견된 아이스와인(독일에서는 아이스바인〔Eiswein〕이라고 함)은 때 이른 찬 서리가 빚어낸 우연의 결과물이다.

아이스와인을 위해, 독일 농부들은 늦게, 아주 늦게 포도를 수확한다. 포도밭에 찬 서리가 오고 영하 7도의 날씨가 올 때까지 기다린다. 하늘이 시기하여 포도를 다 못 쓰게 할 수도 있고, 운 좋게 아이스와인을 얻을 수도 있다. 운에 맡기는 것이다.

덜덜거리는 이빨과 얼어붙은 장갑으로 포도를 딸 때, 웅크린 자세로 쉴 새 없이 장갑을 호호 불어가며 서둘러야 일출 전에 일을 마칠 수 있다. 해가 뜨면 끝장이다. 탱탱 얼어붙은, 마치 탄알과도 같은 포도알이 기온이 올라 녹기 시작하면 밋밋한 냉동 딸기처럼 맛이 죽어버린다. 이상기온으로 따뜻한 겨울이 찾아오면 아이스와인이 생겨나지 않을 수도 있다는 말로, 얼어붙은 포도알이 아이스와인의 중요한 재료임을 알 수 있다.

"해 뜨기 전 얼어붙은 포도송이를 찾아라. 오버! 알았다. 오버!" © German Wine Institute

　따라서 가을에 풍성한 포도밭에서 즐겁게 추수하는 광경을 여기
서는 볼 수 없다. 안타까워도 탐스럽게 익은 열매를 그냥 내버려둔
채 기다려야 한다. 찬 서릿발에 온 포도밭이 하얗게 코팅되도록 기
다린 후에야 비로소 수확다운 수확이 이루어진다. 농부들은 수확철
에서도 한참 지난 11월 초부터 찬 서리를 기다린다.
　그러다 보니 짐승에 유실되는 포도알이 많다. 우선 꿀보다 더 단
포도로 맹렬하게 달려드는 멧돼지 공격에 대비하여 전기기둥도 세
운다. 땅에서 멧돼지가 달려들지 않으면, 먹구름인 줄 알고 방심하
고 있다가 갑자기 매섭게 낙하하여 포도를 위협하는 새떼의 엄습도
막기 위해 그물도 처야 한다. 자연환경이 받쳐주어서 수월하게 포도
를 얻었다 해도 양조장으로 옮기는 도중에 기온이 상승하여 포도알
이 녹으면 안 된다. 아주 꽁꽁 어는 때에만 비로소 생산이 가능해진

다. 곧 바로 양조장으로 직행해야 함은 당연하다.

소량 생산된 아이스와인은 주로 큰 도시의 와인 경매장에서 거래가 된다. 그 해의 최고의 아이스와인을 만나는 유일한 장소다. 한 그루에서 반 병 정도 얻는 아이스와인에는 빈티지 시스템이 엄격하게 적용되지만, 아주 가끔은 오류가 발생한다. 찬 서리를 기다리다가 성탄절도 꼴딱 세우기 일쑤고, 심지어 해를 넘길 때도 있다. 독일 라인헤센 지역(Rheinhessen) 2003년 빈티지 아이스와인은 2004년 1월 3일에 추수했다. 해를 넘겨 수확해도 빈티지는 2003으로 출시되는 오류다. 하지만 애교로 봐줄만 하지 않은가. 어떤 해에는 2월에도 추수한다고 한다.

자, 이제 매서운 겨울바람 속에 수확된 포도로 아이스와인을 어떻게 만드는지 알아보자. 수분과 농축물과의 응고점 상이에 그 제조법이 숨어 있다. 영하가 되면 물은 언다. 하지만 포도 속의 농축물은 얼지 않는다. 심지어 영하 10도가 되어도 농축물은 움츠러들 뿐 얼지 않는다. 따라서 따야 할 적정의 온도는 영하 7도 정도다.

눈꽃이 핀 포도를 바라보면 꼭 설탕 자루가 터진 것 같다. 대리석같이 단단한, 흡사 쇠구슬과도 같은 포도알을 압착기에 넣어 얼음을 부수면 수분은 얼음 속에 있었을 테니 자연스럽게 포도 속의 수분과 농축물이 분리된다. 수분이 없어진 이 농축물 속에는 당분, 여러 과일 향 성분, 미네랄 등이 꽉 차 있다.

시간이 흐르면 농축물들이 압착기 속에서 꾸물꾸물 흐리기 시작한다. 드디어 과즙이 흐른다. 점성 강한 포도 과즙의 작은 시내가 흐르는 것이다. 적당히 온도를 높이고 배양 이스트를 첨가하면 발효가 진행된다. 발효통의 작동을 확인한 후 그제야 집으로 들어가 몸을 녹일 수 있다.

"흠 이 놈은 상태가 아주 좋군. 두 잔은 나오겠나." ⓒGerman Wine Institute

내가 포도 따기에 동참했을 때에도 이런 과정을 거쳤었다. 이 모든 과정을 끝낸 다음 일군들은 휴식을 취하나, 이따금 양조장에서 큰소리가 나 달려가기도 했었다. 압착기가 자연이 만든 쇠구슬 같은 포도알에 못 이겨 작동을 멈추고 심지어 망가지기도 했다.

| 독일에서 태어나고 캐나다에서 대중화되다

아이스와인의 원조는 독일이다. 1794년 독일 프란코니아에서 첫 수확한 아이스와인은 오늘날까지 200년 이상 동안이나 생산되고 있다.

독일의 '아이스바인'은 캐나다로 건너가 비로소 아이스와인이 된다. 1811년 독일출신 이민자들이 정착하여 빚어내기 시작한 캐나다 와인은 1983년에 상업적인 성공을 거두는데, 현재 캐나다에서는 힐레브랜드(Hillebrand)에게 최초의 생산자, 이니스킬린(Inniskillin)에게는 최고 품질의 생산자라는 수식어를 부여하고 있다.

아이스와인의 원조인 독일의 품종은 리슬링이며, 캐나다는 비달(Vidal)이다. 리슬링은 독일의 주요 품종인 동시에 아이스와인 재료 품종이다. 비달 품종이 두터운 껍질을 지녀 리슬링보다 냉해에 더 잘 견디는 장점을 지녔지만, 비달의 산미는 리슬링 산미처럼 우아하지는 않다.

10년에 여섯 번 정도 아이스와인을 생산하는 독일은 리슬링의 아이스와인에 매달려 자타 최고 수준을 자부한다. 로버트 파커에 따르면, 평가점수 99점 이상의 최고 와인 반열에 독일 와인이 열 개가 올라 있는데, 그 모두가 리슬링 아이스바인이다. 반면 비달을 주로 재배하는 캐나다는 세계 최고의 생산량을 자랑한다.

두 나라 모두 자연 아이스와인만을 공식적인 아이스와인으로 인정한다. 수확 후에 냉장고에서 냉동시킨 포도알을 가지고 만든 아이스와인은 인공 아이스와인인데, 스위스, 미국, 호주 등지에서 아이스박스 와인(icebox wine) 혹은 크리요(Cryo)라는 이름으로 팔린다. 인공 아이스와인은 천연의 그것에 비하여 아로마가 많이 부족한 것으로 평가받고 있다. 그래서 값도 저렴하다. 한편 해당 국가의 최저 수확 온도 규정을 지키지 못하고 수확한 포도, 예를 들어 독일에서 영하 5도에 수확했다든지, 캐나다에서 영하 6도에서 수확한 경우에는 와인 상표에 '늦은 수확(late harvest)'이라는 표시를 해야 한다.

예전에는 독일이 아이스와인 시장을 휩쓸다시피 했었다. 하지만 오늘날 비교적 저렴한 비용으로 마실 수 있게 된 것은 캐나다 덕분이다. 유럽연합이 아닌 캐나다는 재고로 쌓인 아이스와인 처치에 무척 고심했었다. 유럽에 수출을 하지 못했기 때문이다.

자기 구역 내에서는 무관세인 유럽연합에서 아이스와인은 독일산이 휩쓸고 있었는데, 비달을 앞세워 매년 아이스와인을 생산하는 캐나다에게는 여러 가지 규제를 강화하여 수출을 막았다. 예를 들어 잠재 알코올 15퍼센트 이상의 와인은 수입 금지한다는 조항이 있었다. 이 독소 조항은 바로 캐나다를 겨냥한 것인데, 도수 낮은 아이스와인이라도 알코올 속에 남아 있는 잔당을 합치면 잠재 알코올 도수는 쉽게 15퍼센트를 넘기 때문이다.

2001년에 규제가 풀려 유럽 사람들도 저렴한 캐나다 아이스와인을 소비하게 되었다. 빗장을 풀어 캐나다산을 맞이하게 된 데에는 캐나다 아이스와인의 가격 대비 품질이 매우 우수하기 때문이다.

특히 이니스킬린은 1991년 비넥스포에서 최고상을 수상하였다.

'얼음반, 설탕반' 포도알 속 가장자리는 수분이 얼어붙은 것으로, 이들은 양조장에서 농축 액들과 분리된다. ⓒ German Wine Institute

본고장 독일의 테르와, 리슬링, 오랜 숙성능력 등에 비하여 다소 열악한 캐나다는 일정한 추위, 비달 품종, 신선함이라는 특색으로 세계시장에서 인정받고 있다.

아이스와인의 풍미

최고 식당을 구분하는 것 중에는 직원의 서비스 다음으로 디저트의 우수성을 들 수 있다. 서양 식단에서 가장 창의적인 영역이 바로 디저트인데, 아이스와인이 여기에 꼭 필요하다. 주방장의 예술적 감각과 미적 가치가 여지없이 드러나는 디저트를 빛나게 하는 아이스와인, 어떤 경우에는 변변찮은 디저트를 밀어내고 화려하게 디저트로서 기능하는 아이스와인의 맛은 어떨까?

첫 입은 매우 달다. 설탕 폭탄이 터져서 입안 가득 감미로운 소나타를 선사한다. 곧 깔끔한 산미가 나타나 입천장과 혀의 감미 잔재를 말끔히 치우고 개운함을 노래한다. 꿀벌이 흠모할 감미와 면도날처럼 예리한 산미의 조화가 자아낸 맛의 균형이 잔잔히 흐르며 긴 여운을 남긴다.

젊은 아이스와인은 신선함이 매력이고, 오래된 아이스와인은 중후한 느낌을 주며 복합적인 맛을 자랑한다. 와인이 숙성된다는 것은 시간이 흐른다는 것인데, 그럴 때 아이스와인은 색을 얻게 된다. 색이 진해지고 희소성에 의해 가격도 오른다. 어린 시절 아이스와인은 광택이 나며, 연호박색을 자랑한다. 투명하고 깨끗한 빛깔이 숙성되면 점점 진해져 호박색으로 변한다.

어린 비달 아이스와인은 언제든지 우리 기분을 상쾌하게 한다. 숙성된 리슬링 아이스와인은 가장 소중한 때에 가장 사랑하는 이와 함께 음미해 보라. 마시는 온도는 5~7도가 가장 좋다.

아이스와인의 병은 작다. 소량생산에다 값도 만만치 않은 관계로 반병짜리가 대부분이고 가끔 500미리미터짜리 용기도 본다.

아이스와인은 디저트와 함께, 혹은 연인과 함께 즐겨도 좋지만, 뜨거운 여름 온몸을 시원하게 깨우기도 한다. 축포 터지듯 설탕 덩어리로 피어나기 위하여 매서운 겨울을 인내한 포도송이를 양조장 기계 속에 넣기만 하면, 마치 얼음공주가 마술에서 풀려 세상에 나오는 것 같은 아이스와인. 가끔은 칼을 삼키는 듯한 이 아이스와인을 찾아서 여름을 시원하게 보내보는 것도 좋으리라.

마개를 따라, 축제가 시작된다!

생일은 태어난 날이란 것 하나만으로도 기분 좋은 하루가 된다. 일이 잘 되거나 시험에 합격했다면 그 기쁨은 말할 수 없을 정도다. 연말은 또다른 흥분을 안겨준다. 매년 찾아오는 것이라 익숙할만 하지만, 연말이 되면 으레 사람들의 마음은 설렌다. 두근거리는 마음, 들뜬 기분이 낯설게 느껴지기도 한다.

그리고 이 모든 설레고 기쁜 자리에 샴페인이 함께 한다. 우리는 축하의 소도구로 샴페인을 곧잘 사용한다. 세차게 흔든 샴페인 병을 경쾌하게 개봉해 보자. 사이다 병의 마개를 땄을 때보다 더 많은 거품들이 올라온다. 거품도 훨씬 작아 부드럽다. 박수 소리 같이 쏟아지는 금속성 파열음을 들으며 어느새 눈동자는 아래로부터 위로 잔을 연신 훑는다. 밑바닥에서 생긴 거품이 마치 잠수부가 호흡이 다 돼 수면으로 급히 오르는 것처럼 잔 위로 빠르게 솟아오른다.

긴 잔 꼭 피리같이 길다 해서 플루트라고 부르는 샴페인 잔, 그 잔 속에서 넘쳐나는 소리의 향연을 배경 삼아 튀어오르는 기포 속에 가득한 사랑, 밝고 환한 태양의 빛을 내뿜는 와인이 샴페인이다. 샴페인을 곧 즐거운 일과 동격으로 생각할 만큼 이 와인은 우리의 행복과 일상을 같이 하고 있다.

| 샴페인만의 샴페인

샴페인을 별도의 술이라고 생각하는 사람들이 많다. 하지만 샴페인도 와인이다. 다만 기포가 부록으로 달려 있을 뿐이다. 그리고 이 알알이 톡톡 터지는 가스덩어리를 가진 샴페인은 아이스와인처럼 실로 우연히 발견된 것이다.

가을에 양조하기 시작하면 보통 겨울이 되기 전에 당분이 모두 발효되어 이듬해 봄에는 화이트와인을 마실 수 있다. 하지만 한랭한 샴페인 지역은 포도를 익히기 힘들었다. 그러다 보니 포도알의 당분이 많지 않아 적당한 발효만으로도 당분 모두가 다 발효되었다.

그러나 어느 해 포도가 아주 잘 익었다. 농익은 포도알에는 당연히 당분이 많았다. 그러나 발효는 종래처럼 진행되었고 와인을 모두 병에 넣어 땅바닥에 저장하였다. 그리고 겨울이 되고 봄이 왔다. 봄이 되자 병 속에 남아 있던 소량의 잔당이 이스트에 의해 다시 발효되었다. 그리고 발효 중에 배출된 이산화탄소가 점점 병 속에 차게 된 것이다.

와인 병 속에 꾹꾹 들어찬 가스로 인해 압력이 높아졌고, 드디어 병이 터져버렸다. 애초에는 악마의 장난이라고 하며 금기시하던 거품 와인은 곧 여러 수사(修士)들에 의해 오늘날의 샴페인으로 발전하게 되었다. 수사들은 병 속에서 2차 발효가 된다는 사실과 여러 포도를 혼합한 와인이 더 맛있었다는 점을 발견하였다.

그렇다면 거품이 있다고 모든 와인이 다 샴페인일까. 샴페인은 프랑스 샴페인 지방에서 만드는 거품 있는 와인이다. 그러나 많은 사람들은 거품이 있으면 모두 샴페인이라고 부른다. 제대로 구분해서 와인을 즐기고 싶다면 이 점을 명심하기를 바란다. 즉, 샴페인 지방에서 거품이 나오는 와인일 경우에만 샴페인이고, 샴페인 외의 지방이나 나라에서 거품 와인을 만들면 그것은 모두 스파클링 와인이다. 다시 말해, 가장 유명하기 때문에 고유명사가 일반명사화된 것이 바로 '샴페인'인 셈이다.

스파클링 와인에서 가장 중요한 것은 거품의 생성 방법이다. 샴페인이라고 이름을 붙이려면 샴페인 방식(Methode Champanois)을 따라야 한다. 샴페인 방식이란 병 속에서 2차 발효를 하는 것이다. 1차 발효에서 생성된 거품을 병 속에 집어넣는 것은 샴페인 방식이 아니다. 결국 샴페인은 샴페인 지역의 허용 품종을 사용하여 샴페인 방식으로 양조할 때에만 샴페인이라고 부를 수 있다. 그 외에는 샴페인 이름을 사용할 수 없다.

하지만 샴페인 지역에서 만든 와인이라고 해서 다 샴페인은 아니다. 만약 보르도 지역에서 샴페인 방식으로 거품 와인을 만들면 샴페인이 아니다. 대신에 '크레망(Crémant)'이라는 이름을 쓸 수 있다. 알자스 지방에서도 역시 마찬가지로 샴페인 방식으로 만들 경우에만 '크레망 달자스(Crémant d'Alsace)'라고 부른다. 이탈리아에서는 샴페인 방식으로 만든 와인을 '스푸만테(Spumante)'라고 하며, 독일에서는 '젝트(Sekt)'라고 한다. 스페인에서는 '카바(Cava)'라고 부른다.

프랑스는 샴페인의 브랜드를 국제적으로 보호하기 위해 필요한 조치들을 모두 강구해 놓았다. 샴페인 이름을 와인은 물론, 담배나 향수 혹은 패션에서 사용하려는 여러 회사들이 이런 법에 의해 무력화되기도 했다.

샴페인은 청포도로만 만들지 않는다. 검은 포도, 즉 레드와인을 만드는 피노 누와와 피노 므뉘에(Pinot Meunier)도 샴페인을 만드는 품종이다. 샴페인은 두 가지 검은 포도와 샤르도네, 즉 세 가지의 포도를 혼합하여 만드는 와인이다.

물론 와인메이커의 판단에 따라 한 가지 포도만을 가지고도 만들 수 있다. 샤르도네로만 만든 샴페인은 '블랑 드 블랑(Blanc de Blancs)'이라고 한다. 화이트로부터 만든 화이트라는 뜻이다. 반대로 '블랑 드 누와(Blanc de Noirs)'는 블랙으로부터 만든 화이트라는 뜻으로, 피노 누와로만 만든 샴페인을 가리킨다.

샴페인을 만들려면 우선 화이트와인부터 만들어야 한다. 보통의 화이트와인은 병에 담고 코르크를 끼워 출시한다. 하지만 샴페인은 병입하기 전에 병 속에 당분과 효모를 집어넣고 그 다음에 병입한다. 그러면 병 속에서 발효가 한 번 더 일어난다. 그래서 샴페인은 두 번 만들어지는 와인이기도 하다.

샴페인을 빛낸 여성들

와인 산업 중에서, 특히 양조 분야는 여성이 일하기 힘들다. 샴페인 지역은 더 그렇다. 로마시대 때 파놓은 지하 30미터 토굴에서 작업을 하는 이 지역 사람들은 일찍 퇴근하여 태양을 보는 것이 소망

샴페인 업계 최초의 여성 CEO 클리코 퐁사르당.

이라고 한다. 하루 종일 토굴에서 양조 일을 하다 보면 뼈마디가 쑤시고 온몸이 젖는다. 그래서 관절염에 시달리는 일꾼들도 많다.

이렇듯 습한 곳에서 장시간 근무를 해야 하니 남성에 비해 신체적으로 약한 여성이 상대적으로 열세라 소수인 것은 어쩌면 당연한 일일 것이다. 하지만 남성의 독무대로 여겨지는 샴페인 분야에서 유독 여성이 탁월한 실력을 발휘한 사례는 많다. 그것도 19세기에 벌어진 기막힌 일이 두 가지 있다.

첫 번째 사건의 주인공은 뵈브 클리코(Veuve Cliquot)다. 그녀는 병 속에 고인 찌꺼기를 제거함으로써 샴페인 제조의 필수 기술인 데고르주망(Degorgement)'을 획기적으로 개선하였다. 그녀의 이름은 클리코 퐁사르당(Clicquot Ponsardin)이다. 1805년 27세에 남편을 여윈 후, 상속 받은 샴페인 회사를 성공적으로 경영한 업계의 대모이기도 한 그녀는 병 주둥이에 찌꺼기가 서서히 고이게 하는 나무 선반, 일명 '푸피트르(pupitre)'를 고안했다.

푸피트르에 있는 수십 개의 구멍 속으로 와인 병을 각각 집어넣고 조금씩 병을 회전시킨 다음, 3개월 후 찌꺼기가 완전히 병목에 고이면 병목 부분을 영하의 염화칼슘 수용액으로 급속 냉각시켜 그곳에 얼어붙어 있는 찌꺼기를 빼낸다. 그렇게 한 후에야 비로소 투명한 빛깔의 샴페인을 얻을 수 있게 된 것이다. 이전에는 찌꺼기로 인해 샴페인이 뿌연 빛깔이었다. 그래서 샴페인은 예로부터 디켄터를 필요로 한 와인이었다.

이 위대한 발명을 한 미망인 클리코를 기리기 위해 회사명도 '뵈브 클리코 퐁사르당(Veuve Clicqout Ponsardin)'으로 개명하였다. 그리고 회사의 최고 샴페인의 브랜드 역시 그녀를 기려 위대한 여성이라는 뜻의 '라 그랑 담(La Grand Dame)'으로 정했다. 그녀는 샴페인의 빛깔과 거품을 확실하게 붙잡은 시대의 영웅

푸피트르에 꽂힌 젝트 병들 ⓒGerman Wine Institute

이다. 그녀 덕분에 지금도 병 속에서 잘 가꾸어진 거품은 투명한 연
노란 바탕에서 그 매력을 드러낸다.

　또 한 명의 샴페인 스타일에 획을 그은 여성은 포므리(Pommery)
였다. 그녀 역시 1858년 39세에 미망인이 되었다. 그녀는 샴페인의

수출을 위해 영국을 여행한다. 영국의 상류사회 일원들이 달지 않은 맛을 좋아한다는 사실을 발견하고, '브뤼(Brut)'라는 스타일의 샴페인을 만들어 큰 인기를 끌었다.

와인의 스타일은 도자주(dosage, 병에 화이트와인을 도로 채우는 과정) 단계에서 결정된다. 데고르주망을 할 때 얼어붙은 찌꺼기를 밖으로 쳐내는 과정에서 와인의 일부도 유실되어 눈금이 내려간다. 그래서 병에 와인을 더 채워 넣어야 한다. 잃어버린 만큼 화이트와인을 도로 넣는 셈이다.

이때 채우는 와인의 맛에 따라 샴페인의 맛이 결정된다. 당분의 함유량이 많은 화이트와인으로 병을 채우면 스위트 샴페인, 당분이 없는 화이트와인으로 병을 채우면 드라이 샴페인이 된다. 포므리는 이 드라이한 맛으로 샴페인에 일대 혁신을 가져왔다.

포므리는 드라이한 스타일의 샴페인으로 막대한 부를 축적하여 거대한 포므리 건축물을 지었으며, 30년간 경영하는 놀라운 능력을 보여주었다. 드라이 스타일을 뜻하는 '브뤼'는 오늘날 모든 샴페인 회사들이 채택하고 있다.

│ 샴페인의 종류

샴페인은 크게 빈티지 샴페인과 논 빈티지(Non-Vintage) 샴페인으로 나뉜다. 논 빈티지를 줄여서 'NV'라고 한다. 특정 수확연도, 즉 빈티지가 좋으면 그 연도를 기념하여 빈티지 샴페인을 양조하고, 그렇지 않으면 다른 연도의 샴페인과 혼합하여 NV 샴페인을 만든다.

샴페인은 북위 50도에 걸쳐 있는 한랭한 지역이다. 그래서 포도가 잘 익지 않는다. 매년 좋은 포도를 얻을 수 없다. 따라서 샴페인 회사들이 만드는 샴페인은 주로 논 빈티지 샴페인이다. 샴페인 회사는 언제 빈티지 샴페인을 만들게 될지 모르므로 NV 샴페인의 품질에 사활을 건다. 그 결과, 샴페인 회사마다 일정 수준 이상의 맛과 향을 가진 NV 샴페인을 가지고 있다.

샴페인 회사의 전략은 두 가지다. 빈티지가 좋으면 특정한 테르와가 반영된 빈티지 샴페인으로 승부한다. 하지만 빈티지가 좋지 않으면 NV 샴페인의 일정한 품질로 와인을 파는 것이다.

빈티지와 NV는 숙성 기간도 다르다. NV는 '티라주(tirage, 2차 발효를 위해 병 속에 당분과 효모를 집어넣는 행위)' 후에 15개월 이상 숙성하여 출시한다. 빈티지 샴페인은 티라주 후에 3년 이상을 숙성한다. 3년 이상이 기준이므로 어떤 샴페인 회사는 5년, 10년, 아니 그 이상도 숙성할 수 있다. 그 기간은 샴페인 회사가 원하는 대로 조정할 수 있다.

예를 들어 1998년산 돔 페리뇽(Dom Pérignon)이 2006년 초에 출시되었다. 약 7년을 숙성한 것이다. 1990년산 돔 페리뇽은 약 14년의 세월을 기다린 결과 역시 작년에 선보였다. 한편, 1985년산 볼랭저 RD(Bollinger RD)는 12년 숙성하여 1997년 출시되었다. 1914년산 볼랭저(Bollinger)는 무려 30년 동안 숙성한 후 1944년에 출시되어 세간에 이목을 끈 적이 있다.

샴페인에 논 빈티지가 많다는 거 외에도 일반 와인과 샴페인의 차이점이라면 바로 숙성방식이다. 샴페인이 숙성하지 않는다고 생각하는 사람들도 많은데, 샴페인 역시 숙성한다.

샴페인의 숙성은 병 속에 있는 이스트 찌꺼기를 제거하지 않고 그대로 둔 채 이루어진다. 그래서 '효모 찌꺼기 위에서의 숙성'이라는

이색적인 도형 문양의 돔 페리뇽. 샴페인은 차거워야 제맛!

표현이 있다. 일반 와인은 숙성 과정에 들어가기 전에 이스트 찌꺼기를 건져내는 반면, 샴페인은 숙성 내내 찌꺼기와 함께하다가, 출시하기 직전에 찌꺼기를 건져낸다. 이스트 찌꺼기를 남겨둔 채 진행하는 숙성 스타일로 인해 샴페인의 구조는 튼튼해져서 오래 숙성할 수 있는 힘을 얻는다. 그러므로 샴페인에 숙성력이 없다는 편견은 잘못된 것이다.

샴페인은 이런 숙성 방식 때문에 일반 와인과는 다른 향이 난다. 바로 이스트 향이다. 이스트는 토양처럼 지역마다 고유한 것이기에 이스트 향으로도 어느 정도 구분이 가능하다. 특히 나라별 스파클링 와인을 놓고 블라인드 테이스팅을 하면 그것이 샴페인인지 아닌지를 분간하는 전문가들도 있다.

나는 2005년 봄에 모에헤네시코리아가 마련한 돔 페리뇽 시음회에서 1962년산을 시음한 적이 있다. 약 40년을 숙성한 화이트와인이었다. 색깔은 갈색으로 변했고 거품은 탄력을 잃었어도, 초콜릿 같은 감미로운 부케와 뚜렷한 산미만은 여전했다. 한 모금 삼키니 코에서 입으로, 입에서 코로 흐르는 달콤하면서 새콤한 아로마가 오랫동안 지속되었다. 샴페인은 기포가 부록으로 달린 엄연한 와인이지, 축제로 터트리는 일회용 이벤트 음료가 아니다.

그 샴페인에 그 사람, 그 분위기

처음 와인을 접하는 사람에게

와인의 종류가 많듯이 샴페인도 그러하다. 따라서 처음 샴페인을 접하는 사람이라면 자신에게 맞는 샴페인을 먼저 맛보는 게 제대로 즐기는 방법 중 하나이리라. 그런 사람들에게 추천하고픈 샴페인이 있다. 바로 니콜라 페이앗트(Nicholas Feuillatte)의 샴페인인 드미 섹(Demi Sec)이다.

샴페인 지역의 와인 생산자는 프레스 하우스(Press House)와 농부로 구성된다. 거대한 압착기를 가진 프레스 하우스는 농부로부터 포도를 사들여 샴페인을 만든다. 샴페인 병에는 포도가 어디에서 나온 것인지에 따라 별도의 이름을 붙인다. 사들인 포도로 만든 샴페인은 라벨에 'NM'이라고 표시한다. 이는 '네고시앙-마니퓔랑(Négociant-Manipulant)'의 약자이다. 한편 자기 포도밭에서 재배한 포도로 샴페인을 만들면 'RM'이라고 표시한다. 이는 '레코르탕-마니퓔랑(Recoltant-Manipulant)'의 약자다.

농부들의 포도는 제철이 지나면 상품 가치가 떨어져 빨리 팔아야 한다. 그래서 항상 프레스 하우스에게 협상력이 달린다. 샴페인 시장이 큰 불경기를 만나는 해에는 샴페인 하우스에서 구매를 하지 않으므로 농부들에겐 타격이 크다. 이런 역경을 타개하기 위해 설립된 회사가 있다. 농부들이 힘을 합쳐 포도 짜는 기계인 프레스를 사들이고 현대식 양조시설을 구비하여 탄생한 샴페인 회사가 바로 니콜라 페이얏트다.

니콜라 페이얏트는 샴페인 회사들의 전유물인 지하 석회 동굴을 가지고 있지 않다. 하지만 테르와에 정통한 농부들의 결속력과 우수한 생산 설비를 통해 품질 좋은 샴페인을 생산한다. 그리하여 샴페인들 간 경쟁이 심한 미국 시장에서 인기가 높다. 1972년 설립되어 경쟁회사에 비해 짧은 역사를 가지고 있지만, 니콜라 페이얏트는 오로지 품질로만 승부하여 단시간에 우뚝 선 샴페인 회사다.

이 회사의 샴페인 스타일 중에서 드미 섹은 조금 단맛이다. 티라주 과정에서 미량의 당분이 함유된 화이트와인을 병 속에 채우기 때문에 단맛이 난다. 샴페인을 처음 접하거나 샴페인에 익숙하지 않은 사람도 단맛에는 훨씬 적응하기가 쉽다. 이러한 단맛의 샴페인은 디너에서 디저트랑 잘 어울린다.

새로운 생명이 태어났다면

톰 행크스와 덴젤 워싱턴의 연기가 압권인 영화 〈필라델피아 (Philadelphia)〉에는 스파클링 와인이 소개된다. 삼류 변호사인 덴젤 워싱턴은 아내가 딸아이를 출산하자 저렴한 스파클링 와인을 사서 자축한 반면, 에이즈에 걸린 변호사 톰 행크스에게 문병 갈 때에는 최고급 샴페인 돔 페리뇽을 산다. 자신은 검소하게 즐기고, 상대에게는 정성을 다해 베푼다. 이 얼마나 아름답고 소박한 마음씨인가?

덴젤 워싱턴이 집에 가져간 스파클링 와인은 아마도 미국산일 것이다. 미국에서도 여러 스파클링 와인이 있지만, 워싱턴 주에서 생산되는 도맨 생 미쉘(Domain St-Michelle)은 병 속에서 2차 발효하는 샴페인 방식으로 스파클링 와인을 만든다.

샴페인 방식이란 양조법이 샴페인 지역의 전통적인 방법일 경우에 붙인다. 샴페인이라는 용어는 샴페인 지역에 국한해 사용할 수 있지만, 양조상의 특징인 '샴페인 방식'은 누구나 사용할 수 있다. 도맨 생 미쉘 스파클링 와인은 샴페인보다는 저렴하지만 미세한 거품이 활발하게 솟아나는 상쾌한 스파클링 와인이다.

취직을 앞둔 청년에게

영화 〈니키타(Nikita)〉의 주인공인 10대 문제아 니키타는 정보기관의 3년간 훈련으로 충실한 작전 수행원으로 탈바꿈하였다. 니키타의 23세 생일을 기념하며 그 책임자가 그녀를 데리고 간 곳은 고급 레스토랑이다. 머리가 희끗 희끗한 소믈리에와 웨이터들이 군데군데 서 있고, 샹들리에가 휘황찬란하게 빛나며, 고전적인 회화 작품들이 여기 저기 걸려 있는 근사한 레스토랑에서 그 책임자가 주문한 와인은 1978년산 태탱저(Taittanger) 샴페인이다. 니키타의 생년인 1978년을 기념하려고 빈티지 샴페인을 주문했다. 생일파티에서 책임자는 "너의 장래를 위하여"라며 건배를 제의한다. 니키타는 감격에 겨워한다.

1734년에 설립된 태탱저 샴페인 회사는 12세기에 십자군 원정을 떠난 어떤 귀족을 기념하는 고급 샴페인을 양조한다. '그랑 퀴베(Grand Cuvée)'라고 부르는, 즉 포도를 한 번 짜서 얻은 포도즙만으로 양조하는 샴페인의 이름을 '콤트 드 샹파뉴(Comte de

Champagne)'로 지었다. 샴페인 백작으로 번역되는 콤트 드 샹파뉴
는 샴페인 지역의 백작 티보 4세를 지칭한다. 그는 십자군 전투에서
우연히 얻은 샤르도네 품종을 고향 샴페인 지역으로 최초로 반입한
인물이다.

내가 한창 성장하던 20대 시절은 경기 호황기였다. 취직에 대하여
그리 염려했던 시절이 아니었다. 그 당시 영화 속 선진국에서는 주
변 젊은이가 취직이 되면 격려하고 축하하는 것이 좀 낯설었다. 지
금은 상황이 많이 달라져 우리나라 역시 비슷한 상황이다. 주변의
젊은이가 취직하였다면 그의 생년 빈티지 샴페인으로 힘껏 축하해
주라.

인생의 새출발, 결혼식을 위하여

영화 〈투스카니 태양 아래(Under The Tuscan Sun)〉에서 다이앤
레인의 연기는 빛났다. 이혼 후의 상처를 달래주려고 친구가 건넨
투스카니(토스카나의 영어식 표현)행 비행기표만 달랑 들고 코르도
바(Cordoba)에 도착한다. 충동구매로 대뜸 장만한 시골의 저택을
보수하는 가운데 일어나는 소소한 일상들이 무척 비범하게 다가오
는 영화다.

그녀는 보수가 마무리되어 가는 저택을 바라보며 여기서 결혼식
이 있으면 하고 소원한다. 물론 자신의 결혼을 염두에 두고 빌었다.
하지만 이혼녀에게는 그렇게 쉽게 사랑이 찾아오지 않는 걸까? 영
화는 빠르게 흐르고 드디어 결혼식이 열린다. 하지만 그 결혼식은
다이앤이 아닌 떠돌이 폴란드 총각을 위한 잔치다. 그녀의 후원으로
그 결혼은 겨우 성사된다. 다이앤은 더욱 성숙한 사람으로 성장하고
나중에 사랑을 얻게 되는 영화다. 소박한 결혼식을 위해서 토스카나

인들은 스파클링을 개봉했다.

이탈리아에는 이탈리아만의 스파클링이 있다. 롬바르디아(Lombardia) 지방의 프란차코르타(Franciacorta) 가 대표적인 예다. 여기에서는 샴페인 방식으로 스파클링 와인을 양조한다. 원래 이탈리아 스파클링은 '스푸만테'라고 부르지만, 프란차코르타 사람들은 스푸만테라는 이름을 거부하고 그냥 프란차코르타로 불리기를 고수하고 있다. 그래서 라벨에는 스푸만테라는 표시가 없다.

그들은 프랑스에는 샴페인이 있고, 이탈리아에는 프란차코르타가 있다고 주장한다. 벨라비스타(Bellavista)는 흰 거품이 끊임없이 솟아오르며 맑고 밝은 연노랑 빛을 자랑하는 대표적인 프란차코르타다.

프란차코르타 벨라비스타.

사랑을 고백할 때

〈귀여운 여인(Pretty Woman)〉에서 기업 사냥꾼 리처드는 호텔 맨 꼭대기 층을 다 쓰는 팬트 하우스에 묵고 있던 중, 거리의 여인을 방으로 초대한다. 곧 도착한 룸서비스는 샴페인과 캐비아다. 샴페인은 '모에 샹동 임페리얼 브뤼(Moet Chandon Imperial Brut)'다.

식도락가인 리처드는 친절하게 샴페인의 기포와 캐비아의 특징을 설명한다. 철갑상어의 알은 그야말로 비릿한 것인데, 그런 캐비아의 비리고 기름진 맛을 말끔하게 걷어내는 샴페인으로는 브뤼 스타일이 좋다는 걸 말해 주는 것이다.

브뤼는 당분 함유량이 미량일 때 샴페인에 붙이는 표현이다. 샴페인을 마신 후 개운해진 입천장과 혀는 다시금 캐비아를 부르고, 그

셀러에서 동창생 나폴레옹을 맞이하는 모에. 진군하는 나폴레옹은 샴페인에서 하루를 묵으며 원기를 회복했다.

캐비아는 다시 샴페인을 부르고, 이렇게 해서 연인들의 대화는 무르익는다.

그들이 즐긴 샴페인 모에 샹동 임페리얼에서 '임페리얼'은 황제란 뜻으로, 모에 샹동의 창립자 모에가 그의 동기동창 나폴레옹을 기리기 위해 붙인 이름이다. 그는 황제가 된 친구가 전쟁을 치르기 위해 지나는 샴페인 지역에 별도의 집을 지었다. 그 집은 황제가 기거해도 손색이 없을 정도로 으리으리했다. 모에 샹동을 방문하는 애호가들에게 이 건축물은 추억을 선사하는 구실을 한다. 파리의 베르사유를 축약하여 지은 소궁전이다.

개업을 준비하는 여자 사장님에게

엄격한 와인 제조 방식을 시행하고 있는 유럽연합에서는 화이트와인과 레드와인을 혼합하여 만들 수 있는 와인을 로제 샴페인으로

만 한정하고 있다. 화이트와인은 화이트와인답게, 레드와인은 레드와인답게 만들라는 지시지만, 로제 샴페인에는 예외를 인정하고 있다. 그러니 로제 샴페인은 혼합하여 만들 수도 있고, 검붉은 포도만을 써서 만들 수도 있다. 하지만, 로제 스파클링은 검붉은 포도만을 사용하여 제조하여야 한다.

검붉은 포도를 써서 로제와인을 만들기 위해서는 포도껍질과 포도즙의 접촉시간을 최대한 줄인다. 로랑 페리어 로제(Laurent-Perrier Rose)는 접촉 방식으로 만드는 대표적인 샴페인이다.

19세기부터 샴페인을 제조해 온 로랑 페리어의 중요 인물 중에 '마틸드 에밀 페리어(Matilde-Emile Perrier)'가 있다. 그녀는 여성이지만 남편과 더불어 회사를 이끌었고, 미망인이 되어서는 더욱 회사 성장에 심혈을 기울인 여성이다. 그녀는 무려 38년간 경영하면서 자신의 성과 남편 성을 따 오늘날의 로랑 페리어를 만들어낸 여걸이다.

고난에도 정진하는 벤처 기업가에게

시력이 아주 나빠 나중에 거의 장님이 된 수도사 페리뇽은 루이 14세처럼 1638년에 태어났다. 시력은 모자랐지만 대신 탁월한 미각을 바탕으로 수도원에서 와인 양조자로 일했다. 그는 이른 봄에 터져 버린 와인 병 속에서 부글부글 끓고 있는 거품을 발견하고는 2차 발효의 이치를 일찍 깨달은 선각자이다. 또한 한 가지 포도보다는 여러 가지 포도를 혼합하여 만든 와인이 더 맛있다는 것을 깨달았다. 그의 관심은 온통 가장 맛있는 샴페인의 혼합 비율에 있었다. 그는 아상블라주(assemblage, 혼합)의 마술사였다.

돔 페리뇽이 옛날 쓰던 책상과 의자, 침대 등의 일상 소품들은 현

모에 상동 본사 정문에 건립된 돔 페리뇽 동상.

재 모에 상동이 소유한 돔 페리뇽 박물관에 그대로 전시되어 있다. 그의 유골은 박물관 바로 옆에 위치한 교회 바닥에 안치되어 있다. 돔 페리뇽은 포도주 제조의 책임을 맡고 있었지만, 사실 그는 수도 원의 최상위 직급인 도미누스 반열까지 오른 거룩한 성직자다. 우리 가 돔 페리뇽이라고 부르는 이름에서 '돔'은 바로 이 도미누스의 줄 인 말이다.

자신의 핸디캡인 실명을 극복하고 최고의 미각을 발휘하여 샴페 인의 맛과 향을 드높인 돔 페리뇽을 고난에도 정진하는 여러 벤처인 들에게 추천하고 싶다.

와인, 알코올을 마시다

주정강화 와인은 알코올 도수나 당도를 높이기 위해 발효 중 또는 발효가 끝난 후 브랜디나 과즙을 첨가한 와인으로서, 포트(Port), 마데이라(Madeira), 셰리(Sherry) 등이 대표적이다. 이런 주정강화 와인들은 식전주나 식후주, 칵테일 베이스로 또 요리의 풍미를 높이는 데 사용하거나 치즈와 케이크를 곁들여 디저트 와인으로도 마시는데, 마시는 규칙이 따로 있는 것은 아니다. 그렇다면 주정강화 와인이 만들어진 이유와 그 특징은 무엇일까.

영국의 와인 위기를 구하다

포트는 과거 영국인의 와인이었다. 백년전쟁이 끝난 후 영국은 프랑스와의 교역을 한동안 중지한다. 그래서 예전처럼 보르도 와인을

"내친김에 런던까지 달려볼까?" 18세기 도우루 강은 수출용 포트 와인을 오크통에 실은 범선들이 떠나녔다. ⓒ Taylor's

저렴하게 반입할 수 없었다. 명예혁명을 받아들인 영국 왕 윌리엄 3세는 1693년에 엄격한 조세법을 시행하여 프랑스 와인에 대하여 높은 세금을 부과하였다. 그래서 와인 수입상들은 새로운 수출 기지를 구하기 위해 동분서주했다.

영국의 와인상들은 런던에서 뱃길이 가장 가까운 포르투갈의 북서 연안지대로 몰려들었다. 하지만 그곳의 와인들은 구조가 약한 화이트와인이었다. 그들은 험한 뱃길에도 와인의 상태가 유지될 우수한 레드와인을 찾고 있었다. 그들은 스페인에서부터 발원하여 대서양으로 이르는 도우루 강(Douro River)을 따라 내륙 깊숙이 와인 사냥을 계속했다.

포르투갈 와인 산지 중에서 도우루는 이렇게 영국 수입상이 찾아낸 산지다. 그들은 여러 번의 시행착오 끝에 브랜디(brandy, 와인 증류주)를 넣어 와인의 구조를 강화해야 오래 견디는 와인이 된다는 것을 깨닫는다. 그들은 도우루 강 하구에 있는 포르토(Porto) 항구에서 와인 통을 선적하기 전에 통마다 브랜디를 첨가하였다. 오늘날 이런 주정강화 와인을 포트라고 부르는 것은, 바로 포르토 항구의 지명에서 유래되었다.

포르투갈의 주정강화 와인인 포트가 생산되는 도우루 강 주변의 포도밭은 마치 다단계식의 천수답 같다. 굽이굽이 마다 아름다운 풍광을 뽐내는 강변 포도밭에서는 많은 일군들이 포도를 따느라 여념이 없다.

포트를 만드는 품종은 검은 포도와 청포도를 합쳐 약 80여 가지나 된다. 그래서 포트는 색깔이 레드도 있고 화이트도 있다. 여러 품종 중에서 투오리가 나치오날(touriga nacional)이 가장 널리 쓰인다.

포트는 주정을 강화하기 전에 발효를 먼저 한다. 포트가 싱그럽고 쾌활한 아로마를 함유하기 위해서는 발효가 재빨리 일어나야 한다. 그래서 사

숙성될수록 질감은 혓바닥에 착 감기고 향은 깊은 데서 은근하게 우러나와, 과연 숙성이란 이런 것이로구나 하며 손바닥을 칠 것이다. 갈색의 토니 포트가 통 속에서 40년을 견디고 나면 우아한 오렌지색으로 진화한다.

포트의 어원인 포르토(Porto) 항구의 일러스트 지도. 영국인들은 오포르토(Oporto)라고
도 부른다 ⓒTaylor's

람이 직접 포도를 밟는다. 가끔 영화에 나오는 이런 장면들은 거의
다 포트와인에서 비롯된 것이다. 발효조에 10여 명이 한꺼번에 들어
가 포도를 으깨야 껍질의 색소가 많이 배어나오고 씨의 파괴도 막아
상쾌한 포도즙을 얻을 수 있다. 2~3일 정도의 발효로 일정한 수준
의 알코올 도수를 확보하려면 행동이 기민하고 근력이 좋은 남성이
발효조에 들어가야 한다. 하지만 요즘에는 생산량이 많아서 인력으
로는 더 이상 불가능하다.

　이렇듯 포트는 와인을 쉽게 구할 수 없었던 당시 상황에서 해결책
으로 등장한 영국인들의 와인이었지만, 이제는 세계의 와인으로 탈
바꿈하고 있다. 포트를 해외여행의 필수품으로 여기는 애호가들도

많이 생겼다. 달달하고 도수가 높아 시차가 안 맞는 먼 나라 여행에 포트 한 잔이 단잠을 준다. 개봉 후 여러 날이 지나도 포트는 끄떡없으며 잘 상하지 않는다는 점도 인기를 끄는 요인 중 하나다.

휴 존슨은 그의 저서 『와인 이야기(*Story of Wine*)』에서 보르도 와인의 대용으로 떠오른 것이 샴페인과 포트라고 밝히고 있다. 그만큼 포트는 이제 누구에게나 사랑받는 와인이 되어가고 있다.

┃ 포트의 구분

포트의 품질은 오크통에서 오래 숙성하느냐 병에서 오래 숙성하

◆ 포트의 양조

공정	특징
압착	라가르(Lagar)라고 하는 사각의 화강암 발효조에 포도 송이를 넣고 사람이 들어가서 발로 밟는다. 열 명 정도 가 들어간다. 지금은 거의 기계작업을 한다.
발효	효모에 의해 발효가 시작된다.
브랜디 첨가	10도까지 발효한 다음에 18도가 되도록 브랜디를 첨가 한다. 그러면 발효는 멈춘다. 이 과정을 베네피치오 (beneficio)라고 한다. 브랜디는 77도쯤 되며, 550리터 들이 통에 100~110리터 가량의 브랜디를 채운다. 그 통 에는 이미 와인이 440~450리터 들어 있다.
오크통 숙성	두 번 정도 통갈이를 한 다음에 알토 도우루(Alto Douro, 도우로 강 상류에 위치)에 있는 저장고에서 숙 성한다. 그후 강의 하구에 있는 빌라 노바 데 가이아 (Vila Nova de Gaia)로 옮겨 한층 더 숙성한다.
혼합	여러 포도밭의 포도를 섞는다.
병입	포트 와인병에 담는다. 침전물이 많아 각진 병에 주로 담는다.
출하	포르토 항구에서 출하한다. 알토 도우루에서 바로 출하 할 수도 있다.

느냐로 구분하다. 고급 포트는 병 숙성 포트다. 포트가 숙성력 세계 챔피언인 이유는 병 속에서 50년 이상 숙성하기 때문이다. 40년 병 에서 숙성한 빈티지 포트에 비해 40년 오크통에서 숙성한 토니 포트 는 같은 숙성 기간을 가졌어도 붉은 기운이 많이 빠져 있을 정도로 색이 바래 있다. 또한 포도 과일의 향취도 거의 다 가시고 없다. 하 지만 오랜 오크통 숙성에서 오는 복합적인 향은 상당히 매력적이라

◆ 다양한 포트 스타일

타입	특징
루비 포트 (Ruby Port)	검은 포도로 양조, 2~3년의 통 숙성. 루비색을 띠는 단맛의 디저트 와인.
화이트 포트 (White Port)	청포도로 양조, 3~5년 통 숙성, 황금색으로 차게 해서 마시는 식전주 와인.
토니 포트 (Tawny Port)	황갈색 포트. 숙성된 루비 포트와 화이트 포트를 혼합하여 양조, 5-6년 통 숙성.
빈티지 포트 (Vintage Port)	특정연도의 포도만을 가지고 양조하는 최고급 포트. 수확년도를 표시, 찌꺼기가 많기 때문에 디켄팅해서 마셔야 함. 수확한 해의 2년째가 되는 해의 1월부터 9월까지 IVP에 신청해야 한다. 가장 오랫동안 숙성이 가능하다.
레이트 보틀드 (Late Bottled)	빈티지 포트 정도의 수준은 아니지만 우수한 빈티지일 경우에 그 연도를 표시하여 4~6년 정도 통 숙성하여 출시. 역시 승인 신청해야 한다.
콜헤이타 (Colheita)	단일연도의 포트로 7년 이상 통숙성하여 병입, 수확연도와 병입연도를 기재한다.
장기 숙성 토니 포트 (Aged Tawny)	장기숙성되는 토니 포트. 10년, 20년, 30년, 40년이 있음. 숙성기간을 채운 후에 병입.
라이트 드라이 (Light Dry)	청포도를 오랫동안 저온발효하여 만든 달지 않은 포트. 식전주로 쓰인다.
빈티지 캐릭터 (Vintage Character)	평균 4~5년 숙성한 여러 해의 포트를 혼합하여 만든다.

하겠다.

빈티지 포트와 숙성 토니 포트에 대해 조금 더 살펴보자.

빈티지 포트는 수확 후 2년이 되는 해의 7월부터 3년이 되는 6월

이내에 병입한다. 결국 수확 후 3년 미만에 모두 병입이 끝나는 것이다. 이렇게 병입이 되는 것은 50년 이상 숙성이 가능하다. 토니 포트는 통 숙성 후 병입한다. 여기엔 10년, 20년, 30년, 40년의 네 종류가 있는데, 해당 기간 동안에 통 숙성을 거치게 되면 바로 병입하여 판매한다.

포트의 품질을 엄격하게 통제하기 위하여 IVP (Instituto do Vinho do Porto, 포트와인기구)에 신청해야 한다. 즉, 출시되는 모든 포트는 IVP로부터 품질인증을 받아야 하는 것이다.

이렇게 품질을 인정받은 포트는 누구나 좋아하는 와인으로 탄생한다. 20년 숙성된 토니 포트는 음식과 함께 하면 아주 좋다. 40년 이상 숙성된 포트는 그 향내가 그윽하고 복합적이라 음식보다는 차라리 이국적인 향기의 시가와 더 잘 어울린다.

포트는 한 회사가 여러 포트 하우스를 소유하고 있다. 시밍턴 패밀리(Symington Family)는 그라함(Graham), 다우(Dow), 와레(Warre), 스미스 우드하우스(Smith Woodhouse), 굴드 캄벨(Gould Campbell)과 콸레스 하리스(Quarles Harris)를 거느리고 있다. 한편 플라드게이트 파트너십(Fladgate Partnership)은 크로프트(Croft), 델라포스(Delaforce), 폰세카(Fonseca), 테일러스(Taylor's)를 소유하고 있다.

자연을 받아들여 더 진화한 마데이라

15세기는 포르투갈의 전성기였다. 당시 포르투갈은 대서양을 주름잡았다. 항해왕으로 널리 알려진 엔리케 왕자는 그의 부하 자르코 선장에게 명령하여 1420년에 마데리아 섬에 최초 상륙한다. 거대한 삼림 덩어리였던 섬은 항상 안개가 끼여 선원이면 누구나 꺼리던 곳이었다. 지옥으로 통하는 문으로 잘못 알고 있던 그 시절, 용맹무쌍한 애꾸눈 자르코 선장은 명령을 충실히 이행했다.

숲이란 뜻의 마데이라는 대서양에 있는 마데리아 제도에 속한 네 개의 섬 중에서 가장 크다. 제주도의 반에 좀 못 미치는 마데이라는 둘레가 깎아지른 절벽으로 이어져 있다. 한마디로 포도재배에 불리한 환경이다.

엔리케는 숲이 빽빽한 마데리아 섬 전체를 불태우고 그곳을 농토로 개간하도록 명령한다. 자르코의 무자비한 감행으로 마데이라는 완전히 불바다가 되고, 몇 년 후에는 포르투갈의 황금알을 낳는 거위가 된다. 섬에서 나온 사탕수수와 포도주가 오랫동안 포르투갈의 든든한 자금줄이 되었기 때문이다. 이것이 바로 마데이라의 탄생일화다. 지금은 더 개발할 곳도 없을 만큼 포도나무로 가득 차 있고, 섬에 물이 부족하여 만든 관개수로가 사방으로 2,000킬로나 뻗어 있다.

마데이라가 포르투갈 내륙에서 1,000킬로나 떨어진 화산섬이듯, 마데이라 와인 역시 본토의 일반 와인과는 다르며, 포트와도 또 다르다. 마데이라도 처음에는 포트처럼 주정강화가 아니었다. 상큼하고 새콤한 화이트였다. 1478년 역모에 말려 런던탑에 갇혔던 영국의 클레런스 공작(Duke of Clarence)이 처형 대신 마데이라 통 속으로 들어갔다는 일화가 있을 정도로 맛있는 화이트였다.

하지만 그 당시 마데이라는 망망대해 바다 한가운데에서 만든 와인이 대륙으로 운송되는 도중에 상하기 일쑤였다. 그래서 주정을 넣어 구조를 강화한 것이다. 주정은 섬에 흔한 사탕수수로 만들었다.

이러한 마데이라의 대대적인 변신은 어느 화난 선장에 의해 이루

◆ 마데이라의 품종

타입	맛	재배지 해발고도
세르시알(Sercial)	드라이	600~700미터
베르델료(Verdelho)	조금 드라이	400~600미터
부알 혹은 보알(Bual, Boal)	단맛	300~400미터
말바지아 혹은 마름지 (Malvasia, Malmsey)	아주 단맛	해안에서 400미터

어진다. 섬에서 오크통을 싣고 전세계, 특히 인도와 아메리카 대륙으로 누비며 지리상의 발견을 나선 포르투갈 상인들은 가끔은 와인을 팔지 못하고 그대로 하역하기도 했다. 어느 날 와인이 팔리지 않아 화가 난 선장이 이렇게 소리쳤다 한다. "야, 모조리 바닷물에 던져 버려, 다 상해버렸을 거야!"

하지만 와인은 상하지 않았다. 오히려 긴 항해 중에 진화하여 개성 있는 맛과 향을 내뿜고 있었다. 몇 달간을 배 갑판에 있던 와인에 햇빛과 공기가 호시탐탐 상하게 하려고 공격했을 터이지만, 구조가 강화되어 있었던 마데이라는 상하기는커녕 더 화려한 와인으로 변신했던 것이다.

이런 상황을 빗대어서 나온 영어 단어가 '마데이라화된다(maderization, 산화)'는 말이다. 햇빛을 받은 통은 그 속의 온도가 무척 높아졌을 것이며, 나무 틈 사이로 공기가 들어가 와인을 무진장 괴롭혔을 것이다. 즉, 산화가 일어났다는 의미가 마데이라에서 나온 것이다. '레인워터 마데이라(Rainwater Madeira)'라는 와인이 있다. 항구에 마데이라 통을 하역한 후에 짐이 바로 옮겨지지 않고 부둣가에 방치되던 중에 비가 와서 빗물이 마데이라 통 속으로 들어가 섞였는데, 그 맛이 특별하여 인기를 얻게 된 마데이라의 변종이다. 이렇듯 마데이라는 다른 요인과 합쳐져 진화한 와인의 대표라 하겠다. 이런 독특한 마데이라를 세상에 내보인 산파 역할은 포르투갈이 했지만, 정작 마데이라는 조지 워싱턴, 토머스 제퍼슨 등 미합중국의 초창기 대통령들이 즐긴 와인이었다.

마데이라는 유럽에서 신대륙 아메리카로 가기 위한 기항지였다. 영국이 바다를 주름잡던 17세기에는 영국 왕 찰스 2세에게 세금을 내거나 영국으로 그를 알현하러 와야 대서양을 다닐 수 있었다. 어느 날 포르투갈 출신의 약혼자가 찰스 2세에게 봄베이, 모로코와 여러 진기한 선물을 결혼 지참금으로 바쳤다. 과분한 대접에 흡족했던 영국왕은 포르투갈의 마데이라를 해상법에서 자유롭게 풀어주었다. 대서양을 항해하던 선박들은 마데이라의 소식을 듣고 크게 부러워했다. 특히 미국에 사는 영국인들이 가장 부러워했다.

이 무렵 아메리카 대륙에 식민지를 건설한 영국 본토 귀족들은 점점 식민지를 착취하고 있었다. 미국인(식민지에 정착했던 영국인)들은 본국의 간섭이 정도를 넘자 독립을 원하기에 이르렀다. 마데이라가 영국으로부터 자유로워짐을 목격한 미국인들은 마데이라를 마시면서 스스로도 마데이라처럼 독립하기를 꿈꾸었다. 그리하여 독립선언문을 낭독한 직후 그들은 마데이라로 자축했고, 미국의 독립을 상징하는 와인이 되었다.

| 마데이라 양조법과 음용법

최고급 마데이라는 전통 방식으로 양조된다. 즉, 주정강화한 와인

◆ 마데이라의 품질관리

숙성 표기	숙성 연도
리세르바(Reserva)	가열 숙성한 후 오크통에서 5년 이상 숙성
스페셜 리세르바 (Special Reserva)	가열 숙성한 후 오크통에서 10년 이상 숙성
엑스트라 리세르바 (Extra Reserva)	가열 숙성한 후 오크통에서 15년 이상 숙성
빈티지	가열 숙성한 후 오크통에서 20년 이상 숙성 후에 병입하여 2년 숙성. 빈티지는 그 해의 포도를 85 퍼센트 혼합해야 하고 단일 품종을 사용한다.

을 햇빛에 노출하여 과도한 산화가 일어나도록 유도한다. 하지만 대부분의 마데이라는 인공적으로 열을 가하여 산화시키는데, 에스투파(estufa)라는 통 안에 와인을 넣고 석 달간 섭씨 40~50도로 중탕하여 가열한다.

마데이라는 독특한 향취가 있는데, '란치오(rancio)'가 그것이다. 이것은 산소와 햇빛에 산화된 효과를 일컫는 용어이다. 또한 명확한 란치오와 함께 상큼한 신맛이 고급 마데이라 특성이기도 하다. 일반 마데이라는 푹 익은 듯한 향취, 거친 맛을 띠어 고급 마데이라와 좀 차이가 난다. 마데이라의 색깔은 오렌지 빛이 나는 연한 갈색부터 진한 암갈색까지 다양하며, 오래된 마데이라는 테두리에 노랗고 푸른빛이 난다.

드라이 마데이라는 차갑게 마시는 게 좋고, 단맛은 레드와인의 온도에 마시면 좋다. 즉 세르시알이나 베르델료는 화이트와인처럼 마시고 보알이나 말바지아는 레드와인처럼 마시면 된다.

마데이라는 세상 어디 내놓아도 끄덕없는 놀라운 생존력의 공수 특전단처럼 영원불멸의 와인이다. 그래서 마데이라는 개봉을 해도 그 맛과 향이 수개월간 거의 사라지지 않는 대단한 구조를 지녔다.

마데이라는 노인들이 과거를 추억해서 마시는 와인으로 알려져 왔다. 세계 와인업계의 맏형인 마이클 브로드벤트가 마데이라의 매력을 열심히 피력해도 그동안 별로 들어주던 사람들이 없었다.

하지만 가끔 시장에 나타나는 100년 혹은 200년 묵은 마데이라의 그윽한 향과 맛이 소문에 소문을 몰고 오면서 애호가들 사이에 관심이 증폭되고 있다. 그들은 인위적인 양조 기술이나 공해에 찌들지 않은 18세기의 태양과 포도를 액체 상태로 간직하고 있는 마데이라를 장만하는데 열중한다.

세빌리아 이발사의 셰리

로제를 마시면 프로방스의 쪽빛 바다가 떠오르듯, 셰리를 한 모금 마시면 집시 여인의 열광적인 플라멩코를 보는 것 같다. 셰리가 스페인에서 탄생해서일까.

스페인의 정열이 넘치는 안달루시아(Andalucia) 지방, 그 남서 해안가에서는 세계적으로 이름난 주정강화 와인 셰리가 생산된다. 샴페인하면 에페르네(Epernay), 부르고뉴 하면 본(Beaune), 보르도 하면 메독이 떠오르는 것처럼, 헤레스(Jerez)하면 셰리다. 정확하게 말해, 셰리의 고향은 헤레스 데 라 프론테라(Jerez de la Frontera)이다. 지역명이 길기에 편하게 줄여 보통 헤레스라고 한다. 헤레스를 영어로 말하면 셰리가 된다. 모든 셰리의 라벨에는

'Jerez-Xeres-Sherry'라고 쓰여 있다. 차례대로 셰리를 '스페인어-프랑스어-영어'로 나타낸 것이다.

헤레스는 세빌리아의 이발사의 고향 마을인 세비야(Sevilla, 이탈리아어로 세빌리아)에서 좀더 남쪽으로 가면 있는 가까운 지역이다. 스페인의 남단에 위치하는데, 프랑스의 북단에 자리한 샴페인과 남북으로 지형의 데칼코마니를 이루고 있다. 지역이 가깝듯, 셰리와 샴페인은 서로 좀 닮았다. 우선 색깔이 화이트이고, 토양이 같은 백악질이고, 주로 빈티지가 없으며, 식전주로 인기가 높다.

1990년대 셰리의 원산지가 헤레스로 확정되기 전에는 화이트 주정강화 와인이라면 모조리 셰리로 이름을 붙일 정도였다. 셰리는 헤레스 드 라 프론테라 이외에도 산루카르 데 바라메다(Sanlucar de Barrameda)와 엘 푸에르토 데 산타 마리아(El Puerto de Santa Maria)에서도 양조된다. 특히 강 하구에 위치한 산루카르 데 바라메다에서는 지역 특유의 개성을 살린 드라이 스타일의 만사니야(Manzanilla)가 양조된다.

화이트와인인 셰리는 청포도 품종인 팔로미노(Palomino)로 만든다. 이 품종은 주정강화를 하기 전에는 별 매력이 없는 포도다. 하지만 팔로미노로 만든 이 화이트와인에 지역 특유의 효모인 플로르(Flor, 셰리 표면에 달라붙어 단면도를 그리면 꼭 식빵의 가장자리 같이 보인다. 지역에만 존재하는 특이한 효모로 피노 스타일 셰리를 만든다)가 붙으면 효모의 영향으로 아몬드향 같은 고소한 향이 난다. 이런 셰리를 '피노(Fino)'라고 한다.

피노의 색깔은 창백하고 맑으며, 맛은 달지 않다. 도수는 보통 15도이다. 이런 피노를 더욱 숙성하면 색깔이 호박색으로 변하고 아몬드향이 더욱 진해진다. 이런 셰리를 '아몬티야도(Amontillado)'라

◆ 셰리의 다양한 스타일

피노	드라이 맛, 맑고 투명한 색, 아몬드향, 도수 15~15.5도, 가장 일반적인 셰리이며, 생산량의 40퍼센트 이상이 스크루 캡으로 마감된다. 피노는 신선함이 생명이라 개봉 후에 남기지 않는 것이 좋다.
아몬티야도	피노를 숙성한 것, 호박색의 아몬드향이 남, 도수 15~15.5도.
만사니야	산루카르 데 바라메다 지역의 피노.
올로로소	드라이와 단맛이 있음, 호박색, 플로르와 무관, 도수 20~24도.
페드로 히메네스	품종 페드로 히메네스로 양조, 아주 단맛, 도수 약 13도.

고 부르며 따로 구분하고 있다.

또한 효모 플로르의 영향을 받지 않고 만들어지는 셰리가 있다. '올로로소(Oloroso)'라고 부르는데, 이는 진한 호박색을 띠며 알코올 도수가 20도를 넘는다. 단맛도 있고 달지 않은 맛도 있다. 질감이 미끈하고 부드럽다.

끝으로 페드로 히메네스(Pedro Ximenez)는 팔로미노가 아닌 페드로 히메네스 품종으로 만드는데, 암갈색을 띠며 맛은 아주 달며, 스위트 와인과 유사하다. 도수는 13도 내외다.

│ 셰리만의 특징, 솔레라

셰리는 '솔레라 시스템(Solera system)'을 통해서 숙성된다. 이는 오래된 와인에 새로운 와인을 첨가함으로써 와인의 신선함을 유지하는 동시에, 일정한 스타일의 와인을 지속적으로 양산할 수 있는 시스템이다.

솔레라를 구축할 때는 우선 바닥에 통을 깔고 통과 통 사이에 통을 놓는다. 이렇게 해서 피라미드 비슷하게 계속해서 위로 쌓는다. 그러나 솔레라는 정해진 모양이 있지는 않다. 회사에 따라 2층으로 쌓기도 하고 14층 이상 쌓기도 한다.

솔레라는 맨 밑에 깔린 통을 일컫는 말이고, 바로 위칸부터 맨 위에 놓은 통까지는 '크리아데라(Criadera)'로 부른다. 크리아데라는 솔레라로 와인을 흘러 보낸다. 화이트와인을 만든 후 세리로 변모하기 위해서는 우선 맨 위의 크리아데라에 와인을 붓는다. 그러면 통에 있던 와인과 새 와인이 섞이면서 통 속에서 숙성한다. 세리는 맨 아래칸, 즉 솔레라에서 3분의 1 정도만을 뽑아 병입한다. 솔레라에서 와인을 뽑아낸 다음에는 첫 번째 크리아데라의 수도꼭지를 틀어

솔레라를 채운다. 그 다음에는 두 번째 크리아데라를 틀어 첫 번째 크리아데라를 채운다. 이런 식으로 한 칸씩 한 칸씩 순차적으로 채우다 보면, 통에 들어 있던 와인에 조금 더 어린 와인이 들어와 두 와인이 혼합되는 시스템이다. 옛날에는 크리아데라에서 크리아데라로 혹은 크리아데라에서 솔레라로 와인을 옮길 때 주전자를 사용했지만, 요즘은 파이프로 연결되어 수도꼭지를 틀면 되므

만약 이 병에 연도가 표시되어 있지 않다면 촬영할 이유가 있을까? 1868년 조선에서는 대원군이 경복궁을 중건했다.

로 편리하다.

 셰리 역시 품질관리가 엄격하다. 품질 관리를 관장하는 '콘세호 레굴라도르(Consejo Regulador)'에서는 20년 이상 숙성한 셰리의 라벨에 VOS(Very Old Sherry)를, 30년 이상 숙성한 셰리에는 VORS(Very Old Rare Sherry)를 각각 표시한다.

 가벼운 느낌의 도수 낮은 화이트는 보통 밋밋해서 신통치 않다는 사람들도 많다. 이들에게는 셰리를 강력하게 추천한다. 셰리는 확실한 자극을 주는 신선한 화이트와인이라서, 여름날 초저녁에 기분전환을 위해 그만한 것이 없을 만큼 매력적이다.

와인의 변신, 브랜디

초라한 여성이 화려한 신데렐라로 변신하듯이, 매력 없는 화이트
와인이 농후하고 고혹적인 브랜디로 탄생하는 것은 마술 같은 증류
의 힘이다. 브랜디는 네덜란드어 'brandewijn'에서 파생된 말로,
'구운 와인'이라는 뜻이다. 굽고 끓이면 다 그게 그거라고 생각할 수
도 있지만, 브랜디는 와인처럼 원산지에 따라 맛이 다르다. 가장 대
표적인 브랜디로 수백 년 전통의 코냑(cognac)과 아르마냑
(Armagnac)이 있다.

| 영원한 강자, 코냑

코냑은 샴페인처럼 원래는 지역의 이름이었다. 그런데 역시 샴페
인처럼 그 지역 이름이 하도 유명해져서 보통명사화되었다. 따라서

"제때에 통을 실어 날라 고객에게 발 빠르게 다가가자!" 샤랑트 강을 끼고 있는 코냑의 경쟁력은 바로 편리한 수상 운송 시스템.

엄밀히 따지자면, 샴페인 출신 거품 와인만이 샴페인이라고 부르듯 코냑 출신 증류주만 코냑이라고 해야 한다. 코냑의 정식 원산지 호칭은 코냑, 오드비 드 코냑(Eau-de-vie de Cognac), 오드비 데 샤랑트(Eau-de-vie des Charentes)다. 어느 것으로 표현해도 무방하다.

코냑은 프랑스를 대표하는 말이기도 한다. 우스갯소리로, 프랑스인들은 향기로운 코냑 한 잔으로 양치질을 대신한다는 말도 있다. 잔을 손바닥으로 받쳐 드는 코냑의 음용법이 와인 잔까지도 그렇게 만들게 할 정도로 코냑은 강한 영향력을 가지고 있다.

◆ 코냑 지역의 구분

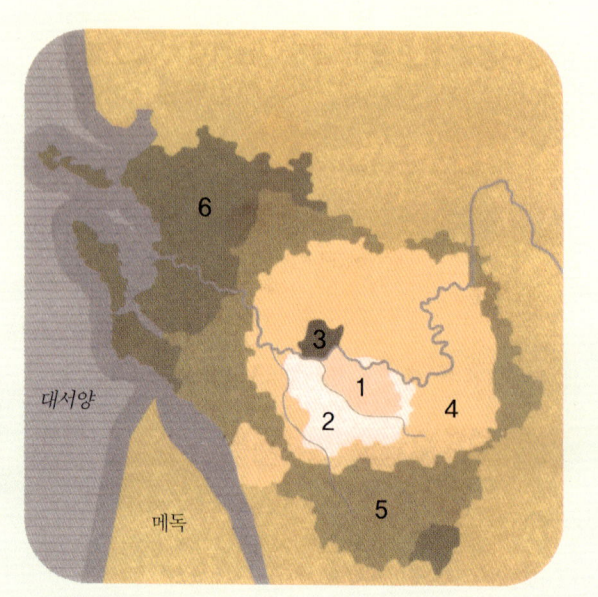

코냑의 생산지는 모두 여섯 개로 나뉜다(번호는 토양이 우수한 순서).

1 그랑 샹파뉴(Grande Champagne) 2 프티트 샹파뉴(Petite Champagne)
3 보르데리(Borderies) 4 팽 부와(Fins Bois)
5 봉 부와(Bons Bois) 6 부와 오르디네르(Bois Ordinaires)

코냑은 지역별로 맛, 향기, 숙성력이 구별된다. 가장 우수한 코냑
이 양조되는 그랑 샹파뉴의 특징은 브랜디의 질감이 아주 세련되었
으며 복합적인 향이 있다. 오랜 숙성을 요하는 단단한 구조이지만
느낌은 가늘고 분명하며, 꽃향기가 두드러진다. 반면 가장 평범한
코냑인 부와 오르디네르는 거친 질감과 과일 향기가 난다. 그리 오
랜 숙성을 요하지 않는다.

코냑이란 말은 1638년 영국인 루이스 로버츠(Lewes Roberts)가

처음으로 사용했다. 그 당시 코냑은 청포도의 일종인 위니 블랑 (Uni Blanc)으로 만든 가볍고 거친 화이트와인이었다. 40년이 지난 1678년, 《런던 가제트(*London Gazette*)》에 '코냑 브랜디'라는 말이 처음으로 등장했다.

코냑의 와인 생산자들에게 브랜디를 최초로 추천한 사람은 네덜 란드인이었다. 그들은 코냑의 잠재력을 한번에 알아봤다. 또한 코냑 의 샹파뉴(파리 북동부의 샹파뉴 지역과는 다름) 지역에서 양조되는 질 좋은 와인을 증류하면 훨씬 경제적 가치가 커짐도 깨달았다. 그 래서 스웨덴 광산에서 구리를 사서 코냑 와인 생산자들에게 팔았다. 구리는 통째로 증류소를 설치하는데 사용되었다. 이번에는 증류소 에서 나온 브랜디를 다시 추운 나라 스웨덴에 다시 팔았다. 스웨덴 과 프랑스 사이에서 양쪽으로 거래를 모두 성공시켰던 것이다.

그렇다면 왜 넓고 넓은 프랑스의 와인 생산지 중에서 코냑에서 브 랜디 사업이 번성했을까? 그리고 왜 코냑이 세계 최고의 브랜디가 되었을까? 코냑이 증류주로 성공할 수 있었던 네 가지 이유가 있다. 첫째, 코냑의 토양이 뛰어나서다. 코냑의 남동쪽으로 형성된 지역은 푸석푸석한 하얀 빛깔의 흙인 백악질 토양으로 구성되어 있다. 토양 에 미네랄 함유량이 많고, 배수가 잘 되고 태양 빛을 반사시킨다. 이 러한 특징은 스파클링 와인의 최고봉인 샴페인 지역을 떠올리게 한다. 아니나 다를까, 코냑의 가장 훌륭한 지역 이름이 그랑 샹페 인이다.

둘째, 코냑 주변에 산림이 울창하다. 코냑을 만들 때에는 증류기 를 계속해서 가동해야 한다. 증류기에 불을 계속 지피려면 대량의 땔감이 필요하다. 코냑 주변에는 무한정한 산림 자원이 있다.

셋째, 오크통의 산지로 유명한 리무쟁(Limousin)과 트롱쉐

바닥에 있는 오크통과 증류기는 1:1 관계. 증류소 내부에는 여러 개의 증류기가 설치되어 대량으로 코냑을 양조할 수 있다.

(Troncais)가 주변에 있다. 증류된 원액(Eau-de-vie, 오드비)은 오크통에서 숙성하여야 제대로 된 브랜디를 얻을 수 있다. 코냑에서 멀지 않은 거리에 위치한 리무쟁(나무결이 거칠고 구멍이 많음)과 트롱쉐(나무결이 부드럽고 미세한 조직임)에서는 세계 최고의 오크 나무가 자란다. 이런 연유로 거기에는 훌륭한 오크통 제조회사들이 진을 치고 있다.

넷째, 코냑은 두 번의 증류만으로 좋은 브랜디가 된다. 보통 증류를 하면 좋은 성분과 나쁜 성분 둘 다 제거된다. 그래서 대부분의 와인은 두통을 일으키는 성분을 제거하기 위해 끓이고 또 끓인다. 그러다 보면 좋은 성분, 이를 테면 과일 향기 등이 점점 사라지게 된다. 코냑만이 두 번의 증류로 좋은 브랜디를 만들어낼 수 있다. 결국 코냑은 좋은 토양의 화이트와인, 순도 높은 증류, 오크통 숙성의 삼

박자가 맞는 브랜디다.

그런데 네덜란드인들에 의해 코냑이 상업화되었지만, 정작 코냑의 우수한 품질을 알아보고 생산을 진작시킨 자들은 영국인과 아일랜드인들이다.

백년전쟁 이후 영국으로 수출되는 프랑스 와인 값이 무척 비싸졌다. 프랑스 수입 와인에 높은 관세를 부과했기 때문이다. 갑자기 비싸진 프랑스 와인에 대해 밀수가 시작된 것은 어찌 보면 당연한 일인지도 모른다.

초기에는 영국해협을 건너기만 하면 되는 프랑스로부터 정식 수입을 하는 상인들이 별로 없었다. 프랑스 코앞에 있는 저지 섬(Jersey Island)은 이런 밀수꾼들의 아지트였다. 저지 섬은 어찌하여 영국령이 되었을까 궁금할 정도로 프랑스에 훨씬 더 가깝다. 이 섬

"포도주를 끓인 오드비는 바로 생명의 물 (Eaux de Vie)이다!" 코냑하우스 헤네시의 설립자. 리처드 헤네시.

의 밀수꾼들은 곧 와인보다는 브랜디가 훨씬 돈이 된다는 것을 깨달았다. 브랜디는 부피도 적고 값도 비싸 최고의 밀수품이었다. 따라서 저지 섬에서 코냑의 개척자들이 배출된 것은 결코 우연이 아니다.

코냑회사 장 마르텔(Jean Martel)은 저지섬 출신으로 코냑으로 건너가 회사를 세웠다. 이후로 많은 사람들이 코냑으로 이주하여 증류소를 설치하였는데, 그중 아일랜드인 리처드 헤네시(Richard Hennessy)는 1765년에 보르도에서 코냑으로 넘어와 오늘날의 헤네시를 일구었다.

이제 코냑이 만들어지는 과정을 살펴보자(표 참조). 가을에 수확한 포도로 화이트와인을 양조한다. 그 와인을 겨울에 증류하기 시작하여 이듬해 봄에 오드비를 얻는다. 오드비를 얻는 과정을 늦어도 3월 31일까지 완료해야 한다. 다시 말해, 4월 1일부터는 오드비를 오크통에서 숙성하기 시작한다. 그런 다음 2년 이상 숙성하면 VS(Very Special) 혹은 콩트 2(Count 2)가 된다. VSOP(Very

◆ 코냑의 양조과정

포도 수확 및 와인 양조	품종은 콜롱바르(Colombard), 폴 블랑슈(FolleBlanche), 쥐라송 블랑(Jurancon blanc), 위니 블랑(Ugni Blanc) 등이 있다.
증류	코냑의 특징은 두 번 증류하는 것이다. 폿 스틸(Pot Stills)이라 불리는 증류기로 와인을 한번 증류하면 알코올 도수가 27~32도가 된다. 이것을 다시 한 번 증류하여 순도 높은 오드비를 얻는다. 두 번 증류하면 곧바로 오크통에 넣고 숙성한다.
오크통 조립	300리터들이 오크통을 짠다.
숙성	오크통에 들어간 오드비는 오크의 성분을 완벽하게 빨아먹으면서 점점 익는다. 알코올의 휘발성으로 인해 오크통의 눈금은 점점 내려간다. 이것을 '천사의 몫'이라 한다.
블렌딩	숙성연도가 다른 여러 브랜디를 혼합하여 코냑으로 탄생한다.

Special Old Pale) 혹은 리저브(Reserve) 혹은 콩트 4(Count 4)는 혼합된 브랜디 중에서 최소한 4년 이상 숙성된 것이어야 한다. 나폴레옹(Napoleon) 혹은 XO(Extra Old) 혹은 오르 다주(Hors d'Age)는 최소한 6년 이상 숙성된 것이다. 숙성 기간은 최소 기간만을 정한 것이므로 코냑 회사별로 자체적으로 설정한 숙성기간에 따라 기준보다 훨씬 오래 숙성한 코냑을 출시하기도 한다.

세 가지 브랜디를 혼합한 경우 어떤 등급이 되는지 알아보자. 하나는 오크통 3년 숙성, 하나는 오크통 5년 숙성, 나머지 하나는 오크

◆ 코냑의 숙성년수 계산

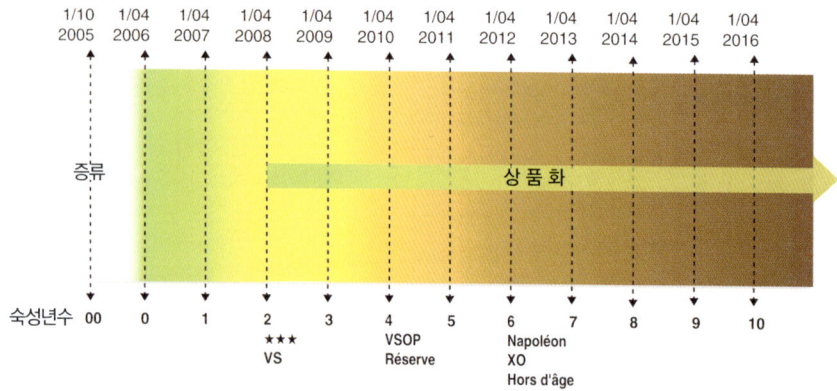

통 6년 숙성일 경우에 그것은 VS가 된다. 가장 어린 코냑이 3년 숙성이기 때문이다.

| 영원한 2인자, 아르마냑

코냑이 전세계로 팔리며 스포트라이트를 받을 때 묵묵히 정진하는 2인자가 있었으니, 바로 아르마냑이다. 코냑은 대형 회사 중심이지만, 아르마냑은 소규모 가족 경영의 양조장이 많다. 그래서 상업화가 덜 진행되어 전통적인 스타일의 개성 있는 브랜디이기도 하다.

아르마냑은 에르만(Herreman)에서 유래한다. 에르만은 5세기 프랑스왕 클로비스(Clovis)로부터 가스코뉴(Gascogne)를 하사받은 기사로, 그의 이름이 라틴말로 바뀌고 그 후 지방 토속어로 바뀌어 오늘날 아르마냑이 되었다. 아르마냑은 코냑에 비해 그리 찬란한 와

◆ 아르마냑 지역의 구분

아르마냑의 생산지는 모두 세 개로 나뉜다(번호는 토양이 우수한 순서).

1 바자르마냑(Bas Armagnac)　　　　**2** 테라나즈(Ténarèze)

3 오타르마냑(Haut Armagnac)

인 전통을 가지고 있지 않다. 아르마냑은 코냑에 비해 해상교통도 그리 썩 발달하지 못한 지역이라 와인 생산에 있어서도 코냑을 도저히 따라갈 수 없는 위치였다. 하지만 브랜디는 증류로 인해 부피가 확 줄어들기에 마차로 강까지 운반하면 되므로 수상교통의 발달 정도에 영향을 덜 받았다.

　아르마냑의 지역은 크게 세 군데로 나눈다. 서쪽으로부터 바자르마냑, 테라나즈, 오타르마냑이다. 해발에 따라 메독이 바메독, 오메

증류	가족 경영이 중심인 아르마냑에는 이동 증류소 혹은 증류 전문가들이 존재한다. 그들은 마을을 돌아다니며 와인을 증류해 주기도 한다. 아르마냑은 코냑과는 달리 연속증류법을 이용한다.
블렌딩	혼합할 때 가장 어린 아르마냑의 연도로 구분한다.
쓰리 스타 (Three Star)	2년
VSOP	5년
XO, Napoleon	6년
Hors d'Age	10년
빈티지 아르마냑	아르마냑의 특징으로 특정연도의 브랜디만을 숙성한 것. 최소 10년 이상을 오크통에서 숙성

독으로 나뉘듯, 해발이 낮은 곳이 바자르마냑, 해발이 높은 곳이 오타르마냑으로 나뉘는데, 바자르마냑이 명산지다.

아르마냑은 숙성 정도에 따라 다양한 명칭이 있다. 그런데 너무 복잡하다는 소비자의 여론이 있었다. 그래서 1999년 아르마냑 업계간에 합의를 하여 두 가지로 단순하게 구분하였다. 그것은 '아르마냑'과 '올드 아르마냑'이다. 아르마냑은 오크통 5년 숙성까지 모두를 호칭하기로 결정했다. 즉, 쓰리 스타와 VSOP를 한데 묶은 것이다. 올드 아르마냑(Vieil

샤보가 만들어낸 아르마냑.

Armagnac) 블렌딩의 가장 어린 브랜디가 최소 6년 이상 숙성된 것을 이른다. 참고로 숙성 전의 증류주, 즉 오드비를 이르는 말은 블랑슈 다르마냑(Blanche d'Armagnac)이라고 한다.

내륙의 아르마냑은 나름대로의 방식으로 독특한 브랜디를 양조하고 있다. 코냑이 섬세하고 부드러워 여성적이라면 아르마냑은 거칠고 텁텁하여 남성적인 맛을 지닌다.

아르마냑이든 코냑이든 마시는 방법은 동일하다. 보통은 식사의 마지막 순서에 즐기는데, 일종의 소화제 구실을 한다. 화이트와인이라면 차갑게 마시는 게 좋지만, 화이트와인을 끓인 브랜디는 음용 온도가 높은 게 좋다. 그래서 바에서 주문하면 데워 마시라고 알코올램프도 같이 나온다. 알코올램프가 없을 때에는 잔을 손바닥으로 싸서 오랫동안 체온으로 데우면 방향이 풍부해진다. 식사 후에 시가와 같이 곁들이면 화려한 향의 세계를 체험할 수 있어 훌륭한 하루의 마무리가 된다.

전세계가 기다리는
보졸레 누보

"3, 2, 1!"

"르 보졸레 누보 에 따리베!(Le Beaujolais Nouveau est arrive!) 보졸레 누보가 도착했다!"

와인을 좋아하지 않거나 관심이 없는 사람도 다 아는 와인이 있으니, 바로 매년 11월 셋째 주 자정을 기해 전세계적으로 동시에 출시되는 '햇와인' 보졸레 누보다. 원래 보졸레 누보는 2차 세계대전 직후 와인에 굶주린 보졸레 지방 사람들이 그해 수확된 포도로 즉석에서 만들어 마셨다는 데서 유래한다. 보졸레 지방의 대중적인 술이 프랑스가 사랑하는 와인이 되었고, 이제는 전세계가 즐겨찾는 와인의 대표주자가 된 것이다.

귀양 간 포도가 보졸레 누보를 만들다

보졸레 누보에서 '보졸레'는 지방 이름이고 '누보'는 새롭다는 뜻이다. 보졸레는 부르고뉴 지방 와인으로 분류되지만, 실제로는 별도의 지역으로 평가되며, 여러 면에서 부르고뉴와 차이가 난다. 우선 포도 품종이 다르다. 피노 누와로 레드와인을 만드는 부르고뉴와는 달리, 보졸레에서는 가메(Gamay)로 레드와인을 만든다.

원래는 부르고뉴에서도 가메 품종을 재배했다. 하지만 1395년 부르고뉴 공작이 부르고뉴의 코트 도르(Côtes d'Or) 지역에서 더 이상 가메를 재배하지 못하게 명령을 내렸다. 가메로 와인을 만들면 그 맛의 우아함이 피노 누와에 미치지 못한다는 이유에서였다. 그 이후 가메는 부르고뉴 남단인 보졸레 지역에서만 재배하게 되었다. 한마디로 귀양 간 셈이지만, 보졸레 지역을 대표하는 와인의 품종이 되었으니 새옹지마가 된 격이다.

보졸레는 레드, 화이트, 로제와인 모두를 보졸레라는 원산지 이름으로 생산한다. 그러니 직접 병을 보지 않고 보졸레라고 쓰여진 라벨만으로는 그것이 화이트인지, 레드인지 아니면 로제인지 구분하기 힘들다. 보졸레의 화이트는 샤르도네 품종으로 만들고, 로제는 레드처럼 가메 품종으로 만든다.

보졸레는 와인 등급에서도 부르고뉴와 다르다. 보졸레는 포도밭의 등급을 프리미어 크뤼, 그랑 크뤼 등으로 구분하지 않는다. 다만 보졸레, 보졸레 빌라주(Beaujolais Villages), 크뤼(Cru)로 구분한다. 북부 산간 지역에 산재한 크뤼는 모두 열 개의 마을로 구성된다. 크뤼는 보졸레 지방에서 가장 우수한 포도밭인데, 보졸레 빌라주보다 토양이 더 훌륭해서 더 오래 숙성 가능한 레드와인이 만들어지는

보졸레 빌라주 누보.

'시들지 않으면 꽃이 아니지!' 보졸레의
황제, 조르주 뒤뵈프의 화려한 보졸레 누
보 라벨들.

구역이다.

보졸레 빌라주는 전체 보졸레 지역의 북부를 차지하고 있는데, 남쪽보다 구릉이 많고 토질이 좋아 보졸레와 별도로 구분된 지역이다. 전체 보졸레에서 보졸레 빌라주를 제외하면 나머지가 원산지 보졸레가 된다. 여기서 주의할 것은 열 개에 이르는 조그만 구역인 크뤼는 라벨에 보졸레라는 말이 없기 때문에 따로 외울 필요가 있다. 열 개의 크뤼는 다음과 같다. 브루이(Brouilly), 코트 드 브루이(Côte de Brouilly), 모르공(Morgon), 쉬루블(Chiroubles), 플뢰리(Fleurie), 줄리에나(Juliena), 물랭아방(Moulin-à-Vent), 쉐나(Chénas), 생타무르(St-Amour), 레니(Régnié)가 그것이다.

뭐니뭐니해도 보졸레를 이야기할 때 조르주 되뵈프(Georges Duboeuf)를 빼놓을 수 없다. '보졸레 누보의 황제'로 불리는 그는 훌륭한 마케팅 감각을 발휘하여 보졸레 누보의 축제를 세계적으로 확장시킨 장본인이다. 보졸레 누보는 세계적인 성공을 거두었고, 세계는 11월이 되면 보랏빛 축제를 동시에 즐길 수 있게 되었다.

│ 보졸레 누보와 보졸레

우리가 아는 보졸레 누보 외에도 보졸레라는 와인이 있다. 이름이 비슷하니 같은 와인이 아닐까 생각할 수도 있겠다. 보졸레 누보와 보졸레의 원산지는 둘 다 보졸레다. 한 부모 밑의 형제 같은 사이라 할 수도 있다. 포도도 같은 품종을 사용한다. 하지만 양조 방법이 좀 다르다. 같은 포도를 사용하지만 만드는 방식이 좀 다를 뿐이다. 편의상 보졸레를 일반 보졸레라고 하며, 그것이 보졸레 누보와 어떻게 다른지 살펴보도록 하자.

일반 보졸레는 보통의 레드와인을 만드는 방식과 동일하다. 포도를 으깨어 즙이 흘러나오게 하는 과정이 포함되어 있다. 반면 보졸레 누보는 포도를 으깨지 않고 있는 그대로 통속에 집어넣는다. 그런 다음 그대로 통 속에 3~4일간 침용시킨 후 발효를 해서 만든 와인이다.

'탄산가스 침용법' 이라고 부르는 보졸레 누보의 양조 방식은 신선한 레드와인을 얻는데 효과적이다. 우선 발효통 속에 이산화탄소를 채워 넣으면 산소가 다 빠져 나간다. 산소가 있어야 포도가 발효를 하는데, 산소가 없으므로 일반 발효를 할 수 없다. 대신 포도는 자체적으로 알코올을 만들어낸다. 포도의 겉껍질에 붙어 있는 효모를 이용할 수 없는 대신 포도알 속에서 발효가 일어난다. 이는 일반 발효보다 효율이 떨어져 포도 속 당분을 모두 발효할 수 없는 단점을 가진다. 하지만 훨씬 좋은 색깔을 얻을 수 있고, 발효 시 생성되는 사과산의 양을 절반으로 줄일 수 있다. 사과산은 날카로운 신맛을 일으키는 요소이므로 이것이 적게 생성되는 것은 포도주의 질감을 부드럽게 만드는 효과가 있다. 며칠간의 침용 후에는 다시 통을 개봉하고 포도더미를 압착하여 일반 발효를 진행한다.

색소는 여전히 껍질 안에 갇혀 있고 프레스를 가하면 빠져 나오게 된다. 포도송이를 통 속에 더 오래 두게 되면 포도의 신선하고 향긋한 향이 사라지고 그 대신 텁텁하고 진한 맛으로 변하기 때문에 며칠 동안만 통 속에 넣어둔다. 이후에 포도송이를 프레스로 눌러 즙을 내고 그 즙을 걸러낸 후에 병에 담는다.

보졸레 누보는 만드는 과정이 대략 보름이면 종결되는 속성 양조 방식이다. 반면 보졸레는 와인 양조의 일정한 과정을 그대로 다 따

보졸레 지방 최고의 포도밭을 손으로 꼽으면 손가락 열 개가 다 필요하다.

르기 때문에 수개월이 걸린다. 결국 누보는 와인 스타일에 관한 표현이라 말할 수 있다. 원산지가 보졸레인 와인을 누보 방식으로 양조하면 보졸레 누보가 되고, 원산지가 보졸레 빌라주인 와인을 누보 방식으로 양조하면 보졸레 빌라주 누보가 된다. 그렇지만 크뤼에서는 누보 스타일로 양조하지 않는다. 보졸레 최고의 포도밭은 토양의 개성을 담으려고 노력하기 때문에 속성 양조를 피한다.

만드는 과정도 간단하고 빠른 보졸레 누보는 마시는 것도 이듬해 부활절까지가 좋다. 이유가 무엇일까. 보졸레 누보는 안정된 구조의 와인이 아니다. 따라서 오랫동안 숙성할 수 없으므로 상하기 전에 마셔야 한다. 또한 보통 부활절이 지나면 보졸레 지방에서 제대로 양조한 세 가지 원산지의 와인, 즉 보졸레, 보졸레 빌라주, 열 개의 크뤼들이 시장에 출시되기 때문에 소비자들의 선택의 폭이 확 넓어진다. 그래서 더 이상 누보는 경쟁이 되지 않는다. 이런 이유로 보졸레 누보는 가급적 빨리 마시는 게 제대로 즐기는 방법이다.

이럴 때에는 이런 와인으로

- 분위기 연출을 위한 와인 25선

사랑 고백을 할 때

와인명 | 빌라 M
구분 | 화이트
맛 | 스위트
주품종 | 모스카토
원산지 | 북부 이탈리아
국가 | 이탈리아
소비자가격 | 28,000원

여성의 마음을 사로잡으려면

와인명 | 샤토 라투르
구분 | 레드
맛 | 드라이
주품종 | 카베르네 소비뇽
원산지 | 포이약
국가 | 프랑스
소비자가격 | 600,000원

결혼을 축하할 때

와인명 | 벨라비스타
구분 | 스파클링
맛 | 드라이
주품종 | 샤르도네
원산지 | 프란차코르타
국가 | 이탈리아
소비자가격 | 105,000원

여고 동창생을 만난다면

와인명 | 알자스 위겔 리슬링
구분 | 화이트
맛 | 스위트
주품종 | 리슬링
원산지 | 알자스
국가 | 프랑스
소비자가격 | 33,000원

걸출한 여성 CEO를 위해

와인명 | 뵈브 클리코
구분 | 스파클링
맛 | 드라이
주품종 | 샤르도네
원산지 | 샴페인
국가 | 프랑스
소비자가격 | 65,000원

개업을 준비하는 여사장님을 위해

와인명 | 로랑 페리에 로제 샴페인
구분 | 스파클링
맛 | 드라이
주품종 | 피노 누와
원산지 | 샴페인
국가 | 프랑스
소비자가격 | 80,000원

사업상 큰 계약을 성사시킨 후라면

와인명 | 크리스탈
구분 | 스파클링
맛 | 드라이
주품종 | 샤르도네
원산지 | 샴페인
국가 | 프랑스
소비자가격 | 300,000원

자축을 위한 최대의 와인

와인명 | 페트뤼스
구분 | 레드
맛 | 드라이
주품종 | 메를로
원산지 | 포므롤
국가 | 프랑스
소비자가격 | 1,800,000원

신년하례식에는

와인명 | 크룩 스파클링
구분 | 스파클링
맛 | 드라이
주품종 | 샤르도네
원산지 | 테이블와인
국가 | 프랑스
소비자가격 | 180,000원

성공적인 비즈니스 디너를 위해

와인명 | 샤토 린치 바주
구분 | 레드
맛 | 드라이
주품종 | 카베르네 소비뇽
원산지 | 포이약
국가 | 프랑스
소비자가격 | 150,000원

취직한 젊은이를 격려할 때

와인명 | 태탱저 샴페인
구분 | 스파클링
맛 | 드라이
주품종 | 샤르도네
원산지 | 샴페인
국가 | 프랑스
소비자가격 | 80,000원

부하직원 격려를 위해

와인명 | 샤토 디켐
구분 | 화이트
맛 | 드라이
주품종 | 세미용
원산지 | 소테른
국가 | 프랑스
소비자가격 | 700,000원

세일즈맨을 위해

와인명 | 샤토 그뤼오 라로즈
구분 | 레드
맛 | 드라이
주품종 | 카베르네 소비뇽
원산지 | 생줄리앙
국가 | 프랑스
소비자가격 | 200,000원

기분 전환이 필요한
친구에게

와인명 | 라 스피네타,
브리코 콸리아

구분 | 화이트
맛 | 스위트
주품종 | 모스카토
원산지 | 모스카토 다스티
국가 | 이탈리아
소비자가격 | 40,000원

평범한 사람에게서
열정을 끄집어내려면

와인명 | 샤토 발란드로

구분 | 레드
맛 | 드라이
주품종 | 메를로
원산지 | 생테밀리옹
국가 | 프랑스
소비자가격 | 300,000원

입가심으로 마시는
딱 한 잔

와인명 | 테일러 토니 포트
10년산

구분 | 주정강화
맛 | 스위트
주품종 | 투링가 나치오날
원산지 | 포트
국가 | 포르투갈
소비자가격 | 120,000원

맛의 비밀을 찾아 끝없이
헤매는 애호가를 위하여

와인명 | 샤토 브라네르 뒤크뤼

구분 | 레드
맛 | 드라이
주품종 | 카베르네 소비뇽
원산지 | 생줄리앙
국가 | 프랑스
소비자가격 | 100,000원

이탈리아의 한복판에 있는
가장 이탈리아다운 와인

와인명 | 펠시나 란차

구분 | 레드
맛 | 드라이
주품종 | 산지오베제
원산지 | 키안티 클라시코
국가 | 이탈리아
소비자가격 | 80,000원

프로방스의 쪽빛 바다를
생각하며 마시는

와인명 | 샤토 피바르농

구분 | 로제
맛 | 드라이
주품종 | 그르나슈
원산지 | 방돌
국가 | 프랑스
소비자가격 | 80,000원

나폴레옹의 기상을
느끼는 와인

와인명 | 루이 라투르,
주브레 샹베르탕

구분 | 레드
맛 | 드라이
주품종 | 피노 누와
원산지 | 주브레 샹베르탕
국가 | 프랑스
소비자가격 | 80,000원

불의와 타협하지 않는
우직한 친구에게

와인명 | 폴 로제 윈스턴
처칠경 퀴베

구분 | 스파클링
맛 | 드라이
주품종 | 샤르도네
원산지 | 샴페인
국가 | 프랑스
소비자가격 | 200,000원

가장 남성적인 와인

와인명 | 자코모 콘테르노 바롤로

구분 | 레드
맛 | 드라이
주품종 | 네비올로
원산지 | 바롤로
국가 | 이탈리아
소비자가격 | 300,000원

멋지게 나이드시는
할아버지를 위하여

와인명 | 비욘디 산티

구분 | 레드
맛 | 드라이
주품종 | 브루넬로
원산지 | 브루넬로 디 몬탈치노
국가 | 이탈리아
소비자가격 | 300,000원

죽마고우를 만났을 때

와인명 | 폴 자불레 에르미타주

구분 | 레드
맛 | 드라이
주품종 | 시라
원산지 | 에르미타주
국가 | 프랑스
소비자가격 | 100,000원

역경을 이기고 새출발하는
사업가를 위해

와인명 | 돔 페리뇽

구분 | 스파클링
맛 | 드라이
주품종 | 샤르도네
원산지 | 샴페인
국가 | 프랑스
소비자가격 | 150,000원

· 소비자가격은 근사값으로 와인숍의 사정에 따라 가격이 다를 수 있다.

와인은 디오니소스에 의해 탄생되면서, 그렇게 신화가 되었다.
수천 년 인간사와 함께 하면서 그 고고한 품격을 지키며 발전해 온 와인이지만,
20세기 들어 와인에도 새로운 바람이 불고 있다.
현대의 디오니소스들에 의해 와인이 태어나는 그 낭만적인 현장이
실제로 우리가 속한 이 시대에 생생하게 펼쳐지고 있는 것이다.

5

현대의 디오니소스들

1 2
3 4

1 어떤 샤토일까요? 육중한 물탑이 옆에 보인기만 한다면야 여기가 샤토 라투르인줄 누가 모르겠는가마는.

2 포므롤의 뷰 샤토 세르탕(Vieux Château Certan) '오래된(vieux) 샤토 세르탕'이라는 뜻이다.

3 샤토 코스 데스투르넬. 오르막 길을 오르다 보면 성루가 맨먼저 눈에 들어온다.

4 포이약의 샤토 피숑 콤테스 라랑드.

보르도의 아방가르드,
투느뱅의 창고와인

우리나라의 자랑스러운 문화유산 중에 세계 문화유산으로 지정된 불국사가 있다. 그 불국사가 세워질 무렵, 순례자 에밀리옹(Emilion)이 프랑스의 한 지역에 은둔하고 있었다. 바로 생테밀리옹이다. 그곳은 불국사와 마찬가지로 유네스코 문화유산으로 등록될 만큼 고풍스러워 관광객들의 인기를 끄는 곳이다. 또한 골목마다 자리한 와인숍들로 관광객들의 사랑도 받고 있다. 그 와인숍 천국에서, 아방가르드처럼 전통적인 기존의 와인숍들과 차별을 선언한 한 사람이 있었다. 바로 장 뤽 투느뱅(Jean-Luc Thunevin)이다.

｜평범한 사람의 위대한 와인

와인숍이 즐비한 생테밀리옹 한복판에 2005년 4월에 새로운 와인

"메독엔 가지 않아도 여기는 온다." 어느 관광객의 말. 고풍스러운 생태밀리옹 골목을 누비는 재미가 좋다. 그러다 지치면 그냥 문 열고 들어가라. 십중팔구 레스토랑 아니면 와인숍일 테니.

숍이 문을 열었다. 와인숍이 즐비한 곳이니 하나 더 들어선다고 대수로운 일이 아니긴 하다. 하지만 가게의 안을 들여다보니 예사롭지 않다. 연두와 분홍을 대비한 현대적 감각은 흰 양 무리 속의 검은 양처럼 도드라져 보였다. 생테밀리옹의 와인숍은 그 지역의 유구한 역사만큼이나 점잖은 골동품 같은 분위기가 주를 이루었다. 그런 고풍스런 거리에 현대적인 스타일의 와인숍은 일탈행위를 즐기는 젊은이 같은 색다른 분위기가 넘쳤다. 상당히 모순되는 설정이지만, 관광객에게는 큰 인기를 끌게 분명했다.

이 와인숍은 '보르도의 아방가르드' 투느뱅의 작품이다. 하지만 와인숍은 그가 만든 와인에 비하면 그리 파격적이거나 충격적이지 않다. 그의 와인은 찬사와 동시에 비난과 조롱을 받을 만큼 예전 와인 세계에서 결코 볼 수 없었던 작품으로 인식된다.

사람들은 투느뱅이 와인을 죽이고 있다고 한다. 그래서 그를 '투르뱅'이라고 부르며 조롱한다. 이름 투느뱅(Thunevin)을 투-르-뱅(Tue-le-vin)으로 바꿔치기 해서 그를 조롱하는데, 'Tue-le-vin'은 '와인을 죽여라'란 뜻이다. 생테밀리옹에서 와인을 양조하는 기존의 성주들이 붙인 이름인 셈이다. 왜 사람들은 그가 와인을 죽인다고 하는 걸까. 그도 와인을 만드는 사람일 뿐일 텐데, 왜 그토록 반대하며 적개심을 드러내는 걸까.

전직 은행원인 투느뱅은 와인의 고장 생테밀리옹에서 와인바를 최초로 개업하였다. 식당에서 와인을 마시는 것은 특별한 게 아니라 늘 있어 왔던 지극히 당연한 것이었다. 하지만 와인바는 기존의 패션에서 벗어난 사업 영역이었다. 우리나라에선 와인바가 흔한 것이고 실제로 서울에도 와인바가 성업 중이지만, 프랑스에선 흔하지 않다. 프랑스인들은 와인을 단순하게 술로 취급하지 않고 식사할 때 곁들이는 '풍미'가 넘치는 음식 중 하나라고 생각한다.

프랑스인들은 와인을 위스키처럼 바에서 마시지 않는다. 하지만 투느뱅은 와인을 '품격을 갖추었지만 일종의 술'이라는 점에 초점을 두었고, 결국 성공했다. 이후로도 그는 여러 개의 와인바를 골목마다 열어서 꽤 쏠쏠한 재미를 봤다. 기존 와인 골목의 상인들이 투느뱅을 그저 단순히 돈 잘 버는 전직 은행원쯤으로 생각하는 것도 무리가 아닌 듯했다. 하지만 투느뱅에게는 누구에게도 말하지 않은 단하나의 소망이 있었으니, 바로 최고의 와인을 만들겠다는 꿈이었다.

기득권이란 게 있다. 어느 세계나 마찬가지겠으나, 보수적인 와인의 세계에서는 특히 더 그렇다. 와인의 등급이 곧 그 주인의 신분 계

생테밀리옹 한복판을 가로지르는 좁다
란 길을 따라 이리 기웃, 저리 기웃하
다 갑자기 시야가 환해지는 곳, 투느뱅
의 와인숍. 빈티지는 2005이다.

급과도 같다. 피라미드처럼 단단한 계층 조직에서 와인의 등급은 곧 값이다. 높은 등급의 와인은 곧 비싼 가격을 의미한다. 그래서 투느뱅이 와인을 만든다고 했을 때 많은 사람들, 특히 기득권을 누리던 기존의 생테밀리옹의 샤토 오너들은 일반인의 신분으로 와인을 만들겠다는 그에게 별 관심도 두지 않았다.

하지만 그가 새로운 판매전략으로 성공했을 때, 샤토의 성주들은 투느뱅을 차츰 경계하기 시작했다. 그리고 그가 샤토 발란드로 (Château Valandraud) 1991을 출시하였을 때, 사람들은 진한 맛과 풍부한 향에 크게 놀랐다. 그런데 사람들을 더 놀라게 한 건, 투느뱅이 와인 값을 지역 와인 중 최고가로 정한 것이었다. 최고가는 곧 최고의 품질을 지닌 와인이라는 자신감을 의미한다. 또한 가장 높은 등급을 가진 와인이라는 선전포고와도 같았다.

성주들은 투느뱅에게 반발하고 나섰고, 그의 와인을 폄하하였다. 하지만 시장은 달랐다. 높이 책정한 값을 소비자들은 흔쾌히 받아들였다. 투느뱅의 와인은 날로 인기를 더해 갔다. 하지만 그 모든 성공이 그 혼자서 이룬 것은 아니었다. 투느뱅의 승승장구에는 세계적인 와인평론가인 로버트 파커의 평가가 기폭제가 되었다. 파커의 평가에 의해 어떤 와인은 금세 품절되기도 하고 어떤 와인은 폐기되는 위기에 처하기도 한다. 그런 막강한 권력을 가진 파커는 투느뱅의 발란드로를 특급 와인이라며 높은 점수를 부여하였다. 발란드로가 시장에서 큰 사랑을 받은 것은 두말할 필요도 없다.

와인의 민주화를 이루다

투느뱅의 와인은 이후에 역할 모델이 되었다. 등급이 없어도 고가가 가능함을 보여준 것이다. 그는 와인의 민주화를 이루었다고도 볼 수 있다. 일반인도 샤토 오너가 될 수 있고, 그런 사람이 만든 와인이 고가로 팔릴 수도 있다는 사례를 보여주었다. 투느뱅 이후로 많은 사람들이 그처럼 와인의 대가가 되길 원했다.

또한 발란드로의 성공은 지역인들을 고무시켰다. 등급이 낮아도 아니 등급이 없어도 최고급 와인을 만들 수 있다는 꿈을 꿀 수 있게 된 것이다. 그리하여 많은 샤토들이 투느뱅의 방식을 뒤쫓아 그런 스타일의 와인을 만들기 시작했다. 이른바 '창고와인(garage wine)'의 붐이다. 어쨌든 프랑스 작가 니콜라 바비가 처음으로 부르기 시작한 창고와인은 포므롤에 있는 샤토 르 팽을 지칭해서 처음 사용되었지만, 정작 그 말이 널리 쓰이게 된 것은 바로 발란드로 때문이다.

투느뱅은 형식보다는 실질을 숭상하는 사람이다. 창고와인은 이런 겉치레를 버린 그의 신념에서 태어난 와인이었던 셈이다. 물론 실제로 진짜 창고에서 만들어진 와인은 아니다. 양조장의 내부 시설은 새로 고치고 말끔하게 뜯어고쳐 제대로 갖추었지만 외부는 허름한 형태를 그대로 두었는데, 볼품없는 외부는 규모까지 작아 창고라고 불리게 된 것이다.

창고와인은 기존 샤토 오너들을 변화시켰다. 기존의 엄격한 등급 관리에 의해서는 더 이상 생테밀리옹에서 상위 계급으로 머무를 수 없었다. 새로운 와인이 필요했던 것이다. 그 결과 샤토 보세주르 베코(Château Beauséjour Bécot)는 고메리(Gomerie), 샤토 카농 라

"한국인 독자 여러분, 저는 우파입니다. 우안에서 와인을 만들죠.
그래서 오른쪽으로 향하고 있습니다."

가펠리에(Château Canon La Gaffelier)는 라 몽도트(La Mondotte)
를 양조하기에 이르렀다.

새로운 와인에 대한 꿈은 생테밀리옹에 머물러 있지 않았다. 그
꿈은 생테밀리옹을 넘어서 다른 지역은 물론 다른 나라에도 널리 퍼
져 나갔고, 많은 영향을 끼쳤다. 스페인의 핑구스(Pingus)나 이탈리
아의 테누타 디 트리노로(Tenuta di Trinoro)가 대표적인 와인이다.
캘리포니아의 컬트 와인(Cult Wine, 나파 밸리의 양조장 중에서 극도
의 가지치기, 수작업 수확, 새 오크통 사용 등을 통해 와인을 예술의 경
지로 승화시키려는 최고 품질의 와인으로 스크리밍 이글[Screaming
Eagle]이 대표적인 컬트 와인이다)도 그 궤를 같이한다. 이처럼 실
로 창고와인의 파급력은 대단했다. 심지어 가장 엄격하게 계급화된
메독, 그것도 가장 우아하고 섬세한 마고에도 창고와인의 위세가 미
쳤다.

창고와인의 스타일은 즐겁고 편안하고 풍부하고 진하다. 투느뱅

은 양조전문가 미셸 롤랑(Micheal Rolland, 세계에서 가장 유명한 레드와인 양조 컨설턴트)을 고용해서 최상의 재료로 최고의 와인을 만드는 데 주력한다.

창고와인을 만드는 사람은 포도밭에서 계절의 전부를 보내다시피 한다. 그들은 가지치기를 통해 소출을 줄인다. 투느뱅 역시 소출을 줄이는 데 한몫 했다. 그는 좋은 포도밭이 매물로 나오면 협상력을 발휘하여 손에 넣었다. 발란드로는 기존의 샤토와는 달리 여러 곳에 산재하는 포도밭으로부터 나오는 포도로 와인을 양조한다.

그렇다고 포도밭에서 나오는 모든 포도를 사용하는 것도 아니다. 정말 코딱지만한 작은 밭에서 나온 포도 중 최상만을 골라 와인을 빚으니 소출이 적을 수밖에 없다. 게다가 녹색수확을 통해 포도알의 집중도를 높이고, 수확을 최대한 늦춰 포도가 완숙되도록 한다. 정말 포도의 진국만 사용하는 셈이다. 창고에서 양조한 후 한켠에 보관하면 더 이상 보관할 와인이 없을 정도다.

집중도가 떨어지는 포도로 대량 생산하는 지역의 일반 와인에 비해 포도나무 한 그루 한 그루를 열과 성을 다해 재배하니, 창고와인을 '오트 쿠튀르'로 취급하는 것은 어찌 보면 당연하다. 투느뱅의 유일한 걱정은 수확을 미루고 기다렸다가 행여나 비를 맞지 않을까 하는 것이리라. 비를 맞으면 포도의 당분이 희석되기 때문이다.

창고와인의 또다른 특징은 숙성을 새 오크통으로 한다는 것이다. 새 오크통을 사용하면 강하고 진한 타닌이 생기는데, 이것은 창고와인의 강점이자 약점으로 작용한다. 혹자는 발란드로가 캘리포니아 와인 같다며 그 몰개성을 비난한다. 프랑스 와인답지 않게 진하게만 만드는 캘리포니아 와인 같다는 것이다.

캘리포니아 와인은 프랑스 와인보다 오크통을 과하게 사용하여 와인의 향에 오크향이 많이 배어나는 특징이 있다. 그들은 포도의 원산지인 생테밀리옹 대신 오크통의 원산지를 라벨에 표시하라며 비아냥거린다. 하지만 비아냥이 절대 뛰어넘지 못하는 것이 있었으니, 바로 발란드로가 가진 품질이라 하겠다.

│ 소박한 꿈이 더 아름답다

생테밀리옹을 방문했을 때, 투느뱅의 집에서 그와 함께 발란드로를 시음한 적이 여러번 있다. 발란드로 외에도 그가 취급하는 여러 브랜드의 배럴 와인도 시음할 행운을 가졌다. 그는 아주 친절했는데, 나에게 다른 시음 기회도 충분히 주었다.

"특별히 시음을 더 원하는 빈티지가 있으면 말해 보세요."

순간적으로 2000과 2001이 떠올랐는데, 그중 난 2001을 골랐다. 사실 2001년 발란드로는 메머드 같은 엄청난 파워의 와인이다. 국내에서는 한 번 시음한 적이 있다. 얼마나 기운이 좋은지 단 한 모금으로도 놀랄 만큼 대단한 힘을 느꼈다. 빈티지로만 보면 2000이 좋긴 하나, 빈티지는 개별 샤토에 따라 조금씩 달리 적용된다. 발란드로는 2001이 2000보다 힘과 균형이 더 훌륭하기 때문에 당연히 2001에 더 끌렸다. 그래서 나는 2001을 청했다.

와인의 맛은 저장 상태가 결정한다. 따라서 샤토 발란드로는 샤토 발란드로에서 마시는 것이 가장 좋은 상태의 와인을 맛보는 것이다. 한국에서 마시는 발란드로는 생테밀리옹에서 운송되어 온 와인이다. 운송 도중에 얼마나 많은 움직임과 흔들림이 있었을까. 한 번도 움직인 적이 없는 원시 상태의 발란드로 시음은 그래서 의미가 있

가끔은 건물 밖에서 시음하고 싶다. 상쾌한 바람을 맞으며 편하게 앉아 있다가 시음하다 보면
저절로 와인을 삼키게 되는데, 그런들 어떠리? 투느뱅 집 마당.

손바닥에 발란드로를 묻히면 금방 달려오는 닭들.

다. 더군다나 2001을 시음하게 된다니, 첫사랑을 다시 만날 때처럼 가슴이 뛰고 기대가 되는 순간이었다. 투느뱅 씨도 나의 기대가 눈에 보일 정도였는지 와인을 건네며 슬쩍 운을 띄웠다.

"2001은 정말 훌륭한 와인이죠."

발란드로 2001의 특별함은 투느뱅의 직감에서 더욱 빛을 발했다. 2001에서 넘치는 힘과 강한 구조를 간파한 그는 보통보다 1년이나 길게, 무려 27개월 동안 오크통에 와인을 두었다. 2001은 긴 기간 동안에 더 풍부한 와인으로 진화하였다. 바닐라의 단 내음과 초콜릿 향이 은은하며 육감적인 질감과 강한 뒷맛이 풍부하다. 맛을 보니 그 풍미를 다시 한 번 실감할 수 있었다.

오크통 속 어린 와인의 빛깔은 보랏빛이다. 참 아름답고 밝다. 질감은 뻣뻣하고 강해 입안이 얼얼할 정도다. 이런 느낌은 오크통 속에 있을 때 가장 두드러진다. 이후 병입 되면 보랏빛은 천천히 붉은 빛으로, 거친 느낌은 점점 곱게 변한다. 수확연도별로 시음을 했을 때, 병 속에 든 2001이 오히려 오크통에 들어 있는 2003이나 2004보다 더 강하게 느껴진 이유다. 입 안에서의 느낌은 결국 가격으로 반영되기 마련이다.

투느뱅은 잠시 후 2001을 몇 방울 바닥에 떨어뜨렸다. 그랬더니 기다렸다는 듯이 중국 닭이 달려들었다. 물론 실제로 달려든 건 가장 힘센 수탉 한 마리뿐이었다. 녀석은 투느뱅의 마당을 지배하는 독재자였다. 하지만 녀석은 투느뱅에게는 애지중지 아끼는 애완계(愛玩鷄)일 뿐이다. 몇 번을 바닥에 쪼더니 투느뱅에게 다가왔다. 그는 다시 몇 방울을 손바닥에 담아 내밀었다. 녀석은 발란드로를 더 쪼았다. 늘 있는 일인 듯 그 모습은 무척 자연스러웠다. 분명 그 수탉이 태어나면서부터 시작된 둘 만의 애정표현이리라.

최고의 와인을 실컷 즐기는 수탉을 보면서 투느뱅은 말했다.

"미스터 조, 내가 다시 태어나면 말입니다. 이 녀석처럼 되고 싶어요. 다시 태어나 매일 이렇게 발란드로를 마음껏 마시고 싶어요."

특유한 미소를 띠며 말하는 그의 모습에선 평온함과 함께 명품을 빚어내는 장인의 고단함 같은 것이 느껴졌다. 어쩌면 그는 사랑하는 수탉에게 자신이 만든 와인을 맛보게 하는 이 순간을 위해 와인의 장인이 된 것을 행복해할지도 모르겠다. 그의 와인은 위대하지만, 그의 꿈은 소박했다.

20세기 최고의 빈티지,
샤스 스플린 1961

    2005년 말 한 영화제에서 남우주연상을 수상한 배우 황정민의 수상 소감이 잔잔한 파문을 던졌다. 꾸밈이 없는 내용에 듣는 사람마다 따뜻한 정을 느꼈다고 한다. 심지어 그는 본인을 배우 나부랭이라고 낮추며 같이 작업한 스텝들을 높였다. 배우가 진정으로 자기를 버리고 배역 속으로 빠져들었을 때 관객은 감동을 받는다. 또한 배우가 겸손했을 때, 사람들은 그 겸손함과 직업 정신에 아낌없는 찬사를 보낸다. 아마도 겸손은 인간이 취할 수 있는 지고의 가치임에 틀림없다.

    화려한 후광과 배경이 판치는 보르도는 늘 번쩍이는 스타들의 연예계와 비슷하다. 보르도에는 언제나 특급 와인이 넘친다. 그러나 와인의 품질이 특급 와인만의 전유물은 아니다. 등급이 없어도 등급 와인 이상으로 맛과 향이 좋고 시음자에게 감동을 주는 와인들도 제법 있다.

사람들은 흔히 최고급 와인이 자신과 멀리 떨어진 세계에 존재한다고 생각한다. 그러나 자세히 들여다보면 훌륭한 와인들은 도처에 도사리고 있다. 와인을 만든 사람들의 이름은 유명하지 않지만 그들의 와인만은 평범하지 않다. 그 와인들은 와인숍에서도 뽐내지 않고 스스로를 낮추어 합리적인 가격표와 함께 진열된다. 그 대표적인 와인이 샤토 샤스 스플린(Château Chasse Spleen)이다. 이제, 등급은 없지만 그 품위만큼은 절대 밀리지 않는 멋진 와인을 찾아 떠나보자.

| 샤스 스플린을 찾아가는 길

멋진 와인을 찾기 위해 보르도 공항에서 빠져 나와 곧바로 렌터카 코너로 갔다. 포도밭을 둘러보려면 일반 승용차보다는 SUV가 낫다. 깨끗하게 포장된 도로를 달리다 보면 곧 프랑스에서 자주 보는 순환도로를 만나게 된다. 보르도 시내 방향으로 차를 몰아야 하는데, 달리다 보면 처음 만나는 출구 번호가 10번이다. 출구를 찾지 못하면 타원형 고속도로를 계속 돌아야 하니 유의해야 한다. 차례대로 번호가 작아져 6번이 되면 출구로 빠져 나와야 한다. 이후 국도를 좀 더 달리면 이른바 '샤토 길'을 만난다.

메독 일대를 관통하는 샤토 길 D2는 지극히 평탄한 길이다. 하지만 레드와인의 명산지를 굴비 꿰듯 꿰고 있는 도로 D2 길가에는 내로라하는 유명 샤토들이 즐비하다. 북서쪽으로 난 이 길의 끝은 대서양과 닿아 있다. 보르도의 젖줄인 지롱드 강과 나란하게 난 D2를 달리는 기분은 달려본 사람만이 안다.

약간 높은 운전석에만 앉아 있어도 샤토 팔머, 샤토 베슈벨, 샤토

생줄리앙에서 남으로 오다 이런 표지판을 만나면 그냥 우회전해라. 바이런도 그랬단다.

라투르, 샤토 피숑 롱그빌 라랑드, 샤토 라피트, 샤토 코스 데스투르넬의 화려한 건축물을 쉽게 관찰할 수 있다. 왕복 4차선 때로는 2차선의 정비된 도로 양 옆으로 포도밭 풍경이 한눈에 드러난다. 이 길을 통하면 곧 마고, 생줄리앙, 포이약, 생테스테프 등 이른바 '리틀 4(Little 4)'에 차례로 다다를 수 있다.

그러나 마고에서 북진하여 생줄리앙으로 가는 동안에는 샤토 길이 무색할 정도로 유명 샤토들이 보이지 않는다. 샤토를 찾아온 기행자들은 '과연 유명 샤토가 어디에 있단 말인가' 하는 회의가 든다. '여기가 왜 샤토 길인가? 그냥 보통의 포장된 시골길과 다름없는데' 라는 의구심이 들지도 모르겠다. 하지만 마고를 벗어나 북진하면 물리스 지역을 통과하게 된다. 중심에 이르러 좌회전을 하면 철길을 만난다. 차 한대 겨우 지날 만한 작은 다리를 건너면 곧 오른쪽으로 샤토 샤스 스플린이 보인다.

샤스 스플린이라! 왠지 이름이 좋은 것 같다. 소리에 멜로디가 스며 있는 느낌도 든다. 샤스 스플린은 '우울함을 떨쳐버린다'는 뜻이다. 어떤 이는 영국 시인 바이런(Byron)이 스페인으로 가던 중에 이곳을 지나다 읊었다는 시 한 구절에서 유래했다고도 하고, 혹자는 친구인 어떤 화가를 만나기 위해 이곳을 들른 보들레르(Baudelaire)가 즉석에서 지어낸 시 한 구절에서 유래한 말이라고도 한다. 와인 이름치고는 상당히 철학적인 내용이다. 관념적인 음료인 와인에 가장 잘 어울리는 이름일지도 모르겠다.

최근 샤스 스플린은 아름다운 추억을 되살리자는 뜻으로 라벨 위에 유명 시인의 구절을 담은 스티커를 부착하기 시작했다. 와인을 마시고 그 시를 읊으면 시가 몸속으로 들어가 마신 자의 정신세계까지 정화시켜 줄지 모를 일이다.

┃ 뜻하지 않게 와인을 운명으로 삼다

샤토 샤스 스플린은 메독 지역의 물리스에 위치한 포도원으로, 샤토 주변에 분포하는 80헥타르(약 24만 평)가 넘는 포도밭을 소유하고 있다. 그리고 이 샤스 스플린의 주인은 장 피에르 푸베(Jean-Pierre Foubet)다.

그는 원래 와인과는 거리가 먼 사람이었다. 샤토 또한 원래 푸베 집안의 생업이 아니라, 처갓집 사업이다.

노총각 푸베는 10년에 걸쳐 어렵게 대학을 졸업했다. 무슨 사정이 있어 그리 오래 걸렸는지 궁금했다. 나의 질문에 특별한 의욕을 느끼지 못한 까닭이라고 대답한 푸베는 다니다 쉬다 다니다 쉬다 전공을 바꾼 끝에 겨우 졸업했다고 한다.

그는 대학 졸업 후에 보르도 시내에서 개인 홍보 회사를 차려 일했다. 그러다가 이벤트 기획일로 알게 된 셀린느 빌라(Celine Villars)와 활활 타오르는 정열적인 사랑에 빠져 운명적으로 와인과 만나게 된다. 집안 전체가 샤토를 돌보는 셀린느 역시 결혼에는 별 생각이 없다가 그를 만나서 깊은 사랑에 빠졌고, 결혼을 결심하기에 이른다.

셀린느의 집안은 보르도의 여러 샤토를 소유 운영하는 대표적인 와인 가문이다. 그 가문이 운영하는 샤토들은 유서가 깊을 뿐만 아니라 이름을 대면 금방 손가락이 모자랄 정도다.

셀린느의 부모는 수년 전 알프스를 등반하다 사고로 목숨을 잃었으며, 그 일로 인해 보르도 일대가 쑥대밭이 되기도 했다. 그러나 그 위기를 푸베가 훌륭하게 넘겼고, 지금은 20세기 최고 빈티지의 주인공이 되었다.

현재 자녀 셋을 둔 이 부부는 샤토에 거주하지 않는다. 하지만, 자녀들의 교육문제로 인근 지역에 살 뿐, 여전히 샤토와 더불어 자신들의 생을 꾸려 나가고 있다.

| 슬픔과 의심을 쫓아낸 특별한 밤

2004년 보르도 엉 프리메르에 참여한 적이 있다. 당시 보르도에서 가장 등급이 높은 식당 코르디앙 바주에서 디너(일종의 와인을 소개

"다른 두 아이는 포도밭에서 놀고 있지요." 샤토 샤스 스플린 마당에서 푸베 부부와 아이.
© Chateau Chasse Spleen

하고 설명하는 자리)를 위한 자리가 펼쳐졌다. 디너가 펼쳐진 코르디앙 바주는 『미슐랭 가이드』의 별 두 개에 빛나는, 그야말로 최고급 레스토랑이다. 하지만 그곳은 레스토랑이라기보다는 차라리 샤토로 보인다. 요새 같은 건축물의 샤토가 운집해 있는 메독에서 흔히 보는 웅장한 위용을 갖추고 있기 때문이리라.

　나 역시 그 디너에 참여하는 행운을 얻었다. 디너가 있던 날, 입구부터 마당까지 빼곡히 차들이 주차되어 있었다. 소형차 일색인 프랑스에서 이곳은 좀 달라 보였다. 벤츠, BMW, 아우디 등 명차들이 많았다. 그날은 다른 디너파티와는 다른 특별한 밤이었다.

　메독 지역 자체에서 정한 크뤼 부르주아(Cru Bourgeois, 크뤼는 우수한 포도원에 대한 공식적인 인정을 뜻하는 용어. 크뤼 부르주아는 레드와인을 생산하는 포도원에 대한 크뤼 분류를 가리키는데, 보르도 메독 지구를 위한 전형적인 크뤼다) 와인 중에서 최상위를 차지하는 아홉 개의 샤토가 합동 디너를 마련한 것이었다. 아홉 개 샤토의 면면은 이렇다. 샤스 스플린, 오마뷔제(Haut Marbuzet), 라베고르스 제데(Labégorce Zédé), 레좀 드 페즈(Les Ormes de Pez), 페즈(Pez), 펠란 세귀르(Phélan Ségur), 포텐삭(Potensac), 푸조(Poujeaux), 그리고 시랑(Siran)이었다.

샤토들은 저마다 한 가지 와인을 내놓았다. 메뉴를 받는 순간 장내는 술렁거리기 시작했다. 와인 메뉴에 샤스 스플린 1961이 있었기 때문이다. 1961은 20세기 최고 빈티지로 꼽힌다. 특히 이날은 더블 매그넘(네 병 용량)이 개봉된다고 표시되어 있었다.

보통 와인을 병에 담을 때에는 대부분을 표준 용량(750밀리리터)으로 병입하고 나머지는 반병이나 매그넘(두 병 용량) 혹은 더블 매그넘으로 병입한다. 용량이 클수록 와인이 더 천천히 숙성되기 때문에 수명이 더 길어진다. 더블 매그넘은 그래서 더 오랫동안 저장 보관할 수 있다. 사람들이 대용량 병에 담긴 품질을 기대해서 흥분하는 건 어찌 보면 당연했다.

최신 빈티지부터 차례로 음식과 함께 제공되던 중에 드디어 메인 요리와 샤스 스플린이 한 잔씩 식탁에 놓였다. 약속이라도 한 듯 거의 동시에 손이 잔으로 뻗었다. 곧 무수한 코들이 1961년 속으로 빠져들었다. 내가 받은 한 잔 속에는 테두리가 갈색으로 변한 샤스 스플린이 얌전히 누워 있었다. 그것은 충분히 숙성된 것으로, 견고한 구조를 바탕으로 맛과 향이 꼿꼿하게 살아서 온 입 안을 장악하는 훌륭함을 연출했다. 슬픔을 쫓아낸다는 뜻의 샤스 스플린. 무등급이 좋으면 얼마나 좋을까 하는 의심을 멀리 쫓아낸 밤이었다.

장인정신으로 만든 최고의 와인

샤스 스플린은 메독의 전형을 보여주는 와인이다. 지롱드 강 상류로부터 쓸려 나온 암석들이 하류로 내려오면서 점차 크기가 작아지고 모양이 둥글게 된다. 그 결과 메독 일대에는 자갈 토양이 발달하였는데, 이런 토양에는 카베르네 소비뇽이 잘 자란다. 또한 자갈 토양 주변에 산재한 점토질 토양에는 메를로가 잘 자란다.

샤스 스플린은 포도밭의 약 73퍼센트에 카베르네 소비뇽을 심고 20퍼센트에는 메를로를 심는다. 그리고 매년 물리스(Moulis)만의 독특한 토양 맛이 담긴 우수한 레드와인을 양산한다. 카베르네 소비뇽의 강인하고 톡 쏘는 듯한 향과 맛에 메를로의 풍성함과 부드러움이 가해져 와인의 풍미가 한껏 고조된다.

특히 샤스 스플린은 카베르네 소비뇽의 탁월한 숙성력과 메를로의 육감적인 질감이 뿜어내는 균형감이 큰 매력으로 인정되어 물리스의 최고 와인으로 손꼽힌다. 비록 메독의 등급에는 해당되지 않지만, 등급 와인 못지않은 품질과 전통을 가진다. 따라서 샤스 스플린이 메독의 전형이란 말은 지나친 주장이 아니다.

하지만, 샤스 스플린을 더 가치 있게 만드는 것은 푸베의 철두철미한 장인정신이다.

디너 다음날 밤, 샤토 샤스 스플린에서 보내는 여정인지라 자연스럽게 오너인 푸베와 1961년 이야기를 할 수 있었다. 나는 먼저 감사와 흥분의 인사를

샤토 샤스 스플린 1961

보통은 입구에서 샤토를 촬영하는데, 푸베는 이것이 샤토에서 입구를 찍은 사진이라면서 좋아했다.

전했다.

"어제의 1961은 참 좋았습니다. 깔끔한 맛과 그윽한 부케가 인상적이었습니다."

보통 이런 인사를 건네면 체면치레라도 '감사합니다' 혹은 '저도 좋았습니다' 등등의 답이 있을 거라 기대했다. 그러나 반응은 뜻밖이었다.

"그렇게 오랫동안 숙성된 와인은 조심해서 서빙해야 하는데 어제 소믈리에가 병을 몇 차례 움직였습니다. 그래서 바닥에 가라앉아 있던 찌꺼기가 일어나 부유하게 되었답니다. 찌꺼기를 제거하고 와인을 즐겨야 제대로 향을 음미할 수 있는데, 어제는 찌꺼기로 인해 향이 좀 가려져서 제대로 된 시음이었다고 할 수 없습니다. 죄송합니다."

나는 너무나 놀랐다. 어젯밤의 샤토 스플린은 너무나 완벽했는데, 그는 미완성이었다고 사과하는 것이었다. 솔직히 무엇이 잘못된 것인지 그 이유를 알고 싶어졌다.

"상황을 자세히 설명해 주시겠어요?"

"40년 이상 숙성된 와인은 침전물이 많이 생깁니다. 제가 샤토의 지하 셀러에서 눕혀 저장 중이던 것을 일주일 전에 세워두었죠. 그리고 그것을 사흘 전에 레스토랑으로 갖다 놓았답니다. 와인병이 흔들리지 않게 하려고 여간 신경 쓴 게 아니에요. 눕혀 있던 것을 세우면 우선 침전물이 병 중간에 고여 있는 것이 보입니다. 한 사흘이면 그 자국들은 모두 바닥으로 다 고이게 되죠. 소믈리에에게 누차 당부했습니다. 침전물이 떠다니지 않게 병 관리를 잘 하라고 말입니다. 그들은 디너 준비할 때 디켄팅을 했답니다. 조심스럽게 했다고 들었어요. 안심이 되었죠. 그런데 잔에 따르기 위해 준비하다가 그만 디켄터가 여러 차례 흔들리고 말았습니다. 그래서 예민하고 섬세한 숙성 와인의 깊은 맛을 보긴 좀 어려워지게 된거죠. 그래서 어제 밤은 최고의 1961 샤스 스플린은 아니랍니다."

등급 없이 최고의 정점에 선 샤스 스플린. 그 뒤에는 와인을 숙명으로 삼은 한 장인이 있었기에 가능했음을 알게 된 순간이었다.

친환경 농법의 기수,
니콜라 졸리의 비오디나미 와인

비오디나미라는 친환경 농업으로 만든 와인을 일명 '그린 와인 (Green Wine)'이라고 한다. 레드, 화이트, 로즈로 구분한 종래의 와인에 그린 와인이 보태어진 것이다. 이 그린 와인을 창시한 이가 바로 니콜라 졸리(Nicolas Joly)다.

그는 와인을 복잡하게 생각하지 않으며, 다만 자연을 잘 따르면 응당 받을 수 있는 선물이라 생각한다. 또한 졸리는 정직한 와인을 최고 덕목으로 꼽는다. 기본적으로 생태계가 가진 원칙을 거스르지 않으며, 그래야 각각의 지역이 지닌 개성을 그대로 표출한 와인을 얻는다고 믿는다. 자연의 힘으로 길러낸 비오디나미 와인의 창시자, 졸리의 세계로 들어가 보자.

자연 그대로의 축복을 받들다

"울랄라! 침대에 오를 땐 그는 분명 뱅커였는데, 깨보니 농부더라고요. 호호호."

니콜라 졸리의 부인이 밝히는 우스꽝스런 회고담이다. 비오디나미라는 친환경 농업으로 와인을 만드는 졸리는 프랑스 루아르 출신으로 컬럼비아 MBA를 마친 후 뱅커가 되었다. 뉴욕의 모건 개런티 (Morgan Guaranty)에서 화학회사 분석을 담당했던 그는 지겹도록 되풀이되는 숫자놀음에 질려 회사를 떠났다.

"정말이지 숫자는 꼴도 보기 싫어지더군요. 또 여러 나라로 옮겨다니는 것도 싫었고요."

그러고 나서 그는 곧바로 고향으로 귀농했다. 남들이 다 부러워하는 번듯한 직장을 그만두고 새로운 일을 찾던 그에게 우연히 비오디나미 농법을 담고 있는 한 책이 눈에 띄게 된다. 그 후 졸리는 와인 세계에서 가장 신비롭고 개성 있는 사람이 되었다.

"나는 와인메이커가 아닙니다. 단지 자연을 보조하는 도우미일 뿐이죠."

비오디나미는 영어로 바이오다이나믹(biodynamic)이며 '생명역동적'으로 풀이된다. 이것은 인지학(人智學)을 주창했던 오스트리아 철학자 루돌프 스타이너(Rudolf Steiner)가 1924년에 발표한 여덟 개의 강의에 기초를 두고 있다. 친환경적인 농법 중에서도 가장 신비롭고 보수적인 비오디나미 농법은 말 그대로 식물의 역동성을 강조한다. 비오디나미의 모토는 결국 포도밭이 땅과 태양의 에너지를 받아 싱싱하게 살아 있어야 포도나무가 역동적으로 생장할 수 있고, 그래야 와인의 품질도 좋아진다는 주장이다. 좋은 와인은 좋은 포도

깔끔한 양복과 가지런한 넥타이, 반짝거리는 구두의 컬럼비아 MBA 출신 증권분석가가 어느 날 포도밭 농부가 되었다.
© Nicolas Joly

에서, 좋은 포도는 좋은 밭에서 난다는 뜻이리라.

그런 의미에서 졸리는 프랑스가 자랑하는 테르와의 가장 철저한 신봉자다. 그래서 그의 와인을 '리얼 테르와(Real terroir)' 와인으로 부른다.

빈티지에서 해방되다

졸리는 모든 와인 생산자들처럼 매년 훌륭한 와인을 만들고 싶은 소망을 품고 있었다. 하지만 포도 농사를 지으면서 날씨나 일조량 등의 영향으로부터 자유로울 수가 없음을 뼈저리게 느끼게 되었다. 매년 좋은 와인을 생산하기 위해서는 이러한 빈티지의 영향을 덜 받아야 하는 것이다.

산고 끝에 그는 오랜 소망을 성취하고 있다고 자랑스럽게 이야기한다. 그의 비결은 비오디나미인데, 비오디나미 농법을 통해 매년 일정 수준의 와인을 양산하는 비책을 가지고 있다고 말한다. 빈티지에 따라 일희일비하는 샤토 주인들의 귀를 번쩍 뜨이게 하는 주장이 아닐 수 없다.

비오디나미 농법을 제대로 실천하기 위해서는, 첫째로 포도밭 주위를 숲으로 둘러싸야 한다. 병풍 같이 둘러싼 숲이 일종의 보호막 구실을 하여 주변 포도밭에서 흘러나오는 화학비료를 피할 수 있다. 아무리 밭을 무농약적, 친환경적으로 조성하더라도 바로 옆에서 농약을 뿌리면 허사다.

둘째, 화학비료에 찌들어 실신상태에 있는 밭을 살려야 한다. 밭을 태초의 건강한 상태로 돌려놓기 위해 여러 가지 준비약을 뿌린다. 재료는 소의 분뇨와 뿔, 규석, 여러 식물들이다. 소의 분뇨를 소 뿔에 담아 땅에 묻고 이듬해에 꺼내어 퇴비로 사용한다.

졸리가 화학비료를 반대하는 이유는 이렇다. 화학비료를 쓰면 식물의 성장은 촉진되지만, 성장하는 동안 식물이 염분을 과하게 섭취하게 되어 결국 식물이 물을 많이 함유하게 된다. 만약 그 식물이 배추라면, 큰 배추가 되는 것이다. 큰 배추는 시장에서 인기가 좋다.

하지만 그걸 삶으면 물이 대부분이고 야채의 섬유질은 그다지 많지 않다. 크기만 할 뿐, 영양분은 부족하다. 속 빈 강정이나 마찬가지다. 화학비료를 쓸수록 좋은 농작물을 수확할 수 없는 악순환이 계속 되는 것이다.

셋째, 준비약을 뿌릴 때에도 그냥 아무 때나 하지 않는다. 달과 태양계의 주기 그리고 포도나무 생장주기에 맞추어 역동적으로 사용한다. 래킹을 하더라고 정한 때가 있다고 한다. 래킹은 발효를 마친 와인을 이 오크통에서 저 오크통으로 옮기는 과정에서 자연스레 침전물을 걸러내는 작업을 뜻한다. 졸리는 반드시 그믐달에만 래킹을 한다. 보름달에는 달의 인력이 작용하여 침전물을 끌어당기기 때문에 침전물 제거가 용이하지 않다고 믿기 때문이다.

비오디나미는 포도밭의 토양만을 풍요롭게 만드는데 그치지 않는다. 토끼로부터 포도밭을 지키기 위한 방법에도 졸리는 비오디나미 식으로 대처했다.

토끼는 어린 포도나무 줄기를 아주 좋아해, 포도나무가 좀 자랐다 싶으면 닥치는 대로 갉아먹는다. 보통 농가였다면 토끼 퇴치를 위해서 덫을 놓거나 극약을 썼겠지만, 졸리는 특이한 방법을 썼다. 토끼 가죽을 태워 재를 만들고 그 재를 물에 섞어 밭에 뿌린다. 토끼 가죽의 탄 내를 맡은 토끼가 생명의 위협을 느끼기 때문이란다. 실제로 그 이후로는 토끼가 아예 자취를 감추었다고 한다.

졸리는 오크통이 타원 모양인 이유도 비오디나미 관점에서 새롭게 해석한다.

"오크통의 타원 모양은 곧 알 모양입니다. 그것은 생명 잉태의 힘을 보유하고 있어 와인을 숙성할 때에는 타원형이 제격이라 할 수 있지요."

"1마력이면 충분하지요." 트랙터는 자연스럽지 않을 뿐 아니라 굴곡이 심한 언덕 포도밭에 어울리지도 않는다. ⓒ Nicolas Joly

졸리는 그래서 사각의 오크통은 반대한다. 오크통이 사각이라니, 농담이라고 생각하는 사람들도 있을 것이다. 하지만 실제로 사각형 오크통이 개발되었다. 2004년 스위스의 한 회사가 오크통을 사각으로 제작하였는데, 그들은 사각 오크통이 공간을 적게 차지하므로 훨씬 경제적이라며 광고하고 있다.

하지만 와인업계에서는 그것을 거의 사용하지 않는다. 졸리가 주장하는 오크통이 둥근 이유에는 동감하지 않더라도, 기계적이고 도식적인 사각형에 피땀 어린 와인을 채우는 사람은 별로 없는 것 같다.

| 비오디나미 와인의 특성

비오디나미 와인의 일반적인 특성은 다음과 같다.

첫째, 우선 색이 밝다. 비오디나미로 만든 화이트와인은 모래알처럼 반짝이는 투명한 빛깔이 특징이다. 건강한 포도나무가 광합성을 해서 건강한 색을 띠기 때문이다. 둘째, 미네랄과 토양의 맛이 난다. 포도나무가 뿌리를 깊이 내려 땅 속에 박힌 각종 성분을 끌어올리기 때문이다. 셋째, 질감이 부드럽다. 거친 맛을 내려고 일부러 효소를 넣지 않았다. 있는 그대로의 맛이다. 넷째, 미묘한 아로마가 풍긴다. 실험실에서 만든 배양 효모가 아니라 자연 효모를 사용해 발효하기 때문이다. 다섯째, 상쾌한 신맛이 일품이다. 포도가 익어가면 보통 산 성분이 감소하지만, 비오디나미를 통하면 산 성분이 유지되므로 신선한 맛이 난다. 여섯째, 와인의 구조가 균형이 잡혀 있다. 하늘과 땅, 포도나무의 균형을 추구한 덕분이다.

비오디나미를 두고 찬반양론이 팽팽하지만, 앞에서 주장한 모든 내용들의 진정한 해답은 이미 와인 속에 다 들어 있다고 생각한다. 판단은 시음자들의 몫이다.

졸리의 주장은 동양의 한의학과 비슷하다. 자연에서 비료를 찾고 자연에서 성장 동력을 구하는 비오디나미는 마치 인간의 혈관에서 노폐물을 제거하는 것에 비유할 수 있다. 혈관에서 노폐물을 제거하면 혈액의 흐름이 더 빨라져 순환이 촉진되고 몸의 여러 기관이 활성화되어 더 건강해진다. 비오디나미로 건강해진 땅은 더 건강하게 식물을 자라게 하고, 건강한 식물은 땅을 다시 풍요롭게 만드는 이치인 것이다.

애석하게도 이 주장을 과학적으로 증명해 내는 것은 그리 쉽지 않

"아저씨, 교대해요." 들짐통을 다 채워 돌아와야 하겠지만, 더욱 중요한 것은 잘 익은 송이만 골라야 하는 것이다. 정면의 인물은 졸리의 딸 비르지니(Virginie). ⓒ Nicolas Joly

햇빛을 받고 잘자라는 슈
냉 블랑. ⓒNicolas Joly

다. 하지만 소중한 자연을 자손들에게 건강한 상태로 물려줘야 한다
는 뜻에는 백번 동의한다. 비오디나미 신봉자들이 포도밭 가꾸는데
바치는 숭고한 노동은 미래를 다듬는 소중한 자산이기 때문이다.

미네랄의 풍부한 맛으로 승부한다

어느 와인이라도 포도의 수확 시기는 중요하지만, 졸리는 특별히
그 수확 시기의 중요성을 힘주어 강조한다. 그의 포도밭은 늦게 수
확하여도 별 문제가 없을 만큼 면적이 작다. 포도밭 주변에 포도나
무 대신 일반적인 나무를 심었는데, 그래서 경작 면적이 더 줄었다.
이런 좁은 면적은 수확 시간이 많이 걸리지 않는다. 그래서 그는 수
확을 최대한 늦출 수 있다. 늦추더라도 마음먹으면 금방 다 수확할
태세를 확립하고 있다.

졸리는 완숙된 포도만을 가지고 와인을 양조한다. 수확 시점은 푸른색의 포도껍질에 노란 기미가 나타날 때다. 이렇게 늦게 수확하면 풍성한 과일 향이나 상쾌함은 덜해지지만, 미네랄 맛을 더 얻을 수 있다. 어떻게 보면 손해라고도 할 수 있는 이 일에 대해 그는 분명한 소신을 가지고 있다. 졸리는 이 대목에서 쿨레 드 세랑(Coulee de Serrant)의 특성을 힘주어 말한다. 쿨레 드 세랑은 선친이 주말용으로 마련해 둔 7헥타르(약 2만 평) 남짓한 포도밭으로, 그는 하루 종일 이곳에서 시간을 보내며 특별한 화이트 와인을 만든다.

"이 세상에는 과일 향이 지배적인 와인이 사방에 깔려 있으니. 나는 미네랄 맛으로 승부하는 화이트를 만들고 싶습니다."

여러 빈티지의 쿨레 드 세랑을 시음했다. 그의 주장대로 빈티지별 맛의 편차가 다른 와인보다 훨씬 적었다. 쿨레 드 세랑은 한마디로 속이 꽉 찬 맛이었다. 뭉쳐 있는 향과 맛을 보니 와인의 숙성력이 대단한 것 같았다. 미세한 분자 구조가 촘촘한 그물처럼 얽혀 있는 풍부한 질감이 돋보였다. 지금 마셔도 좋지만, 더 숙성시키면 또다른 매력이 있을 법한 와인이었다. 사실 졸리도 10년 이상 지나야 제 맛이라고 말했다.

만약 그 전에 마실 때에는 미리 개봉해 놓기를 강력 추천했다. 졸리가 주장하기를, 자연의 힘을 고스란히 응축한 쿨레 드 세랑은 개봉 후에도 보름 정도 그 품질이 유지된다고 한다. 하지만 첫 8일 동안에는 계속 맛과 향이 개선되고 그 이후에는 조금씩 기력을 잃으니, 마실 거라면 개봉하고 8일째가 좋을 거라고 충

쿨레 드 세랑 2000.

고도 해주었다.

　호기심어린 코끝을 실룩거리며 디켄터를 기울이는 순간, 덩어리 같은 질감이 코 속으로 침투했다. 짙은 황금 빛 액체 속에서 쏘는 듯한 벌꿀 향이 넘실거렸다. 입안에서는 두꺼운 느낌의 신맛, 쓴맛, 단맛이 잘 조화되었다. 맛의 균형이 삼각형처럼 안정적인 와인이었다. 싱싱한 해삼을 씹는 듯한 빡빡한 느낌이 입안 가득 퍼진다. 맛의 집중도가 상당하다. 삼킨 다음인데도 오랫동안 머금고 있는 듯 그 여운이 길게 남았다.

　로버트 파커는 올 3월《뉴욕타임스》와의 인터뷰에서, 루아르의 사브니에르 와인이 가장 저평가되어 있다고 말하며 그곳 화이트 와인을 참 좋아한다고 고백했다. 매년 1만 가지 이상의 와인을 시음하는 그가 졸리의 양조장이 있는 사브니에르(Savennieres) 와인을 그렇게 애호한다는 사실이 그리 놀랄 일이 아니라는 걸 몸소 깨달을 수 있었다.

안젤로 가야가 알린 이탈리아의 숨은 보석, 바르바레스코

이탈리아 와인 중에 'GAJA'라는 와인이 있다. '어! 가자 주류 백화점 와인인가 봐' 하고 착각하는 사람들도 있다. 라벨도 단순하고, 인쇄된 큰 문자는 '가자'라고 읽히기 때문이다. 그러나 '가자'라고 불리는 'GAJA'는 가자 주류 백화점과 전혀 관계가 없으며, 발음도 '가자'가 아닌 '가야'라고 하는 것이 맞다. 이 와인은 아주 귀하고 훌륭해서 가자 주류 백화점에선 구하기 힘든 와인이다.

바르바레스코의 재탄생

안젤로 가야(Angelo Gaja), 그의 빈티지는 1940년이다. 그는 이탈리아 서북부에 위치한 피에몬테 지방의 바르바레스코에서 줄곧 살아온 인물이다. 머리를 가지런히 뒤로 빗어 넘겨서 그렇지 않아도 넓은 이마가 더 넓게 보인다. 관상을 잘 모르지만 굉장한 이마가 아닌가 싶다. 마치 천체도를 연상하게 하는 훤칠한 이마가 보는 이에게 호감을 준다.

바르바레스코에서는 네비올로(Nebbiolo)라는 포도로 와인을 만든다. 네비올로는 이탈리아를 떠나서는 잘 익지 않는 지극히 토착적인 품종이다. 갓 담갔을 때에는 강한 타닌으로 인해 텁텁하고 거칠다. 이런 거친 타닌은 시간이 지나면서 구조가 풀어져 덩어리가 생기고 그 덩어리들이 서로 결합하여 병 바닥으로 내려와 침전물이 된다. 와인이 잘 익으면 타닌이 부드러워지고 감촉이 우아해지며 흙의 향, 장미꽃 향, 버섯향 등이 난다. 이런 네비올로의 특성을 고스란히 지닌 바르바레스코는 원래 피에몬테의 대표적인 와인은 아니었다.

바르바레스코는 마을 이름이자 동시에 와인 이름이다. 마을을 대표할 만한 와인이라면, 그 이름을 정할 때 다른 이름보다는 차라리 마을 이름으로 한다. 그것은 마을의 개성과 함께 애착과 긍지가 반영된 것이다. 하지만 형만한 아우가 없다고 했던가. 바르바레스코는 같은 지역에 있는 바롤로(Barolo)에 늘 가려진 와인이었다.

바르바레스코는 바롤로보다 좀더 부드럽고 향이 더 풍부한 것으로 알려져 있지만, 15년 이상 숙성되면 구분하기 힘들 정도로 비슷한 맛과 향을 지닌다. 바롤로 역시 네비올로로 만든 레드와인으로, 바르바레스코보다 더 강렬한 맛과 향을 지녔다. 자연스럽게 사람들이 네비올로하면 바롤로를 연상할 만큼 바롤로가 유명했으며, 바르바레스코는 그렇지 않았다.

만약 안젤로 가야가 없었더라면, 와인 애호가들은 아직도 바롤로는 알지만 바르바레스코는 몰랐을 것이다. 그는 숨겨진 와인 바르바레스코를 유명하게 만들어 애호가들의 쇼핑 리스트에 끼워 넣은 장

백발이 성성한 안젤로 가야는 와인에 대해 이야기를 할 때 만큼은 다시 청년기로 돌아간 것처럼 열정을 내뿜는다. 그의 청년기는 이탈리아 와인의 성장기.

본인이다.

바르바레스코는 쉬운 와인이 아니다. 출시된 지 얼마 되지 않을 때에는 맛이 세고 도수가 높으며, 텁텁하다. 갓 출시된 와인을 주로 마시던 일반 소비자들은 그래서 바르바레스코의 진면목을 알지 못했다. 오랜 시간이 지나면 와인이 훨씬 부드러워지고 맛과 향이 더 좋아진다는 것을 경험하지 못했던 것이다. 바르바레스코는 가야로 인해 미운 오리새끼에서 백조로 탈바꿈한 와인이라 할 수 있겠다.

가야의 와인철학은 이렇다. '지금 마셔도 좋고, 좀 있다가 마시면 더 좋은 와인을 만들자!' 그는 거칠기만 했던 바르바레스코의 스타일을 부드럽게 바꾸어 애호가는 물론이요, 초보자들의 마음까지도 사로잡았다.

꿈쩍하지 않는 2001년에 비해 묵은 부케향을 은은하게 뿜어내는 1989년은 끝에 감춰진 신맛이 아직도 꼿꼿한 타닌 구조 속에 갇혀 있어 균형감을 돋보이게 한다.

부드럽고 둥근 맛으로 세상을 사로잡다

가야는 독특한 와인 공법으로 스타 반열에 올랐다. 그는 기존 바르바레스코의 거친 맛을 좀 더 부드럽고 둥근 맛으로 바꾸었다. 네비올로의 특성이 그대로 반영된 전통 바르바레스코는 대용량의 캐스크에서 숙성했다. 두꺼운 껍질에서 스며 나오는 강한 타닌이 큰 통에서는 별로 다져지지 않기에 거칠고 텁텁한 맛이 그대로 병에 담긴다.

사실 와인이 거칠어도 마을 사람들한테는 별 문제가 아니다. 늘 먹고 마시던 대로 하면 그만이기 때문이다. 지역에 흔한 양고기와 곁들인 바르바레스코는 지역 식당의 인기 메뉴다. 기름진 양고기 살점을 씹으면서 바르바레스코를 삼키면 그 맛이 절묘하게 어울려, 와인의 타닌 성분이 기름진 고기를 맛깔스럽게 바꾼다.

그러나 바르바레스코가 지역민들이 매일 마실 수 있는 저렴한 와인이 아니라면 어쩌겠는가. 그래서 생산량이 남아돈다면? 결론은 수출밖에 없다. 하지만 수출품으로서 바르바레스코는 거칠고 텁텁한 것이 단점이었다. 가야는 이 문제를 해결하지 않고는 바르바레스코의 미래가 없다고 판단했다. 그래서 그는 지역 최초로 프랑스산 작은 오크통(바릭)을 사용하였다. 이를 통해 와인의 질감을 좀 부드럽게 만들 수 있다고 생각했다.

가야는 225리터 들이 오크통을 도입하였다. 바릭은 와인과 접촉하는 표면적이 캐스크보다 커서 오크 특유의 향과 타닌을 더 많이 배어나게 할 수 있다. 결과적으로 와인의 질감을 둥글게 변모시켰다. 가야의 와인을 맛 본 레스토랑업자와 수입상들은 모두 품질에 만족했고, 둥글고 부드러운 바르바레스코를 소비자에게 쉽게 권할 수 있다고 판단했다.

하지만 바릭만 사용한다고 다 능사는 아니다. 가야는 비록 자신이 그 지역에서 바릭 사용을 최초로 시도했지만, 바릭의 효과만은 줄여야 제대로 된 와인을 만들 수 있다고 주장한다. 적당한 정도의 바릭 숙성이 품질 향상에 도움이 되지, 과도하게 바릭을 사용하는 것은 오히려 와인을 망칠 뿐이라는 의미다.

그래서 가야는 수년 전부터 완제품으로서의 바릭을 더 이상 사용하지 않는다. 대신 직접 바릭을 짠다. 물론 재료는 프랑스산이지만, 스스로 직접 통을 짜는 것이다. 오크를 수입하여 3년간 비를 맞게 하고 태양과 공기를 쐬어 부드럽게 하여 거친 타닌을 오크에서 제거한 후 통으로 조립한다.

가야는 최근의 젊은 와인 생산자들이 와인을 바릭에 너무 오래두거나 너무 강한 오크로 바릭을 만드는 것에 염려를 나타냈다.

"요즘 지역 생산자들은 타닌이 강한 바릭을 그대로 사용합니다.

그러면 오크의 거칠고 강한 성분이 와인에 배어 그 개성이 가려집
니다."

과유불급, 절제의 미덕이 진정한 바르바레스코의 맛을 결정한다
는 것을 알 수 있는 대목이다.

이탈리아 와인, 귀족으로 승격하다

가야는 단일 포도밭 와인을 생산한다. 하지만 전통 바르바레스코
는 여러 포도밭의 포도를 섞어 다양한 토양의 특성을 와인에 표현한
것이었다. 물론 그도 여러 포도밭에서 얻은 포도로 일반 바르바레스
코를 만들지만, 그 지역에서는 누구도 시도하지 않은 '단일 포도밭
의 바르바레스코'를 만든 것이다. 그리고 이 시도로 가야는 이탈리
아 와인을 순식간에 귀족으로 승격시켰다.

그는 1967년에 소리 산 로렌조(Sori San Lorenzo)라는 포도밭 포
도만을 써서 같은 이름의 와인으로 출시하였다. 다른 밭과 혼합하면
해당 밭의 특성이 제대로 발휘되기 어렵다고 판단했기 때문이다. 밭
의 개성이 묻어나는 와인을 만들어 부가가치를 높이려는 그의 의도
는 시장에서 큰 호응을 얻게 된다.

1,200병 미만으로 양조되는 단일 포도밭 와인은 맛과 향의 집중도
가 대단하고 여운도 오래 남아 큰 인기를 누렸다. 특히 경매 시장에
서는 그 희소성으로 인해 상당한 가격으로 거래되었다. 곧 애호가들
사이에서 수집 열풍이 불었다. 가야의 소리 산 로렌조는 다른 생산
자의 와인 값에 비해 서너 배 이상 비싸다.

세상이 가야가 만든 바르바레스코의 품질에 놀랐다고 하지만, 정

바올디 산티의 입구에 서면, 여기가 브루넬로뿐 아니라 사이프러스의 원산지도 되지 않을까 싶다. 토스카나인들은 땅을 사면 전통적으로 사이프러스부터 심어 경계를 확립했다.

작 더 놀란 것은 그의 바르바레스코가 비싸다는 사실이었다. 세계는 이탈리아에도 이런 비싼 와인이 있다는 사실에 놀랐다. 사실 와인 애호가들은 유럽의 와인 문화가 로마로부터 비롯되었다는 것과 이탈리아가 그 로마의 후계자임을 잘 알고 있지만, 정작 이탈리아 와인에는 관심이 없었다. 이탈리아의 와인이 프랑스 와인과는 차원이 다른 이미지를 가지고 있었던 셈이다.

와인의 고급화에 일찌감치 신경을 쓰고 장인정신에 입각하여 와인을 양조해 온 프랑스와는 달리, 이탈리아는 생활의 한 방편 정도로만 와인을 취급했다. 그러다 보니 품종 개량을 통한 우량한 품종 개발이라든가 녹색수확을 통한 품질 향상 등에는 별로 신경을 쓰지 않았다. 게다가 이탈리아 와인 중에서 인지도가 높았던 키안티가 신맛 일변도의 가볍고 저렴한 와인으로 수십 년 동안 양산되는 바람에, 와인 애호가들에게 이탈리아 와인은 항상 그렇고 그런 와인이라는 이미지로만 남아 있었다. 로마의 적통이라는 선민 이미지는 어디에도 없었다.

키안티 클라시코 로고 속 검은 수탉은 용맹성을 상징한다. 이탈리아가 통일되기 전에는 많은 도시들이 수탉처럼 사납게 다툰 데서 비롯된 심볼이다. 전세계 와인 심볼 중에서 가장 인상적이다.

하지만 이탈리아 와인이 싸구려라는 고정관념은 가야의 바르바레스코가 득세하는 동안 조금씩 사라지기 시작했다. 결과적으로 이탈리아 와인을 프랑스 와인 수준으로 격상시키는 데 가야가 한몫 단단히 한 것이다. 이후 이탈리아 와인 생산자들은 그를 벤치마킹하기 시작했다. 가야는 고향 마을 바르바레스코를 와인 세계의 중심에 올려놓음과 동시에 이탈리아 와인의 이미지도 고양시킨 스타다.

이탈리아 와인을 귀족으로 만든 그 장본인, 1997년 소리 산 로렌조를 맛보았다. 단내가 느껴지다가도 신맛이 나며 부드럽다가도 텁텁해진다. 리골레토의 아리아가 떠오른다. '여자의 마음'처럼 도무지 종잡을 수 없다. 그런 묘한 매력이 있으며, 오랫동안 저장할 수 있는 튼튼한 힘과 강건한 구조를 지녔다. 숙성되면 지금보다는 훨씬 더 좋아질 와인이다. 행복한 꿈을 꾸게 만드는 와인이라는 생각이 들었다. 훌륭한 맛과 즐거운 기대감을 갖게 하는 것보다 와인이 줄 수 있는 최상의 기쁨이 어디 있으랴!

가장 작은 포도밭이 만들어낸
가장 비싼 와인, 라플레르

지도를 보면 라플레르(Lafleur)의 위치는 페트뤼스에서 아주 가깝다. 물 반, 고기 반처럼 포므롤은 포도밭 아니면 샤토 건물이기 때문에 보통 샤토 찾기는 식은 죽 먹기다. 렌터카를 끌고 사방으로 다니다 보면 여러 샤토들이 한눈에 들어온다. 저마다 샤토 이름을 크게 달아놓아 찾기도 쉽다. 그만큼 방문객이 많다는 증거다. 그런데 라플레르는 달랐다. 막상 찾으려니 쉽지 않았다. 근처에 위치하는 페트뤼스나 가쟁(Gazin)처럼 문패를 달아두면 별 문제 없겠지만, 아무런 표식을 달아두지 않은 라플레르는 정말 찾기 힘들었다.

지도상으로는 분명 여기 근처인데 계속 헤매고만 있었다. 짐작이 가는 건물마다 문을 두드려 보았지만 아무런 기척이 없었다. 외양이 그럴싸해서 당도해 보면 거기에는 어김없이 딴 간판이 붙어 있었다. 그러다가 여긴 아니겠지 장담하며 애써 외면한 창고 같은 건물이 있었는데, 그곳이 바로 샤토 라플레르였다!

자갈돌로 덮여 척박하기만 한 라플레르 포도밭을 억척스럽게 돌보아 마을, 아니 지역, 아니 세계에서도 유명한 와인으로 빚어낸다.

페트뤼스를 소유한 지역 거상 무엑스 패밀리(Moueix Family) 손에도, 크리스티 오너인 프랑소아 피노(François Pinault) 손에도 넘어가지 않고 19세기부터 지금까지 가족 경영체로 운영되고 있는 장소에 드디어 도착한 것이다.

라플레르 성주와의 첫 만남

정말 미로에서 헤매는 마음으로 찾아낸 샤토 라플레르, 그 주인인 자크와 실비 기노도(Jacques & Sylvie Guinaudeau) 부부와의 만남은 즉석에서 이뤄졌다.

샤토 라플레르에 도착하니, 마침 저 앞에 있는 캠핑카의 문이 열리고 있었다. 청바지 한 자락이 보여 누군가 싶어 유심히 보는데, 길다란 수염이 맨 먼저 보였다. 바람에 휘날리는 희고도 긴 수염의 사람이 이윽고 차에서 내렸다. 그 수염을 보니 《소더비》에 소개된 사진이 생각났다. '아! 이 사람이 라플레르 성주겠구나!' 그리고 삼손의 괴력이 머리카락에서 나온 것처럼 라플레르의 비밀이 저 콧수염 자락에서 나오는 게 아닐까 하는 엉뚱한 상상도 해보았다.

웬 낯선 동양인이 서 있는 게 눈에 띄었나 보다. 멋진 콧수염의 주인공이 나를 쳐다보았다.

"서울에서 왔습니다. 여기가 라플레르가 맞나요?"

콧수염의 사나이는 바로 대답하지 않았다. 그가 머뭇거리고 있을 때, 곧 다른 쪽 문이 열리며 한 여성이 나타났다. 그녀가 영어로 인사를 건넸다. '휴 다행이다.' 솔직히 프랑스어를 잘 구사하지 못하는 나로서는 행여 대화가 제대로 안될까 봐 잠시 속으로 두려웠었다.

나에게 인사를 건넨 그녀는 자크의 부인 실비였다.

"네, 맞아요. 여기가 라플레르에요. 환영합니다."

"감사합니다. 어디 다녀오시는 길인가요? 이런 캠핑카를 가지고 어디 좋은데 다녀오셨나 봅니다. 문패가 붙어 있지 않아 전 여기가 라플레르인지 아닌지 자신이 없어서 걱정이었답니다. 사실 어제도 여길 왔었죠. 근데 확신이 서질 않더군요. 그래서 오늘도 30분 전부터 이 자리에서 계속 기다리고 있었습니다. 약속 시간에 당신들을 만날 수 있을지 없을지 무척 걱정하면서 말입니다."

내 말을 들은 실비는 여기 샤토에서는 살지 않는다고 대답했다. 그리고 그랑 빌리지라는 곳에서 가족들과 살고 있으며 일할 때만 샤토에 온다고 덧붙였다. 언제 일하러 올 지 알 수 없는 일이었는데, 이렇게 이 부부를 만났다니, 30분을 기다린 보람이 느껴졌다.

∣ 포므롤의 보석, 샤토 라플레르

내가 천신만고 끝에 찾은 샤토 라플레르는 프랑스에서도 손꼽는 와인 마을인 포므롤에서도 보석으로 꼽히는 곳이다.

프랑스에서 가장 많은 와인을 생산하는 광활한 보르도 지방의 수십 군데에 이르는 마을 중에서, 포므롤은 가장 작은 지역이다. 하지만 그 와인만은 결코 작지 않다.

작은 거인이란 말이 딱 어울리게 포므롤 와인은 그 맛과 향이 거대한 석상 같다. 풍부하고 부드러운 질감의 메를로와 카베르네 프랑을 혼합한 포므롤 와인은 부드러움 속에 거친 힘을 가지고 있어 현대인들이 가장 좋아하는 와인이다. 질감이 실크처럼 부드럽고, 방향이 풍부하고 진해서 마치 포도를 송이째 마시는 것 같은 상쾌함과 신선함이 있다. 그래서 보르도 와인 중에서도 인기가 높고 가격도 가장 비싸다. 이런 포므롤 와인은 주로 마을 한가운데 자리 잡은 교회와 묘지 주변에 포진한 작은 규모의 포도밭에서 나온다. 그중에서도 손꼽히게 작은 포도밭이 있는데, 값비싼 포므롤 중에서도 보석처럼 귀하고 비싼 와인이 생산되는 곳이다. 바로 샤토 라플레르의 포도밭이다.

라플레르의 비밀은 좌우 대략 200미터로 짜여진 좁은 밭에 숨어 있다. 이 면적은 보르도의 제왕이라 일컬어지는 페트뤼스의 절반에도 못 미친다. 포도밭이 작으니 생산량은 당연히 적다. 하지만 부부

포도밭과의 커뮤니케이션은 남편 몫. 방문객과의 커뮤니케이션은 아내 몫.

는 충분하다고 말한다. 오히려 포도밭이 한눈에 들어오고 포도나무의 일거수일투족을 파악할 수 있으니 다행이라는 것이다. 순간, 그들이 꼼꼼한 시선으로 멋들어지게 정원을 가꾸는 원예가처럼 보였다.

라플레르를 가꾸는 팀은 주인 내외를 포함하여 여덟 명으로 구성되어 있다. 그들은 각자가 맡을 구역을 정해 특정한 포도나무의 상태를 면밀히 관찰한다. 어떤 곳의 어떤 포도나무가 어떤 상처가 났다든지 어떻게 가지치기 했다든지 하는 정보를 회의를 통해 공유한다. 결국 팀원 모두가 모든 포도밭의 정보를 다 파악하는 셈이 된다.

실비는 여름철 뜨거운 태양 아래에서 포도나무가 '여름잠'을 잔다는 재미난 표현을 했다. 단잠 든 포도나무를 성가시게 하지 않으려고 그 근처에도 얼씬거리지 않는단다. 열매솎기 외에는 포도밭에 진입하는 것을 금물로 여긴다는 말이었다. 열매가 튼실히 익어가기를 바라는 간절한 마음으로 이해할 만하다.

그들의 태도는 부르고뉴의 최고급 포도밭 그랑 크뤼를 연상시킨다. 소규모 포도원을 주로 운영하는 부르고뉴 와인 생산자들은 손바닥 같은 포도밭을 손금 보듯 돌본다. 하지만 평균 수십 헥타르 이상을 경작하는 보르도에서 라플레르의 규모는 정말 작은 편에 속한다.

샤토 라플레르의 포도밭은 굵은 자갈이 표면에 덮여 있고 그 아래층은 철분이 많이 함유된 진흙 토양이다. 와인이 숙성되면 철분으로 인해 버섯 향취가 물씬 풍기는데, 이것이 전형적인 포므롤의 향취다. 바로 옆에 소재한 페트뤼스에서 거의 메를로만 재배하는데 반해, 포므롤에서는 메를로와 카베르네 프랑을 반반씩 재배하는 점이 다르다고 하겠다.

| 온전히 포도의 힘만으로 얻은 명성

부부는 건물 1층에 있는 문을 열었다. 정말 자그마한 양조장이었다. 한 구석에는 소규모의 콘크리트 발효조가 두 개 있었고, 스테인리스스틸 발효조도 보였다. 콘크리트 발효조는 오크 발효조보다는 세척이 용이하고 스테인리스스틸 발효조보다는 저렴한데, 와인의 향을 신선하게 유지시켜 주는 장점이 있다. 라플레르를 위해서는 시멘트 발효조를 쓴다고 하는데, 페트뤼스 역시 그렇다.

양조장으로 들어선 뒤 실비는 다음과 같이 말했다.

"양조는 그저 단계별로 따라가는 것입니다. 우리가 개입하려고 하지 않습니다. 그저 순서에 따라 와인을 이 통에서 저 통으로 옮길 뿐입니다. 와인은 양조장에서 만들어지는 게 아닙니다. 바로 포도밭에서 만들어지는 것이죠."

그들은 시종일관 테르와를 강조하였다. 포도가 좋지 않으면 양조장에서 좋은 와인을 만들 수 없다. 포도가 좋아야만 비로서 좋은 와인을 얻을 수 있다. 인위적인 공법으로 그 타고난 맛을 뛰어넘을 수 없다는 게 그들의 논리였다.

어쨌든 이런 원천의 재료를 강조하는 라플레르는 사람들로부터 높은 호응도를 받고 있다. 얼마나 좋은 평가를 받는지 파커의 점수를 통해 알아보자. 100점 만점의 평가를 받은 빈티지 개수를 메독의 1등급 와인과 비교해 보겠다. 라투르 두 개, 마고와 오브리옹은 각각 세 개, 무통 네 개, 라피트가 다섯 개다. 하지만 라플레르는 여섯 개다. 정말 독보적인 점수가 아닐 수 없다.

라플레르는 상대적으로 기복 없이 완벽한 와인을 만들고 있다. 그 빈티지를 나열하면 1945, 1947, 1950, 1975, 1982, 2000이다. 혹자는

몇 평 안되는 작은 셀러이지만 오크통에서는 놀라운 향기의 와인이 익어가고 있다.

라플레르의 숙성력을 의심할지도 모르겠다. 메를로를 많이 혼합하니 메독 와인보다는 수명이 짧을 거라고 생각하는 사람들도 있다. 하지만 라플레르는 대단한 수명을 가지고 있다. 파커에 따르면, 라플레르 1945년산은 메독의 무통 로쉴드 1945년산처럼 약 100년간 숙성된다고 주장한다.

나는 이러한 라플레르가 그 품질에 비해 명성이나 가격이 저평가되어 있다고 생각해서 바로 그 점을 경매할 때에 셀링 포인트로 이용한다. 라플레르의 수익 잠재력을 소비자들에게 이해시키면 그들에게 좋은 선물을 주는 거라고 믿고 있다.

여러 번의 이벤트 경매에서 라플레르는 백화점 가격의 60~70퍼센트 범위에서 낙찰되었다. 그중에서 1975년산은 뉴욕에서 2,500달러에 이르는 고가인데도 2004년 아트옥션 경매에서 300만 원이 채 안 되는 저렴한 가격에 낙찰되었다. 사실 비슷한 가격이 아니냐고 말할 수 있고, 그게 싼 값이냐고 반문할지도 모르겠다. 하지만 우리나라 와인 값이 다른 나라보다 많이 비싸기 때문에 가격 차이가 더 커야 하는 게 마땅하다. 그러나 라플레르의 가치를 소비자들이 잘 알지 못해 판로에 어려움을 겪던 수입회사가 좀 저렴하게라도 팔려고 했기 때문에 경매에서 싸게 낙찰된 것이다.

사실 이런 것은 기현상이며, 이른바 정보의 비대칭성으로 발생하는 일이다. 영리하고 현명한 와인 애호가들은 이 점을 놓치지 않는다. 30대 후반의 어떤 단골고객은 항상 이러한 와인을 사냥하는 데 기민했다. 라플레르는 황금 액체 같은 와인이다. 세상 누가 황금을 귀하게 여기지 않겠는다. 서양의 와인 경매에서도 라플레르는 소량인데다 품질이 탁월해 경매에 출품되면 치열한 경합이 벌어진다. 낙찰가격이 높게 형성되는 것은 당연한 일이다.

│ 실크 같은 황금을 맛보다

최근 들어서 더 철저한 품질 향상에 더욱 힘쓰고 있는 라플레르에 대하여 나는 이것저것 물어보고 싶었다. 또한 최적의 조건에서 저장 숙성된 것을 시음하여 라플레르의 진면목을 온몸으로 체험하고 싶

로버트 파커는 1982년 라플레르가 지금부터 2030년까지 완숙 단계라고 말한다.
ⓒ Sotheby's Wine Auctions

었다. 이런 나의 마음을 읽었는지, 부부는 날 위해 양조장 한켠에다 못 쓰게 된 오크통을 세워 시음 탁자를 준비했다.

2001년부터 2004년까지 네 가지 라플레르가 준비되었다. 천하의 라플레르를 수확 연도별로 시음하게 되다니, 마치 내 눈 앞에 황금이 쌓여 있는 것처럼 엄청난 황홀함을 느꼈다. 천천히 그 황금 같은 맛을 음미하기 시작했다.

2003은 융단 같은 타닌 위에 구조가 꽉 잡힌 놀라운 맛과 집중된 향을 발산했다. 실크처럼 부드러움 속에 겹겹이 쌓인 향이 입안에서 터져 나왔다. 매운 향이 나다가도 금방 싱싱한 딸기향이 퍼지는 듯했다. 난 라플레르의 풍성하고도 이국적인 향취를 좋아한다. 여러 빈티지를 마시면서 그 생각은 점점 더 굳어졌다. 군더더기 없는 질감, 깔끔한 느낌, 흠 잡을 데 없는 균형감이 그 매력이다. 그날은 '라플레르 제대로 알기'를 위해 첫발을 내딛는 날이었다.

재미있는 것은 준비된 병들이 모두 반병짜리라는 사실이다. 시음

와인을 반병에 담아오는 일은 나로서는 처음 겪는 일인데, 보통은 표준 용량에 담는다. 그런데 부부는 거기서 한술 더 떴다. 그들은 시음 후에 잔에 남은 와인을 다시금 병 속에 도로 부었다. 수량이 적은 와인이다 보니 그렇게 아끼는 것이라고 짐작했다.

2000년부터는 녹색수확을 더 치밀하게 한 까닭에 생산량이 확 줄어 겨우 1,000상자(12,000병)를 생산할 뿐이다. 이는 메독 특급 와인들의 평균 생산량의 5퍼센트에도 미치지 못하는 극소량이다. 조선의 도자공이 가마에서 나온 백자를 깨고 또 깨서 모조리 다 버리고 단 몇 개만을 작품으로 삼는 것처럼, 라플레르 역시 포도송이를 자르고 또 잘라 가장 튼실한 포도로만 만든다.

남성적인, 너무나 남성적인 폴 자불레의 에르미타주

　프랑스 남부에 있는 론 강 유역에서 생산되는 '론 계곡 와인'은 북부 론 계곡 와인과 남부 론 계곡 와인으로 크게 나뉜다. 주로 레드와인을 생산하며 주품종은 시라다. 남부 론 계곡 와인 중에서는 샤토네프뒤파프(Châteauneuf-du-Pape)가, 북부 론 계곡 와인 중에서는 에르미타주(Hermitage)가 특히 유명하다.

　우리에게는 잘 알려져 있지는 않지만, 에르미타주의 인기는 한때 라피트, 오브리옹을 능가할 정도로 품질이 우수한 와인이었다. 풍부한 타닌과 씹히는 듯한 산미가 잘 조화를 이루는 에르미타주는 19세기 중반까지 보르도 와인의 강화를 위해 혼합될 정도로 진하고 강한 와인이다.

　오늘날에는 원산지 표시가 강화되어 보르도는 보르도의 포도, 에르미타주는 에르미타주의 포도로만 와인을 만든다. 론 지방에서, 아니 세계에서 가장 강한 와인으로 알려진 에르미타주는 남프랑스의 뜨거운 태양과 가파른 포도밭의 토양이 빚어낸 결과이리라.

그런데 에르미타주를 얘기할 때 빼놓을 수 없는 사람이 있다. 바로 폴 자불레(Paul Jaboulet)다. 그로부터 탄생한 에르미타주 라 샤펠(Hermitage la Chapelle) 1961은 20세기 최고의 와인 중 하나로 일컬어진다.

에르타미주 라 샤펠 1961의 비밀

론 계곡 북부에서부터 남부에 이르기까지 여러 마을의 와인을 다 생산하는 폴 자불레는 1834년에 출발했다. 부친의 가업을 이어 받은 쌍둥이 형제 중, 형인 폴의 역할이 더 커 회사 이름이 폴 자불레 아이네이다. 아이네는 장남을 뜻한다. 현재는 그 가족 전체가 각 부서에서 책임을 맡고 있는데, 젊고 인상 좋은 니콜라는 수출 담당이다. 그를 만나 1961년산 에르미타주 라 샤펠이 최고의 와인이 되기까지의 흥미로운 이야기에 대해 이것저것 물어보았다.

니콜라는 우선 에르미타주 라 샤펠의 테르와가 참 독특하다는 말로 시작한다. 남북으로 길게 뻗은 론 강이 남하하면서 에르미타주 지역에서 동쪽으로 굽이친다. 정남향의 언덕이 솟아오른 그 꼭대기에 교회가 서 있고, 그 일대의 포도밭이 에르미타주다.

폴 자불레가 소유한 에르미타주의 한 구역에는 교회가 있다. 해발 200미터 위에서 마을을 내려다보는 이 교회를 기념하여 폴 자불레는 에르미타주 와인의 이름을 '에르미타주 라 샤펠'이라고 지었고, 이것이 폴 자불레의 대표 와인이 된 것이다.

1961년산 와인은 병 단위가 아닌 배럴 단위로 거래했다고 한다.

당시 판로가 마땅치 않아 규모 있는 거래를 통해 재고를 소진하려는 목적에서 그리한 것이다. 배럴로 구입한 중개상들은 에르미타주 이름에 자기 회사 이름을 덧붙인 라벨을 병에 붙였다. 이를 테면 '듀얼 브랜드(Dual brand)'다. 하지만 지금처럼 최고의 와인이 되리라 예상했었다면, 판로 개척이 마냥 어려운 일만은 아니었을 것이다. 물론 그런 덕분에 간혹 경매시장에 나타나는 1961년산이 더 귀하게 느껴지는 것이지만 말이다.

포동포동한 얼굴에 미소 띤 니콜라는 한국 할머니에게 인기 많을 것 같지 않나요?

1961년산은 병으로 치면 1,600병에 해당하는 양이 양조되었다고 한다. 요사이 경매장에 가보면 아주 드물게 한 병이 출품되는데, 낙찰가는 5,000달러를 훌쩍 넘는다. 내가 와인경매사라는 것을 알게 된 니콜라는 아직 집에 여러 병이 있다고 자랑하며, 아주 가끔 식구들끼리 나눠 마신다고 한다. 그가 몹시 부러워지는 순간이었다.

1961년산이 왜 최고의 와인이 되었을까. 자연스럽게 에르미타주의 수확기 날씨에 그 비밀이 있을 거라 짐작했다. 나의 질문에 니콜라는 이렇게 대답했다.

"그해에는 상당히 가물었다고 합니다. 저는 그때 태어나지 않아서 잘 모르지만요. 아버지한테 들은 얘기입니다만, 다만 여름에 열매를 많이 솎아냈답니다. 포도는 완숙했고 따라서 와인도 참 좋았죠. 그러나 당시 삼촌들이나 아버지는 그렇게 위대한 와인이 될 줄은 전혀 짐작하지 못했다고 하시더군요. 모든 것은 에르미타주에 내리 쬐는 태양과 토양 그리고 그 상호작용, 즉 테르와의 공로라고 생각합니다. 사실 그 비밀은 자연만이 아는 거죠."

폴 자불레는 가을이 되기 전에 녹색수확을 제대로 실시한다. 모든 명품 와인을 보면, 강한 태양과 좋은 토양 외에도 인간의 이런 철저한 노력이 어울려져 탄생됨을 알 수 있다.

포도나무에 열 송이가 달리든 한 송이가 달리든 뿌리가 끌어올리는 에너지의 양은 같다. 때문에 집중된 포도를 얻기 위해 엄격하게 열매를 솎아내면, 나무의 한 송이 한 송이는 100퍼센트의 에너지를 얻는 최대의 효과가 나타난다. 이렇게 에너지가 충만한 송이가 모이게 되니, 굉장히 집중된 맛과 향을 지닌 와인이 될 수밖에 없다.

그러므로 담당자는 어떤 나무에 몇 송이를 남길까를 결정해야 한다. 그 결과 어떤 나무에는 달랑 한 송이만을 남기기도 하고, 또 다른 나무에는 두 송이 혹은 세 송이를 남기기도 한다. 녹색수확 시기에는 전날 이루어진 이런 정보들을 매일 아침 팀원들 간에 공유하는 시간을 가진다. 결국 많은 포도송이들은 열매의 형체를 채 갖추기도 전에 잘린다. 또한 남는 것보다 잘리는 게 더 많단다.

따라서 빈티지가 좋지 않은 때에도 생산자별로 품질의 수준이 다른 것은 열매솎기를 얼마나 엄격하게 했느냐에 달려 있다 하겠다. 얘기를 듣고 있자니, 가위에 잘리는 순간 떨어지는 포도송이들이 프랑스 뮤지컬 〈노트르담 드 파리〉의 곱추처럼 '너를 위해 죽는 것은 죽는 것이 아니다'라고 절규하는 것만 같다.

소탈하면서도 강건한 매력

국내에서도 이 와인을 소개한 적이 있다. 2004년 봄에 내가 진행한 아트옥션의 와인경매에서 1961년산 폴 자불레의 에르미타주 라 샤펠은 단연 하이라이트였다. 단 한 병이 출품되었는데, 수입회사와 상의한 끝에 경매 시작가격은 990만 원으로 정했다. 최고가격은 약 1,500만 원 정도로 기대되었지만, 1,000만 원대에서 마무리될 것으로 예상했다.

경매가 시작되기도 전에 여러 일간지 기자들과 월간지 와인 담당자들이 나타났다. 모두의 초점은 당연히 가격에 있었다. 과연 얼마에 낙찰이 될 것인지가 최대의 관심사였다. 긴장된 순간이었다. 그렇게 많은 사람들이 경매장을 가득 채웠지만 아쉽게도 경매는 유찰되었다. 그 순서가 끝나자 일부 참가자들이 경매장을 빠져나갔다. 비록 낙찰되지는 못했지만, 가장 비싸게 유찰된 와인이라는 기록은 남았다.

좀 과장된 가격이 아니냐고 말하는 사람들도 있을 것이다. 하지만 로버트 파커가 1961년산을 스물네 번 맛보면서 그중 스무 번을 100점 만점을 주었을 만큼 탁월한 와인이다. 그는 그 미끈한 점성의 질감과 놀라울 정도의 싱그러움이 세상 어느 와인에서도 찾아보기 힘들다고 찬탄을 아끼지 않았다.

폴 자불레의 와인 중 세상의 평가가 가장 높은 1961년산이다. 또한 1978년과 1990년도 좋다. 하지만 최근에는 품질이 많이 떨어져 있다. 양조장이 품질 개량에 소홀하면 소문이 생기게 마련인데, 2005년에는 결국 샤토 라 라귄느에게 팔려버리고 말았다.

그렇지만, 최근 빈티지의 에르미타주 라 샤펠을 맛본다면 실망하기 일쑤다. 거칠고 텁텁한 질감에 도대체 이게 무슨 맛이냐며 반문할 것이다. 보통 에르미타주 라 샤펠은 와인 속의 타닌이 아직 제대로 익지 않았고, 구조도 단단하기 때문에 와인의 잠재력을 파악하기가 힘들다. 하지만 제대로 숙성되기만 하면 대단한 파워를 보여준다. 과일맛과 산미 그리고 타닌이 삼총사처럼 조화를 잘 이룬다. 평론가들에 따르면, 에르미타주는 소박하고 털털한 와인이다. 와인 한 잔에 깊은 포용력과 편안함이 스며들어 따스한 온정이 느껴진다고 한다.

친구와 술은 오래 묵힐수록 좋다고 했던가. 에르미타주는 남성의 근육을 연상하게 하는 강건한 레드와인이다. 숙성되면서도 여전히 보랏빛 짙은 붉은 색을 유지하고 있으며 가죽 향과 흙냄새가 어우러져 이국적인 향취를 불러일으킨다. 오랫동안 만나지 못했지만 항상 마음 한구석에 품고 있던 친구에 대한 그리움, 그 그리움과 함께 강건하고 진한 에르미타주를 나누어보면 어떨까.

평론계의 오퍼스 원,
로버트 파커

디켐 1811, 무통 로쉴드 1945, 슈발 블랑 1947, 라투르 아 포므롤
1961, 라플레르 1975, 무통 로쉴드 1982, 사시카이야 1985, 라 타슈
1990, 라피트 로쉴드 1996, 그리녹 크릭 쉬라즈 로엔펠트 로드
(Greenock Creek Shiraz Roennfeldt Road) 1998, 페트뤼스 2000,
에르미타주 카트린(Hermitage Cathelin) 2003. 과연 이 와인들의
공통점은 무엇일까.

바로 로버트 파커가 100점 만점을 부여한 와인들이다. 그리고 파
커의 지지에 힘입어 명품 반열로 올라선 와인들이기도 하다. 소비자
를 사수하는 와인 변호사이자, 세계에서 가장 영향력 있는 와인평론
가로서 와인의 가치를 새로 정의해 나가는 로버트 파커, 그의 와인
은 과연 어떤 것일까.

와인 세계의 막강 파워맨

와인의 맛에 매료되어 지적 호기심이 왕성하게 형성될 때 가장 많이 만나는 이름, 바로 로버트 파커다. 다른 어떤 분야의 평론가가 그 분야에 미치는 것보다도 파커가 와인 분야에 미치는 영향력이 더 크다. 세계에서 가장 영향력이 크고 가장 많은 쟁점들을 만들어내는 와인평론가이기 때문이다.

파커는 와인을 만들지 않는다. 다만 음미하고 평가할 뿐이다. 하지만 그가 명품 와인을 '만든다'는 사실에 의문을 제기하는 사람은 없을 것이다.

와인을 살 때, 한번이라도 당황하지 않거나 허둥거리지 않은 사람이 어디 있을까? 와인숍에만 들어서면 머리 속이 하얗게 된다는 이도 많다. 수십 병도 아니고, 줄지어 선 수백 가지 와인 중에서 무엇을 살지 고르는 건 차라리 고문에 가깝다. 라벨에 써 있는 글귀는 와인회사 스스로가 작성한 것이므로 좀 객관적인 평가가 있으면 좋겠는데, 딱히 믿을 만한 정보도 없다. 그렇다고 가게에서 권유한 대로 구매하기에는 뭔가 좀 찜찜하다.

난감해 하는 소비자를 위해 가장 큰 길라잡이가 되는 것이 파커의 평가다. 그는 직접 와인을 마셔보고 그 느낌과 품질에 대해 짧은 글과 함께 최초로 점수제를 도입해 점수를 매겼다. 1978년부터 와인 평가의 결과를 노트 형식으로 발간하기 시작했는데, 그것이 오늘날 세계 최고의 와인 평가 지침서가 되었다. 바로 《와인 변호사(Wine Advocate)》다.

파커의 평가 결과는 웬만한 와인숍의 코너마다 와인별로 붙어 있다. 소비자는 누구에게 물어볼 필요 없이 점수와 시음 후기를 참고하

"펠레도 세계 축구에서 이만큼은 중요하지 않을 겁니다." 파커는 세계에서 가장 영향력 있는 평론가 이전에 미국인이다. 그가 자국민을 위해 와인을 평하는 일은 그래서 자연스럽다. ⓒRobert Parker

여 쇼핑할 수 있다. 미국의 어떤 소비자는 와인을 살 때마다 PDA를 통해 파커 점수를 꼭 확인한다고 한다.

파커는 많은 소비자들이 자신의 평가에 너무 기대는 것이 부담스러워, 자신이 발행하는 잡지 표지에 독자 여러분의 입맛을 대체할 만한 것은 없다고 분명히 표기하고 있다. 하지만, 정작 소비자는 파커의 평가를 그대로 따르고 있다. 가끔 상점이 한술 더 떠서 이런 추종을 이용하여 소비자를 호도하기도 하는데, 빈티지를 바꾼다든지 간혹 다른 와인의 내용으로 둔갑시키기도 한다.

파커의 평가 방법은 단순하다. 50점부터 100점 사이의 점수로 와인을 평가한다. 어떤 와인은 84점, 또 어떤 와인은 91점, 또 어떤 와인은 100점. 이런 파커의 점수에 반감을 품는 사람도 있지만, 그의 점수가 와인의 성적표가 되는 것은 이제 와인 업계에서 일상이 되었다.

│ 소비자를 보호하던 변호사, 와인을 변호하다

파커의 빈티지는 1947년이다. 우리나라로 치면, 47년 돼지띠. 우리나라에서는 어떤 큰일을 치르기 전에 고사를 지내는데, 돼지머리를 상 위에 올려놓고 잘 되기를 바란다. 아마도 요즘 와인회사들은 파커 점수가 잘 나와 많이 팔리기를 고대할 것이다. 와인 세계에서 파커 생년 1947이 20세기의 대표 빈티지인 것처럼, 그 자신 역시 20세기의 대표 인물이다.

파커는 미국 볼티모어 근교 출신이며, 18세에 생전 처음으로 와인을 마실 만큼 와인과는 거리가 먼 사람이었다. 그와 같은 동네에서 45년 이상 살아온 주민들도 파커가 방송에 출연하기 전까지는 누군지 전혀 몰랐다고 할 만큼 그는 나서지 않는 조용한 사람이었다. 지금은 부인이 어릴 때 살던 집에서 지내고 있으며, 한국 출신 딸아이를 입양하여 모두 세 식구가 함께 살고 있다. 그의 직업은 원래 변호사였지만, 이제는 《와인 변호사》라는 잡지를 간행하는 발행인으로

만 생활을 영위하고 있다.

격월간지《와인 변호사》는 오직 텍스트에만 의존하는 잡지로, 화려한 상업광고로 가득 찬 일반 와인 잡지와는 그 외양이 너무 다르다. 노란 색을 띤 종이에는 숫자와 문자로만 구성되어 있고 이미지는 유일하게 하나만 있다. 그것은 코르크스크루 형상인데, 십자가가 들어 있다. 이를 보고, "파커가 스스로를 십자군 전사라고 여긴다"고 주장하는 사람도 있다. 아마도 파커가 소비자를 복잡한 와인의 세계로부터 구원해 낸다는 뜻일지도 모르겠다.

하지만 십자군전쟁이 치열하고도 오랫동안 지속되었으며 그 의미에 논란의 여지가 많듯, 파커를 둘러싼 평가에도 말들이 많다. 와인 평가에 대한 관심이 넘쳐 나는 오늘날, 그를 둘러싼 논란이 왜 이리 많을까? 과연 그 이유가 그에게만 있을까? 와인에는 이유가 없는 것일까?

어찌 보면, 그 많은 이유는 차라리 와인 자체에 있을지 모르겠다. 와인은 살아 있는 식품이고 병 속에서 계속 진화한다. 때에 따라 상황에 따라 맛과 향이 달라지는 변덕스러운 존재다. 또한 와인은 어떤 사람과 마시는가에 따라서도 맛이 달리 느껴지며, 어떤 기분이었느냐에 따라서도 달라지는 지극히 관념적인 음료이기 때문은 아닐까?

인류 문명과 궤를 같이 해온 와인은 역사의 소용돌이 속에서도 항상 사람들과 함께 했다. 그 소소한 하루하루의 일상에 달라붙어 있었던 와인은 인류의 모든 역사적 변화 과정을 지켜본 목격자다. 인간의 마음을 누구보다도 잘 이해하는 음료이고, 문명 속에서 거대한 담론을 형성해 왔다고도 말할 수 있는 와인은 무한한 측면을 지닌 요술경과 같다.

지구상에는 강수량이 배추 작황에 미치는 영향을 따지는 김치 칼

파커는 페트뤼스 1989를 1990과 비교하는 것은 머리카락을 두 쪽 내는 일이라고 말한다. 숙성력에서는 1990이 8년 더 묵을 수 있다고 평가했다.

럼니스트는 없지만, 강수량이 포도 작황에 미치는 영향을 따지는 와인 칼럼니스트는 수백 명이나 된다. 그 많은 와인평론가들은 정작 와인을 둘러싼 사실 자체에는 별 신경을 쓰지 않는다. 다만 그들은 자신의 생각이 사실이라는 데에만 관심을 둘 뿐이다. 그러니 특정인을 둘러싸고 소모적인 논쟁을 즐기는 것 아닌가 하는 생각이 든다.

파커는 자신이 그런 논쟁의 대상이 되지 않길 간절히 바랐겠지만, 많은 저널리스트들은 그를 표적 삼아 쟁점들을 만들어내고 있다. 논쟁을 양산하는 배경은 여러 가지겠지만, 아마 그의 영향력에 대한 우려와 찬탄 그리고 질투라는 복잡미묘한 이유들이 섞여 있지 않을까.

파커를 둘러싼 치열한 논쟁

파커의 평가가 일반 소비자에게 어떤 영향을 미치기에 표적이 되는 것일까. 사람들이 그의 평가에 얼마나 연연하는지 한번 살펴보자.

LA에 있는 어느 와인 가게에서의 일이다. 그 가게에는 92점 와인과 84점 와인을 구분 표시하여 상점에 진열하였다. 그랬더니 손님들이 84점 와인을 전혀 고르지 않았다. 약 9퍼센트의 손님만이 84점 와인을 샀다. 10대 1의 놀라운 결과다. 이번에는 점수는 빼고 와인 설명만 달아 놓았더니 다른 결과가 나왔다. 5대 5라는 황금 밸런스를 자랑하는 판매율이 나왔다. 또한 어떤 소비자는 90점 이하의 와인은 거의 마시지 않는다고 말한다. 정말로 내 주변에도 그런 이가 있다.

점수체계는 피부에 와 닿는 속도가 빠르다. 게다가 파커가 매긴 점수는 점수 그 자체로 멈춰 있지 않는다. 그의 점수는 아담 스미스의 '보이지 않는 손'이 되어 와인 가격을 변화시킨다. 그의 점수는 양조장에 나타난 투명인간이 되었다. 그리하여 와인을 담그는 방법에까지도 영향을 미쳤다. 파커식 양조의 가장 큰 논쟁점은 양조 스타일에 있다. 즉, 양조업자들이 본인이 생각하는 방향이 아니라 파커가 좋아하는 방향으로 와인을 만든다는 것이다.

그렇다면 '파커식 와인'은 무엇일까. 안티(Anti) 파커가 주장하는 특성은 이렇다. 그 특성은 빅(Big), 고알콜, 하이 글리세린(high glycerine), 과다추출 등이다. 이런 특성은 사실 아주 잘 익은 포도로부터 대부분 구할 수 있는 조건들이다. 그러니 기후가 좋아 포도를 완숙할 수 있는 지역에서의 와인은 예외 없이 이런 특성을 지닌다. 그중에서도 호주는 영어권인 관계로 특히 파커의 사랑을 받고 있다.

이런 와인들은 포도 속의 산이 적고 당분이 높아서 담근 지 얼마 되지 않았을 때에도 마시기에 좋다. 그러나 수명이 길지는 않기 때문에 짧은 기간 내에 미혹의 와인으로 다가올 뿐, 장기 숙성은 곤란하다. 파커 비판자들은 파커가 테르와를 인정하지 않는다고 주장한다. 즉, 지나치게 숙성된 포도 과일, 과다추출 등으로 인해 포도밭의 개성이 과일에 묻어나지 않는다는 것이다. 비록 파커가 보르도 포이약 1982년 빈티지에 대해서는 테르와를 인정했다지만, 사실 그는 테르와를 그리 신봉하는 편이 아니다.

파커의 평가는 파커 자신이 특정 시점에서 행한 평가다. 그러니 시간이 지나면 혹은 다른 사람이 행하면 결과는 당연히 달라진다. 그도 그것을 잘 인식하고 있다. 그는 수년마다 재평가를 통해 업데이트한다. 그럼으로써 와인의 발전 혹은 퇴보를 점수로 반영한다. 파커는 자신의 평가가 2점 범위 내에서 일정하게 유지되고 있다며 자신의 평가는 일관성이 있다고 자부한다. 하지만 여전히 그의 점수는 와인업계에서 논란의 대상이 되고 있다.

▌파커에 반기를 드는 사람들

파커의 독단적인 태도에 적대적인 사람들도 많다.

미국 내에서 파커를 반대하는 인물로는 캘리포니아에 소재한 '조리 와이너리(Jori Winery)'의 주인이다. 그는 파커를 연상케 하는 그림을 티셔츠에 그려 넣고 '코가 없는 황제'라고 조롱한다.

미국 밖에서 일어나는 파커 거부 운동은 주로 프랑스에서 활발하다. 슈발 블랑을 저평가한 파커는 한 통의 전화를 받았다. 결과에 불만족한 샤토 측에서 재평가를 요청한 것이다. 파커는 직접 샤토를 방문했다. 문에 들어서자마자 샤토 관리자 뒤에 있던 슈나우저 한마리가 그에게 덤벼들었다. 사납게 덤벼든 개는 파커의 다리를 물었다. 반창고를 요청한 파커에게 그 관리자는 노란색 종이로 된《와인 변호사》잡지만을 들이댔다는 일화도 있다.

부르고뉴의 와인 중개상 페블레(Feiveley)와도 큰 싸움을 치렀다. 1993년의 일이다. 어느 날 페블레는 파커를 고소했다. 파커가 자신을 중상모략했다는 이유에서였다. 파커는 "페블레 와인을 부르고뉴에서 마시면 좋은데, 외국에서 마시면 질이 떨어진다"고 평했다. 페블레는 이 글을 읽고, 자신이 품질이 열등한 와인을 수출하는 나쁜 사람으로 오해받았다고 주장했다. 이후 송사는 해결되었고, 파커는 그 문구를 삭제해야 했다. 그 이후로 파커는 더 이상 부르고뉴 와인을 평가하지 않았고, 부르고뉴에서 완전히 손을 뗐다. 프랑스 사람인 페에르 로반니(Pierre Rovani)가 부르고뉴 평가자가 된 것이 이 때부터다.

파커에 반기를 든 것은 영국도 예외가 아니다. 그들은 파커의 등장으로 인해 거래가 힘들어졌다고 생각한다. 그들이 수백 년간 거래해 온 보르도 와인에 대해 파커가 달리 생각한 것이 그 발단이다. 영국인들이 최고로 치는 와인들을 파커는 낮게 평가하기도 한다. 와인을 둘러싸고 많은 돈이 왔다갔다 하기 때문에 영국인들은 파커의 평점이 여간 신경 쓰이는 것이 아니다. 특정 와인을 대량으로 사놓았다가 파커로부터 저평가되면 판로가 막혀 큰 낭패를 볼 수 있다. 그래서 되도록이면 파커의 영향력을 낮추는 데 그들은 초점을 맞춘다.

하지만 이런 치열한 논박과 논쟁 속에서 파커의 점수는 와인의 고평가에 훨씬 많은 영향을 미쳤다. 생테밀리옹에 소재한 샤토 보세주르 1990을 예로 들어보자. 파커는 1992년에 처음으로 이 와인을 평가했다. 결과는 92에서 94점 정도였다. 꽤 좋은 점수다. 숙성의 세월이 흐르면서 와인도 숙성해 갔고, 평가할 때마다 몇 점이 더 올라 갔다.

최초 평가한 후에 5년이 흐른 1997년에 파커는 보세주르의 강력한 진화에 깜짝 놀랐다. 블라인드 테이스팅에서 가끔 페트뤼스 1989 혹은 1990으로 착각할 정도라면서 그는 보세주르 1990을 극찬했다. 평가는 당연히 100점이었다. 파커의 평가가 나오자마자 시장은 빠르게 반응했다. 그전까지 100달러 이하로 거래되던 값이 단숨에 400달러로 뛰어올랐다.

호주 와인 중에서 가장 비싸게 출시된 와인이 있다. 그랑지가 350달러인데 쓰리 리버(Three River)는 600달러에 거래된다. 애당초 쓰리 리버가 세상에 나왔을 때에는 65달러였다. 그런데 파커가 만점으로 평가하자마자 2주 만에 재고가 바닥났다. 쓰리 리버는 이제 호주에서 가장 비싼 와인이 되었다.

이처럼 파커의 점수에 와이너리들은 일희일비한다. 덕을 본 사람들은 기뻐하지만, 손해를 본 이들은 그를 조롱하며 소송도 불사한다. 파커뿐만 아니라 와인에 대한 평가 자체의 부작용도 염려하는 사람들이 많다. 하지만 그의 평가가 담긴 노란 책자의 발간은 멈추지 않을 것이며, 파커를 둘러싼 논쟁과 반기는 지금도, 앞으로도 계속될 것이다.

│ 그래도 평론은 계속된다

파커는 양조에 대해서도 일가견이 있다. 그는 보프레레(Beaux Frères)의 창립 주주로서 처남과 함께 오레곤에서 와인을 양조한다.

파커의 경쟁력, 시음 또 시음. ⓒRobert Parker

그래서 그의 평론은 와인메이커들이 주장하는 내용을 세밀하게 파헤치는 힘을 가진다. 빈티지가 좋다거나 비가 그친 후 수확을 했다는 등의 주장이 과연 진실인지 아닌지를 그는 세세하게 파악할 수 있다. 그렇지만 평론을 업으로 삼는 그도 자신의 와인인 보프레레만은 평가하지 않는다. 포도밭에서 갓을 고치지 않는다는 속담을 잘 실천하고 있는 셈이다.

파커는 올 봄 《뉴욕 타임스》와의 인터뷰에서, 부인인 팻이 집 계단에서 굴러 스무 바늘이나 꿰맸고, 그 소식을 접한 그 다음날 본인 역시 생테밀리옹에서 교통사고를 당했다고 말했다. 척추협착증으로 인해 힘든 그에게는 고통의 연속이 아닐 수 없다. 하지만 파커는 크게 상심하지 않는다. 이런 일로 움츠러드는 것은 파커 스타일이 아니다.

보르도 1982년 빈티지의 잠재력에 대해 기존 평론가들과는 상반된 견해를 내기 시작하면서 파커는 세계 와인 시장의 수면 위로 부상했고, 그 이후 지금까지 그 명성과 영향력이 강화되고 있다. 그와 동시에 평론가들의 표적이 됨에 따라 본인이 느끼는 심적 부담감 역시 엄청나게 증가하고 있다. 하지만 자신의 신념을 꺾은 적이 없다.

파커는 명성을 즐기는 일에는 전혀 관심이 없지만 소비자를 호도하는 잘못된 와인 평가에 대해서는 분연히 일어서서 맞설 것이라고 강조했다. 2006년 들어서 잡지 《와인 변호사》의 제호가 좀 달라졌는

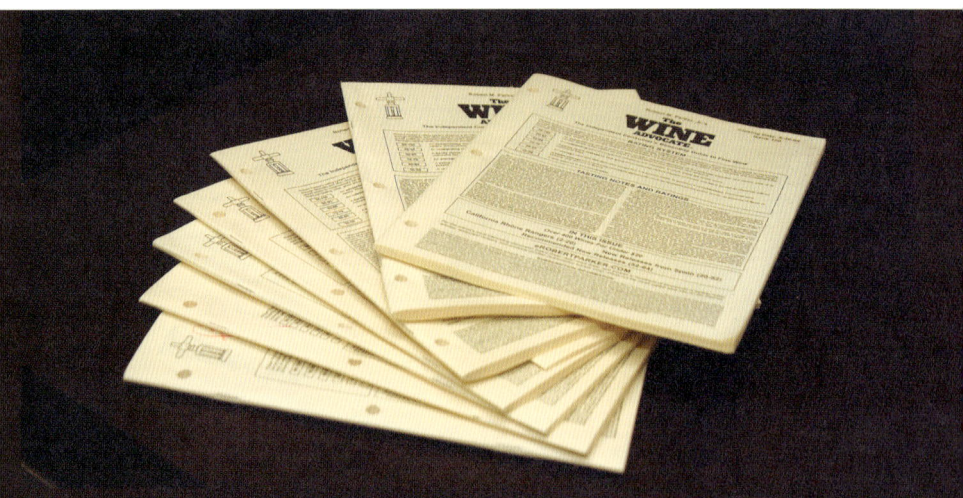
파커가 1년에 여섯 번 발간하는 《와인 변호사》. 왼쪽 상단 코르크스크루 외에는 모두 글자다.

데, 그중에서도 눈에 띄는 것은 십자 모양의 코르크스크루의 크기다. 유일한 이미지인 코르크스크루의 크기가 더 커졌다. 편향된 와인 정보의 홍수로부터 소비자를 구원하겠다는 각오가 한층 강화된 것 같다.

파커는 다음과 같이 소신을 밝혔다.

"내 인생의 마지막 날에도 나는 와인을 마시고 와인을 사랑할 겁니다. 나는 그때에도 스스로를 여전히 와인 변호사로 여길 것입니다."

오늘날 와인이란 것이 파커가 매긴 점수를 통해 태어나고 그 점수를 먹고 성장한다고 해도 과언이 아니다. 파커를 둘러싼 다양한 분야의 사람들이 그를 좋아하든지 싫어하든지 간에, 그는 이미 와인 역사상 가장 중요한 인물임에 틀림없다. 그의 평론은 여전히 계속된다.

와인 한잔에 바뀐 인생, 잰시스 로빈슨의 샹볼뮈지니 레자뮈레즈

잰시스 로빈슨은 남성이 주도해 오던 와인 저널리즘 분야에서 최고의 반열에 오른 여성 저널리스트다. 그녀의 글은 재치가 있고 재미가 충만하다. 로버트 파커도 그녀의 글 솜씨를 인정할 정도다. 영국 왕실 역시 격조 있는 그녀의 글에 찬사를 보냈는데, 특히 2003년에는 와인 작가 중에서 최초로 엘리자베스 여왕으로부터 대영제국 훈장(OBE)을 수여받았다. 잰시스는 이제 '잰시스 공주'라 불린다. 이는 와인은 한낱 주류에 불과할 뿐이라고 줄곧 폄하해 온 부류의 입을 완전히 봉해버린 쾌거다.

남자들만의 전유물에 뛰어들다

여성으로서, 거기다 세 아이의 엄마이기도 한 잰시스가 어떻게 세

세 아이 엄마로 평론계에 우뚝 선 잰시스 로빈슨. ⓒJancis Robinson

계 최고의 와인전문가가 되었을까. 그녀는 다소 억척스럽고 힘든 나날을 보냈다고 한다. 하지만 늘 웃음을 잃지 않고 어떤 일이든 포기하지 않았다. 그런 그녀가 옥스퍼드를 다니던 중 남자 친구와 마신 와인 한 잔으로 인생의 큰 전기를 맞았다는 사실은 너무나 유명하다. 한 사람의 인생을 바꿔놓은 와인은 샹볼뮈지니 레자뮈레즈 (Chambolle-Musigny Les Amoureuses) 1959년산이다.

그러나 그녀를 감동시킨 와인이 누가 만든 것인지는 아는 이가 없다. 애석하게도 잰시스 역시 생산자를 기억하지 못했다.

"그 당시에는 내가 와인에 대해 체계적인 지식을 갖지 못했어요,

아쉬운 일이죠.."

젠시스의 어린 시절은 로버트 파커처럼 와인과 거리가 먼 생활이었다. 옥스퍼드를 다니면서 와인을 알게 되었고, 수줍은 성격 탓에 와인클럽 활동도 하지 못했다. 와인이 아니었으면 지금쯤 음식평론가가 되었을 거라는 그녀는 오늘날의 이런 모습은 남편의 도움이 아주 컸다고 말한다.

대학 졸업 후 잡지사의 와인 담당기자로 사회생활을 시작한 젠시스는 지금껏 계속 와인 세계에 몸담고 있다. 그녀가 쓴 책이나 출연한 방송 프로그램은 베스트셀러가 된다. 그녀가 편집 책임을 맡은 《옥스퍼드의 와인 안내서(The Oxford Companion to Wine)》는 와인에 관한 방대한 지식을 일목요연하게 나열한 와인 백과사전이다. 또한 영국 와인 저널리스트 휴 존슨과 함께 『와인 아틀라스(Wine Atlas)』를 펴냈다. 두 책은 모두 와인 전문가들의 필독서다. 시중에는 그녀가 주인공으로 등장하는 '젠시스 로빈슨의 와인 코스'라는 DVD가 팔리고 있는데, 이는 10년 전에 BBC와 함께 제작한 와인 프로그램으로, 아주 손쉽게 와인에 접근하게 하는 시청각 자료로 인기가 높다.

그녀의 와인 전문성은 오랜 경력에서도 나왔겠지만 MW자격을 일찌감치 획득함으로써 증명되었다. 와인 분야에서 가장 권위를 인정받는 학위인 MW, 즉 '마스터 오브 와인(Master of Wine)'은 젠시스가 도전하기 전까지는 와인 거래에 종사하는 자들이 취득하던 학위였다. 수년이 소요되는 까다롭기로 유명한 과정인데, 젠시스는 와인 산업에 있지도 않으면서 합격하는 진기록을 세웠다. 그녀는 비(非)와인업계 최초로 학위를 취득한 여성이 되었다.

남성들의 독무대였던 영국의 와인저널리스트 세계에서 젠시스 공주는 불이익보다는 오히려 득을 봤다고 고백한다. 차별도 전혀 받지 않았으며 오히려 여성이기 때문에 좋은 자리를 배정받기도 했다. 예를 들어, 유명 와인회사의 주인이 기자회견을 하면 그 주인의 바로 옆자리에 앉아 자세하게 취재할 수 있는 특권도 맘껏 누렸다.

내가 그녀를 처음 만났을 때, 그녀는 여전히 헤드 테이블에 앉아 있었다. 하지만 상황은 다르다. 옛날에는 남성들이 기사도를 발휘하여 만든 자리였지만, 지금은 엄연히 실력으로 당당히 인정받은 자리인 것이다. 2004년 보르도 엉 프리메르 테이스팅 때에도 그녀는 보르도 그랑 크뤼 연합회 회장 등 업계를 대표하는 이들과 나란히 앉았다.

그녀의 남편은 집에서 일한다. 세 자녀를 뒷바라지하고 살림을 사는 것이 남편 몫이란다. 그도 그럴 것이 남편은 영국에서 유명한 음식 평론가인데, 한때는 레스토랑을 운영하기도 했다. 남편의 내조 덕분에 잰시스는 일년 내내 세계 곳곳을 돌아다니며 와인을 맛볼 수 있다. 그녀는 지금도 남편을 성인군자라고 자신 있게 소개한다.

잰시스는 여성이 남성에 비해 와인을 평가하는데 유리하다는 의견을 피력한다. 2004년 《샌프란시스코 크로니클(San Francisco Chronicle)》에 기고한 글을 보자.

"와인업계에서는 전통적으로 남성에게 기대하는 것이 더 큽니다. 저는 남성이 더 잘 할 거라는 기대가 오히려 남성에게는 큰 짐이 된다고 봅니다. 그러나 반대로 여성은 그런 기대가 덜 하므로 오히려 유리하다고 할 수 있습니다."

부르고뉴 지방 샹볼뮈지니 마을에서 제일 좋은 포도밭 '레자뮈레즈'의 와인

잰시스는 현재 권위 있는 일간지 《파이낸셜 타임스》에 칼럼을 쓰고 있는데, 다른 일간지 칼럼 역시 그녀처럼 여성이 맡고 있다. 그러나 여성의 유리함을 강조한 잰시스이지만, 와인 저널리즘 분야 말고는 여성의 득세가 잘 보이질 않는다. 특히 와인 거래 분야는 여성의 활동이 미미한데, 소더비의 전세계 와인경매를 지휘하고 있는 세레나 서클리프가 유일한 예외에 속한다. 하지만 잰시스가 여성들이 활동할 수 있게 그 포문을 연 것만은 분명 큰 성취다.

긴 와인의 이름에 담긴 와인의 역사

와인 이름은 그 와인이 태어난 생산지의 역사와 문화를 담는다. 잰시스가 감탄한 샹볼뮈지니 레자뮈레즈라는 상당히 긴 이름을 가진 와인도 마찬가지다.

'샹볼뮈지니'는 부르고뉴 지방의 마을 이름이다. 원래 마을 이름은 샹볼이었다. 하지만 마을 내의 뮈지니라는 포도밭의 와인이 너무나 유명해서 마을 이름에 그 포도밭 이름을 합쳐 버렸다. 그래서 지금은 마을 이름이 샹볼뮈지니가 되었다. 이 마을에 속한 포도밭의 포도로 만든 샹볼뮈지니는 그 마을의 이름으로 쓸 만큼 품질이 보장된 와인이다.

그렇다면 '레자뮈레즈'는 무엇일까. 알퐁스 도데의 시집도 이런 이름을 가지고 있는데, 그 뜻은 '연인들'이다. 하지만 와인의 레자뮈레즈는 포도밭 이름이다. 샹볼뮈지니 마을에는 일반 포도밭보다 토양이 훌륭한 스물네 개의 특정 포도밭이 있다. 이를 '프리미어 크뤼'라고 한다. 일급이라는 뜻인데, 마을의 지경에 속한 드넓은 포도밭

가운데 유난히 뛰어난 토질을 가진 포도밭을 의미한다. 여기에서 매년 고품질의 포도가 나온다. 레자뮤레즈는 이런 스물네 개의 일급 포도밭 중의 하나이며, 그중에서 최고로 꼽힌다. 면적은 16,000평 정도 된다.

'프리미어 크뤼'보다 더 좋은 포도밭을 '그랑 크뤼'라고 한다. 그랑 크뤼는 일급보다 더 높은 품질을 가지므로 특급이라 할 수 있다. 그랑 크뤼는 그 자체가 희귀하고 독특하기 때문에, 이름을 부를 때 마을 이름과 함께 부르지 않고 포도밭 이름만 부른다. 예를 들어 샹볼뮈지니 마을에는 뮈지니가 있다. 뮈지니를 부를 때에는 샹볼뮈지니라는 마을 이름을 절대로 붙이지 않는 것이다. 그냥 뮈지니라고 한다. 이런 그랑 크뤼로는 로마네 콩티, 라 타슈, 샹베르탱(Chambertin) 등이 있다. 모두 마을 이름 없이 포도밭 이름만으로 호칭된다. 그래서 레자뮤레즈는 마을의 유일한 그랑 크뤼인 뮈지니 다음 가는 훌륭한 포도밭이다.

레자뮤레즈는 피노 누와로 만드는 레드와인이다. 부르고뉴 지방의 양조 규칙에 따라 이 지역에서 오랫동안 재배해 온 피노 누와만으로 와인을 만들어야 한다. 부르고뉴 전체 마을이 모두 한가지로만 레드와인을 양조하니 맛의 차이는 결국 포도밭의 차이로 결정지어진다. 그런 의미에서 레자뮤레즈는 부르고뉴에서 손꼽히는 포도밭이라 할 수 있다. 그랑 크뤼에 속하진 못해도 그랑 크뤼의 품질과 비슷한 우수한 와인이 만들어진다.

샹볼뮈지니 레자뮤레즈는 피노 누와의 생기발랄한 과일 향을 물씬 풍기며, 한 입 머금으면 벨벳처럼 부드러운 외투를 입은 것 같지만, 속에는 단단한 타닌의 구조가 느껴지는 힘 있는 와인이다. 젊은 시절, 잰시스가 감동을 받을 만한 훌륭한 풍미라 하겠다.

| 와인은 즐거움이다

젠시스의 와인철학은 쉽고 명쾌하다. "와인은 즐거움이다. 와인을 즐기기 위해 어떤 특별한 재능이 요구되지 않는다. 누구나 다 와인을 즐길 수 있다." "와인전문가를 자처하는 이들에게서는 편견 외에 별다른 것을 발견할 수 없다."

그녀는 매일 수십 가지 와인을 시음한다. 레드와인 속의 붉은 색소가 치아에 달라붙어 치아가 상어 이빨처럼 변하고 혀와 구강이 알코올에 절어 뻣뻣해지지만 연신 마시고 뱉으며 와인의 맛을 음미하고 기록한다. 힘든 시간 속에서도 그녀는 "살기 위해서 뱉는다"며 웃는다. 시음의 고충을 이런 위트 있는 말을 해가며 재미있게 표현한다. 그녀는 와인과 만나는 하루하루가 고통보다는 즐거움의 연속이라고 생각한다. 하지만 와인에서 가볍게 즐거움만을 추구하지는 않는다.

젠시스는 블라인드 테이스팅에서 삶의 중요한 진리를 얻는다고도 고백한다.

"블라인드 테이스팅은 참으로 우리를 겸손하게 만드는 체험이에요. 우리 모두가 와인의 내재적 가치보다는 라벨과 명성에 의해 얼마나 많은 영향을 받고 있는가를 일깨워주기 때문이죠."

그녀는 와인을 평가하는 데 있어 블라인드 테이스팅보다 더 좋은 방법은 없다며, 매년 참가하는 보르도 엉 프리메르 테이스팅 기간 중에도 블라인드 테이스팅을 한다고 말한다. 라벨이 붙은 채로 진행되는 전통적인 테이스팅 그룹의 행사에 참가하는 나는 그래서 그녀를 만나기 힘들다. 하지만 마지막 날 점심시간에는 두 그룹의 모든 참가자들이 한자리에 모이기 때문에 그녀를 만나서 얘기를 나눌 수 있었다.

이런저런 얘기를 나누던 중, 짓궂게도 테이스팅의 명수인 그녀가 당황할 때가 없었나 궁금해졌다. 그 자리에 참석했던 다른 사람들도 나처럼 생각을 했었던지, 어떤 젊은 영국 저널리스트가 물었다.

"가장 당황했던 블라인드 테이스팅의 추억이 무엇입니까? 혹은 가장 큰 실수라고도 말할 수 있겠네요."

"흠. 슈발 블랑 1949년을 파비(Pavie) 1990년이라고 오인한 적이 있어요. 비슷하더라고요. 제가 실수한 거죠. 그날 호스트가 절 놀리려고 계획한 것 같아요. 호호호."

민망하고 부끄러운 기억일 텐데, 그녀의 언행은 그녀의 글처럼 언제나 상냥하게 재미있고 재치가 넘친다. 하지만 구성원의 거의 전부가 남성이었던 와인 업계에서 확고한 지위를 얻기까지 얼마나 많은 땀을 흘렸을까.

생테밀리옹의 특급 와인 샤토 파비의 2003년산의 시음 평가로 촉

샤토 파비(가운데)의 성주가 소유하고 있는 와인들. 파비 옆의 샤토 라 클루지에는 파비 포도밭에 병합되어 브랜드가 소멸했다.

발된 파커와의 논쟁에서도 잰시스는 남성보다 더 버거운 짐을 지고 있는 것 같다. 그녀가 샤토 파비 2003년산이 전통과 개성이 상실된 와인이라고 힐난한 반면, 로버트 파커는 대단한 와인이라고 맞받아쳐 논쟁이 가열되었고, 지금도 진행 중이다. 영국의 그 많은 남성 저널리스트는 무얼 하는지 모르겠지만, 그녀는 홀로 시종일관 와인은 전통적인 독자성을 유지해야만 한다고 주장했다. 최근 휴 존슨이 끼어들어 파커를 공격하면서 그녀의 짐이 좀 가벼워진 듯하지만, 그녀는 여전히 전통적인 와인 맛을 대변하는 저널리스트의 무거운 사명을 내려놓지 않고 있다.

그녀와 얘기를 나누다 보니 당돌한 질문 하나가 떠올랐다.

"비상식량과 샤토 라투르 1961이 있습니다. 만약 일주일간 둘 중 하나로만 버텨야 한다면 무엇을 고르시겠습니까?"

잰시스는 호탕하게 웃으며 말했다.

"당연히 라투르죠. 와인에도 약간의 열량이 있으니 일주일 정도야 와인만으로도 살 수 있어요. 라투르 1961은 너무 뿌리치기 힘든 유혹이거든요. 호호호."

생존과 직결된 문제에서도 언제나 와인이 일순위인 그녀는 와인의 전통을 고수하려는 노력을 멈추지 않을 것이다.

소더비 최고의 와인경매사
세레나 서클리프의
무통 로쉴드 1945

사람들은 남의 집을 방문했을 때 무엇부터 먼저 볼까. 신발이 가지런한지, 가구의 배치는 어떤지, 어떤 그림이 걸려 있는지를 무의식적으로 살피기도 하고, 책장의 책이나 음반 등을 보면서 집주인의 취향을 가늠해 볼 수 있다. 와인 애호가라면 '셀러 속에 무슨 와인이 있을까?' 하는 것이 가장 큰 관심사이리라. 세계 경매시장을 주무르는 세레나 서클리프의 와인 취향은 과연 어떤 것일까.

세레나의 넘버 원, 무통 로쉴드 1945

세레나 서클리프의 추천을 보려면 다른 잡지나 자료를 찾아볼 필요가 없다. 런던 소더비의 카페로 가보면 최고의 와인경매사가 추천하는 와인을 맛볼 수 있기 때문이다.

그 카페의 와인 메뉴는 달랑 한 장으로 되어 있다. 간결한 메뉴다. 샴페인이 두 가지, 화이트와 레드가 각각 여섯 가지다. 그리고 디저트 와인 네 가지가 맨 아래에 쓰여 있다. 각 와인의 값은 병 기준으로 10만 원을 넘지 않으며, 그리스, 오스트리아, 스페인, 이탈리아, 프랑스 등 다양한 산지의 와인들을 소개하고 있다. 상류층에서 즐길 법한 와인이 아닌, 보통사람들의 일상생활에서 골고루 누릴 수 있는 와인의 단면을 보여준다.

메뉴 와인은 글라스로도 마실 수 있다. 글라스의 용량이 175밀리리터여서 혼자 마시기에 딱 알맞은 양이다. 이것은 병 용량의 4분의 1에 해당하는 양이다. 그리고 메뉴에는 전세계를 돌아다니며 경매와 특강을 하는 세레나가 직접 고른 와인이라고 표시되어 있다.

세레나의 일상은 사실 여기에 머물러 있지 않다. 그녀는 세계 곳곳에 저장된 셀러 문을 활짝 열고, 세월 속에 감추어진 진귀한 와인의 맛을 보는 데 일인자다. 그 일인자가 꼽는 최고의 와인은 샤토 무통 로쉴드 1945년산 보르도 와인이다. 1945년은 그녀가 출생한 연도이기도 하다.

이 와인은 얼마 전 영국의 와인 잡지 《디캔터》에서 조사한 '죽기 전에 마셔봐야 하는 100가지 와인' 중 으뜸으로 선정되기도 했는데, 세레나는 보르도 레드와인의 완벽함을 다 갖추었다고 평하기도 했다. 로버트 파커는 이 와인을 100점 만점으로 평가했지만, 100점이라는 점수로는 이 와인을 다 평가할 수 없다며 안타까움을 토로한 것으로도 유명하다.

무통 로쉴드 1945는 맛과 향이 강해 금방 파악할 수 있을 정도로 강한 개성을 가지고 있다. 또한 지금 숙성된 상태이지만 2047년까지 충분히 저장할 만하다는 평가를 받는다. 이는 무려 100년을 숙성시

그녀가 소더비에 입사하기
전의 와인경매는 크리스티
의 독무대였지만, 그후 소더
비는 삽시간에 시장의 절반
을 잠식하였다.
ⓒ Sotheby's Wine Auctions

킬 수 있다는 말이다. 대단한 숙성력과 맛을 유지하는 힘이 뛰어남
을 알 수 있다.

　샤토 무통 로쉴드는 프랑스 보르도 지방 메독 지구의 포이약 마을
에 위치하는 유서 깊은 와인이다. 지롱드 강 하류에 있는 포이약 마
을은 중세부터 유명한 항구 도시다. 지롱드 강 상류로부터 쓸려온
돌들이 오랜 세월 동안 퇴적되어 하류에 많은 자갈들을 모아놓았다.
포이약의 토양은 이런 자갈들이 표토를 구성하여 카베르네 소비뇽
을 최적의 상태로 키워내고 있다. 무통 로쉴드는 메독 지구의 와인
중에서 일등급에 해당하는 최고급 와인인 것이다.

　무통 로쉴드의 1945년 여름은 잊을 수 없는 계절이다. 그해 여름

은 일본의 오랜 식민지 지배 하에 있었던 우리에게도 남다른 감회가 있는 계절이기도 하다. 당시는 2차 세계대전이 끝날 무렵으로, 샤토가 포도밭을 돌볼 겨를이 없었을 때였다. 대부분의 농부들이 전장으로 나갔던 때지만, 하늘은 포도밭을 버리지 않았다. 유난히 더운 여름으로, 포도가 익기에는 완벽한 조건이었던 것이다. 오직 태양과 바람과 물이 빚어낸 1945년산 무통 로쉴드는 이렇게 전쟁의 슬픔과 고통 그리고 승전보로 점철되는 처절한 인간사 속에서 탄생되었다. 잔에 따랐을 때 가장자리에 끼는 약간의 갈색을 제외하면 이 와인의 나이를 예측하는 일은 불가능하다. 여전히 신선한 향취와 풍부한 방향을 띠고 있기 때문이다.

샤토 무통 로쉴드는 1945년 빈티지의 라벨을 새로이 제작했다. 승전의 기쁜 소식을 와인에 새기기 위해서다. 일러스트레이터로 유명한 필립 줄리앙(Philippe Julian)이 라벨을 디자인했다. 그는 1945를 기념하기 위해 'V'자를 크게 새기고 아래에 '승리의 해'라고 도안했다. 이후 아티스트 라벨은 전통이 되었다.

강인한 인상, 확고한 신념

큰 코를 중심으로 갸름하게 펼쳐진 세레나의 얼굴은 이목구비가 뚜렷하다. 그녀의 대화는 대부분 남성과 이루어지지만, 그렇다고 고개를 올려서 말하는 일이 별로 없을 만큼 키가 크다. 180센티가 넘는 큰 키에

'죽기 전에 마셔볼 와인' 샤토 무통 로쉴드 1945.

구두까지 신은 그녀랑 얘기할 때면, 웬만한 키의 남성도 작게 느껴질 정도다. 백발을 곱게 빗어 넘긴 헤어스타일은 언제나 새로운 느낌으로 보인다.

세레나는 영국에서 태어나 스위스 통역학교를 마치고 나토와 유네스코에서도 근무한 경험이 있어 프랑스어는 물론, 이탈리아어, 스페인어, 노르웨이어, 스웨덴어까지도 유창하다. 경매장에서 좌중을 내려다보며 외치는 호가는 경쾌하고 자신만만하다. 낙찰자들을 알아보고 해당 모국어로 정확하게 마무리 감사 인사를 전하는 그녀의 매너로 그들은 승리의 감격과 함께 보람도 느낀다.

강한 인상의 세레나는 일전에 어떤 영국의 텔레비전 프로그램에서 아주 건방지고 오만하다는 평을 받기도 했다. 그 영향인지 그녀의 남편은 아주 곱상하고 얌전한 인상으로 보인다. 그녀의 남편 역시 세레나처럼 '마스터 오브 와인' 학위를 소지하고 있다. 부부의 와인 경력을 합치면 60년에 이르니, 대단한 부부임에 틀림이 없다.

부부는 또 와인 작가로도 이름을 날리고 있다. 남편인 데이비드 페페콘(David Peppercorn)은 보르도의 소테른 와인에 정통하다. 매년 이들 부부가 주최하는 샤토 디켐의 수확 연도별 시음회는 런던 호사가들의 단골메뉴다.

나는 세레나를 2004년 샤토 슈발 블랑에서 벌어진 생테밀리옹과 포므롤 마을 와인들의 배럴 테이스팅 때 처음으로 만났다. 보르도 그랑 크뤼 연합회에서 주선한 자리였다. 슈발 블랑의 대표인 피에르 뤼통(Pierre Lurton)이 2004년은 카베르네 프랑이 특히 잘 익었다면서, 혼합 비율이 55퍼센트라고 설명하는 순간이었다.

"55퍼센트라고요?"

놀란 표정으로 되묻는 날 보고 세레나가 피식 웃었다. 사실 놀랄 일은 아니다. 슈발 블랑은 원래 카베르네 프랑 경작을 많이 하기 때문이다. 내가 왜 그 수치를 되물었는지 그 이유를 지금도 잘 모르겠다. 어쨌든 세레나의 표정으로 봐서는 '그게 놀랄 일이냐? 원래 그런 비율을 가지고 있지 않느냐? 너 잘 모르는구나'라고 나에게 말하는 것 같았다. 하지만 그 해프닝을 통해 세레나를 알게 되었으니 잘된 일이라 여기고 있다. 한참 후에야 안 사실이지만, 세레나가 가장 좋아하는 와인이 다름아닌 슈발 블랑이었다.

뤼통의 설명을 다 듣고 다음 난 세레나에게 다가갔다. 명함을 건네며 나중에 시간이 되면 와인경매에 대해 얘기를 좀 하고 싶다고 말했다. 한국에서 온 와인경매사 겸 프리랜서 저널리스트라는 내 소개를 호기심어린 눈초리로 듣고 있었다. 그런데 그녀를 올려다보며 말을 해야 하는 상황이라 작은 키 콤플렉스가 느껴졌다. 또한 그녀가 소더비의 경매사이기 때문에 느끼는 콤플렉스, 그녀가 유창한 프랑스어를 구사하기 때문에 느끼는 콤플렉스 등등, 이루 말할 수 없을 정도였다. 그래도 이런 기회가 어디냐 싶어 재빨리 말을 건넸다.

"거름지고 장에 간다는 말이 있어요. 누가 좋다고 하면 너도 나도 좇아간다는 한국 속담이죠. 빈티지가 좋다고 하면 불에 뛰어드는 불나방처럼 덤벼들어 가격이 금방 올라가지 않습니까? 당신이 생각하기에도 2000년이 그렇게 좋은 빈티지입니까? 정말 품질이 좋은 빈티지는 무엇이라고 생각하십니까?"

슈발 블랑을 빠져 나오며 난 그녀에게 물어보았다.

"빈티지에 대한 수요와 가격은 밀접한 관련이 있어요. 1900, 1945, 2000의 경우가 바로 그렇지요. 하지만 순수하게 품질과 관련된 빈티지는 사실 1961과 1982라고 생각합니다."

그녀는 이런 대답만을 남기고 말총머리로 질끈 묶은 은빛 실 같은

샤토 슈발 블랑. 생테밀리옹에서 카베르네 프랑 위주로 와인을 양조한다.

머리카락을 날리며 총총걸음으로 사라졌다. 강인한 인상만큼 빈티지에 관한 확고한 의견. 나의 와인경매의 인생에 그녀가 역할 모델이 되는 순간이었다.

| 소더비의 선택, 세레나 서클리프

세레나는 잰시스처럼 나긋나긋한 여성은 아니다. 로버트 파커 역시 그녀가 좀 냉정한 것 같다고 말한다. 하지만 세레나의 테이스팅 능력만큼은 그도 높이 평가한다.

런던 소더비에서는 와인 경매가 있기 전에 항상 출품 와인 중에 일부를 일반인과 함께 시음한다. 물론 유료다. 15만 원 정도 입장료를 내면 로마네 콩티부터 페트뤼스까지 다양한 와인을 맛볼 수 있다. 세레나가 진행하는 날이면 많은 이들이 몰린다. 그녀의 분명하고도 자신 있는 시음 후기를 듣기 위해서다.

세레나의 시음 후기는 과학적이면서 서정적이다. 시나 소설의 문구를 옮겨 오기도 하고, 이야기하는 것처럼 자연스러우며, 구두점을 사용한 스타카토도 좋아한다. 소더비 경매 카탈로그에는 그녀의 경험에서 우러난 시음 후기가 가득하다. 로마네 콩티 1982년을 "와인의 요부. 버섯!! 맛있다. 충만한 아름다움. 부드럽다. 초콜릿 같은 끝맛은 사랑스럽고 기름지다"로 표현했다. 1961년 샤토 오브리옹은 "끝 맛에 노새의 발길질이 있으나 여전히 달콤하고 유혹적이다"고 평했다. 그녀의 시음 후기는 직접 그 와인을 시음하는 듯한 착각을 불러일으킬 정도로 생생하다. 그런 그녀의 시음 후기를 난 좋아한다. 몸으로 느껴지는 글이기 때문이다.

세레나는 와인 경매 분야에서 위대한 여성이기도 하다. '라 그랑 담'이라는 샴페인이 있다. '위대한 여성'이란 뜻으로, 샴페인 산업의 발전에 크게 공로한 뵈브 클리코를 기념한 브랜드다. 세레나 역시 '라 그랑 담'으로 부를 만하다. 그녀는 '대담한 라 그랑 담'이다. 걸프전으로 인해 경매장에 고작 네 명만이 참가했어도 그녀는 위축되지 않았다. 그녀가 소더비에 입사하기 전까지 와인 경매는 사실 크리스티의 독무대였다. 그러나 세레나의 등장으로 소더비는 삽시간에 시장의 반을 잠식하게 된다.

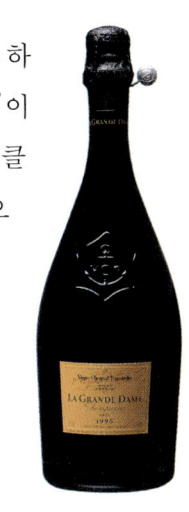

위대한 여성을 위한 샴페인 라 그랑 담. 빈티지가 좋은 해에만 출시된다.

현재 소더비의 좌장인 세레나는 환갑의 나이에도 불구하고 전세계를 돌아다니며 좋은 와인을 찾고 있다. 직접 경매사로 나서지 않을 때에도 경매장에 나타나 전화 응찰자를 상대한다. 한 명, 한 명 일대일로 상대하며 고객의 요구와 목소리에 귀를 기울인다.

그녀는 많은 경매기록을 보유하고 있다. 이를테면 세계 최대 규모의 와인 경매인 밀레니엄 셀러를 직접 경매했다. 뮤지컬의 아버지, 앤드류 웨버의 단독 경매도 직접 나섰으며, 드라이 화이트와인의 최고가 기록도 가지고 있다. 그래서 세레나 없는 소더비는 오아시스 없는 사막과도 같다고 말한다.

세레나의 담대한 성향에 많은 와인메이커들이 찬사를 보낸다. 그녀의 당찬 성격은 지난 4월 비니탈리(Vinitaly, 이탈리아 와인 전시회로서 세계 최대 규모의 전시회)에서도 여실히 드러났다. 비니탈리 40주년을 기념해서 기획된 시음회에서, 세레나는 특유의 친화력과 리더십을 발휘하여 개성 강한 최고급 와인메이커들을 한마음으로 묶었다.

'영 라이온즈(Young Lions)'라는 이름으로 한 자리에 모인 이들은 안젤로 가야, 안티노리(Antinori), 테누타 산 귀도(Tenuta San Guido) 등의 이탈리아 와인메이커와 크리스탈, 도멘 콩트 라퐁, 샤토 지스쿠르(Château Giscours) 등의 프랑스 와인메이커 등 모두 열세 명이었다. 미래의 와인 세계를 짊어지고 나갈 대표적인 와인메이커들은 이날 세레나의 진행으로 각자가 생각하는 와인의 미래에 대해 저마다의 전망을 밝혔다. 그들의 주장은 한결같았다. 즉 자연스럽게 토양의 특징을 발휘하는 와인, 즉 개성이 있어야 와인 생산자에게 미래가 있다는 것이었다.

샴페인에 특히 정통한 세레나는 "마지막 한 잔의 샴페인을 마실 수 있다면 그것은 크리스탈이 될 것이다"라고 고백한 적이 있다. 샴페인 산업이 수백 년간 발전해 오면서 뵈브 클리코 이외에 포므리 등 여러 여성의 공헌이 특히 두드러졌다 하지만, 요즘의 샴페인 업계가 그렇지 못함을 그녀는 못내 아쉬워한다.

남성들의 차지였던 와인 상거래 분야에서 그녀가 처음 일을 시작했을 때 동료들은 그녀가 그저 홍보역할 정도 할 것으로 봤다. 하지만 이제 그녀는 와인 업계의 주류로서 지대한 영향력을 미치는 실력자가 되었다.

처칠이 사랑한 샴페인, 폴 로제

마개를 따는 순간, 시원하게 터지는 탄산가스의 경쾌한 소리, 톡톡 알알이 터지는 가스 방울과 함께 마시는 산뜻한 포도주의 맛, 바로 샴페인이다. 파리를 떠나 유로 디즈니를 거치면 최고 품질의 샴페인의 도시인 에페르네가 나온다. 북위 49도에 위치한 서늘한 이곳에서 최고의 와인이 양조된다. 바로 아베뉘 드 샹파뉴(Avenue de Champagne)다.

▎명품 샴페인을 만드는 가족 회사

요즘은 전통적인 가족 경영 형태의 샴페인 회사가 드물다. 자본으로 무장한 대기업, 특히 LVMH그룹(Louis Vuitton Moet Hennessy, 루이비통모에헤네시) 같은 큰 회사들이 샴페인 하우스 사냥을 거의

원스턴 처칠과 오데트 폴 로제. ⓒ Pol Roger

마친 상태다. 이런 시기에 샴페인 회사인 폴 로제(Pol Roger)를 찾아가는 길은 떨리고 기대감이 클 수밖에 없었다.

1849년에 폴 로제는 공증인인 아버지의 고객부터 공략하여 사업을 키우게 된다. 자식들은 아버지의 이름인 폴 로제를 통째로 성으로 삼으며 유지를 받들었다. 그 이후 그들 가족의 성은 로제가 아니라 폴 로제가 되었다.

돔 페리뇽 동상이 들여다보이는 모에 샹동 건물을 지나며 잠시 점심나절에 들른 페리뇽 박물관이 주마등처럼 스쳐 간다. 이 거리에는 유명한 샴페인 회사들이 본사를 차리고 있다. 거리 뒤로 돌아가 보면 모두 커다란 공장을 따로 두고 있는데, 그 규모가 굉장하다. 페리에 주에(Perriet-Jouët) 샴페인 회사를 지나, 드디어 폴 로제에 닿았다.

거리에는 물어볼 만한 사람 누구도 지나가지 않는 저녁 시간이었다. 카메라와 삼각대를 들고 추운 바람을 맞으며 찾은 폴 로제는 깔끔한 빅토리아식 건물이었다. 입구에는 프랑스 국기와 영국 국기가 나란히 걸려 있었고, 그 위로 폴 로제의 이니셜 'PR'이 새겨져 있었다. 퇴근 시간이 지났기 때문인지 건물 내에는 사람이 없는 것 같았다. 입구에 서 있는데 한 중년신사가 성큼성큼 다가왔다. "크리스티앙 폴 로제입니다. 환영합니다." 무거운 가방을 받으며 그는 나를 응접실 같은 곳으로 안내하면서 말했다.

그는 오른손을 건네며 내게 악수를 청했다. 추운 날씨라며, 몸부터 녹이라는 말과 함께 벽난로에 마른 장작을 잔뜩 집어넣었다. 그러면서 하던 일을 마치고 올 테니 필요한 것이 있으면 말해 달라고 말했다. 시간 절약을 위해 촬영을 먼저 하겠다고 말하니, 그는 시간이 많다면서 저녁 전체 시간을 비워두었다고 했다. 듣기 좋았다. 크나큰 사업체를 지닌 기업이나 일반 회사가 아닌, 지나가는 나그네를 대하듯 따뜻한 정이 느껴지는 폴 로제와의 첫 만남은, 이렇게 따뜻한 벽난로와 배려 깊은 말 한마디로 기억된다.

| '처칠 샴페인'이 태어난 사연

폴 로제를 찾은 가장 큰 이유는 '처칠 경'이었다. 크리스티앙이 원하는 것을 말해 달라고 얘기한 순간을 놓치지 않고 난 우선 '윈스턴 처칠 경'을 부탁했다. 아니, 정확하게 말하면, '윈스턴 처칠 경 퀴베(Sir Winston Churchill Cuvée)'이다. 우리가 익히 알고 있는 위인 '처칠'이 아닌, 폴 로제 샴페인 회사의 최상위 브랜드다. 하지만 그 시작은, 짐작하는 대로 처칠로부터 시작되었다.

폴 로제와 윈스턴 처칠과의 관계는 약 60년 전에 맺어졌다. 지혜와 미모로 뭉친 손자며느리 오데트 폴 로제(Odette Pol Roger)가 그 첫 단추를 끼운 사람이다.

샴페인 가문의 여성은 유독 미망인이 많다. 특히 유명한 샴페인일수록 더 그런 것 같다. 뵈브 클리코 회사의 뵈브는 미망인을 가리키는 말이다. 클리코 여사의 능력을 자축하기 위해 회사명을 그녀 이름으로 삼을 정도다. 또한 샴페인의 드라이한 맛, 브뤼를 최초로 개발한 포므리 샴페인의 포므리 역시 미망인이다. 오데트 폴 로제도 역시 45세에 남편을 잃고 회사의 경영책임을 맡았다.

그녀도 처칠처럼 장수했는데, 89세의 나이로 세상을 떠났다. 미망인으로 산 44년 동안, 그녀는 폴 로제를 훌륭한 샴페인 반열에 올려놓았다. 그래서 그녀 역시 뵈브 클리코처럼 '위대한 여성'으로 불린다.

1944년 오데트는 어떤 파티에서 처칠과 만난다. 일흔의 처칠 눈에 33세의 폴 로제 가문의 며느리 오데트가 얼마나 사랑스럽고 귀엽게 보였을까.

오데트가 권한 1928년산 폴 로제를 마신 처칠은 그 맛에 매료되고 만다. 샴페인이라면 사양을 하지 않는 그는 이후 폴 로제를 으뜸으로 꼽게 된다. 좋은 샴페인을 맛보게 된 처칠은 자신의 경주마 이름을 오데트로 지어 와인 선사에 대한 감사를 표했다. 그후로도 여러

BY APPOINTMENT
TO H.M. QUEEN ELIZABETH II
PURVEYORS OF CHAMPAGNE
POL ROGER

영국 여왕 엘리자베스 2세는 폴 로제를 왕실의
샴페인으로 선정했다. 사진은 영국 국가의 문장.

차례 만나 우정을 확인했다. 이후로 폴 로제는 지금까지 처칠 가문
에 와인을 선사하고 있다. 이때까지만 해도 폴 로제는 그저 처칠이
지극히 애호한 샴페인이었다.

하지만 처칠이 91세의 나이로 세상을 떠나자, 샴페인의 상품 구성
에 변화가 일어났다. 물론 폴 로제가 가장 먼저 한 일은 조의를 표한
것이다. 특히 샴페인에 검은 리본을 달아 처칠의 서거를 알린 것은
참으로 드문 일이다. 보통은 샴페인은 축제 때 즐겨 마시는 음료이
기 때문에 검은 리본을 단다는 것은 쉽게 결정할 만한 일이 아니다.
그런데 폴 로제는 여기에 그치지 않았다.

처칠 서거 후 폴 로제는 최상의 브랜드를 '윈스턴 처칠 경 퀴베'로

지으며 애도를 표했다. 그랑 크뤼 밭의 우량 포도를 단 한 번만 압착한 후 나온 즙으로 양조한 와인이다. 오크통을 전혀 사용하지 않고, 포도의 싱그러움을 기초로 삼아 8년 동안 숙성시킨 '처칠 샴페인'은 생전의 처칠의 입맛에 따라 피노 누아가 많이 혼합되어 있어 입안에 꽉 차는 풍성함이 그 매력이다.

노벨문학상을 수상할 정도로 문예에도 출중한 처칠은 그가 남긴 말로도 두고두고 회자되는 사람이다. 그의 샴페인에 대한 찬사는 타의 추종을 불허한다. "한 잔의 샴페인은 유쾌함을 주고, 용기를 북돋우며, 상상력을 자극하며 재치가 넘치게 한다"는 말은 너무나 유명하다. 또한 나폴레옹의 말을 회상하며 이렇게도 말했다. "난 샴페인 없이 못 살 것 같다. 샴페인은 승리에는 마실 자격이 되고, 패배에도 필요하다."

처칠은 승리에 대한 강한 집념으로 생전에 영국 국민의 우상이었다. 그는 독일과의 타협을 거부했지만, 아내와는 타협하지 않을 수 없었다. 그토록 좋아하는 샴페인을 마시기 위해서였다. 그는 매일 샴페인을 한 병씩 마셨다 한다. 처칠이 위대한 인물이 아니라 그냥 평범한 노인이었다면, 다들 알코올 중독자라고 생각했을 것이다. 그의 아내가 마시지 못하게 얼마나 노력했을지 짐작하고도 남는다.

처칠은 아내를 설득하기 위해 절묘한 한 병을 만들어냈다. 그것은 한 병과 반병의 딱 절반으로, 아내가 원하는 반병보다는 좀 크고, 아내가 걱정하는 한 병보다는 좀 작은 새로운 크기였다. 처칠 부부의 황금분할 소식을 들은 오데트는 영국 맥주에 주로 쓰이는 임페리얼 파인트(Imperial Pint, 약 0.57리터) 규격의 샴페인을 만들어 처칠 부부에게 보내주었다. 하지만 처칠 사후에는 더 이상 임페리얼 파인트를 생산하지 않았다.

"미세한 기포가 끊임없이 올라오는 게 좋은 샴페인이죠." 크리스티앙 폴 로제.

폴 로제의 세계를 맛보다

우리는 응접실을 떠나 시음실로 자리를 옮겼다. 크리스티앙은 미리 여러 종류의 와인을 테이블 위에 준비해 놓았다. 우선 빈티지가 없는 샴페인이 두 종류였다. 하나는 브뤼 리저브(Brut Reserve), 또 하나는 리치(Rich)였다. 구별하자면, 달지 않은 맛을 지닌 브뤼 리저브와 단맛을 지닌 리치로 구분하면 쉬울 것이다.

빈티지 샴페인으로는 1998년 브뤼 빈티지와 1998년 샤르도네 빈티지 두 가지였다. 윈스턴 처칠 경 퀴베 1995년산도 역시 시음했다. 포도가 익어가며 당분이 높아지더라도 일정 수준의 산미를 확보하는 게 가장 중요하다고 크리스티앙은 말한다. 전반적으로 상쾌하고 쾌활하지만 질감이 있고 힘이 있는 샴페인이었다.

특히 처칠은 입 안으로 전해오는 풍성하고 강한 느낌이 좋았다. 묵은 김치를 지지면 풍겨 나오는 묵은 향기가 처칠에서도 났다. 그 향기는 마음을 훈훈하게 하는 정감어린 향이다. 몇 년 전, 반 이하로 크게 세일하는 샴페인을 왕창 사놓고 겨울 내내 김치찌개에 곁들여 마시던 게 생각났다. 묵은 김치찌개와 샴페인을 함께 맛보시라. 이스트의 묵은 향이 세련되게 진화한 발효 과학은 우리 조상들의 탁월한 입맛과 일맥상통함을 발견하리라.

폴 로제를 맛본 후, 우리는 늦은 저녁을 하러 밖으로 나왔다. 식당은 내가 묵고 있는 호텔로 정했다. 그는 거기 소믈리에가 실력도 좋고 유머도 있다며 가보자고 했는데, 나중에 알고 보니 내일이면 한국으로 돌아가는 나의 일정을 배려한 것 같았다.

나는 알자스식 족발을 시켰다. 와인을 고르라는 크리스티앙의 말에 폴 로제를 가리켰다. 폴 로제 이외에 어떤 와인도 주문할 수 없었다. 우선 그가 내게 대접하려는데 그의 와인을 주문하지 않는 것은 예의가 아니라고 생각했다. 그리고 족발찜과 샴페인이 제법 어울릴 거라 생각했다. 추운 날씨에 족발찜과 샴페인을 곁들이면서 열흘간의 와인 여정은 서서히 종착지점에 도착하고 있었다.

처칠과의 관계를 소중히 여긴 폴 로제는 최고 샴페인의 이름을 '윈스턴 처칠 경 퀴베'라고 정했다. 병 어깨 부분에 이름표가 붙어 있다. © Pol Roger

가볼만한 와인 명소

◆ 추천 레스토랑

팔레드고몽 _ 유행을 좇는 청담동에서 정통을 추구하는 고지식한 영화전공자 서현민 대표의 섬세한 취향이 반영된 레스토랑으로 우리나라에 이보다 더 잘 갖추어진 곳은 없다. 최근 완성한 와인셀러가 그 마침표를 찍었다.
1999년 12월 오픈. 프렌치 레스토랑. 무료발레주차, 546-8877

더레스토랑 _ 국제갤러리의 부업으로 시작되었지만, 빠른 시간 내에 자리를 잡은 레스토랑으로 와인바와 카페까지 한 지붕에 있어 대표적인 강북의 필수 코스이다. 일본인 주방장의 경험이 잘 표현되는 프렌치 이탈리언 레스토랑. 무료발레주차, 735-8441

민가다헌 _ 타임머신을 타고 구한말로 가보고 싶다면 여기만한 곳이 또 있을까? 널직한 마당에 자리잡은 한옥에 서 있어도 즐겁고, 앉아도 즐거운 코리안 퓨전 레스토랑.
인근 주차장 무료주차, 733-2966

코너스톤 _ 소리소문 없이 오픈한 파크 하얏트 호텔 내 프렌치 이탈리언 레스토랑. 자체 개발한 딥이 이국적인 맛을 내며, 신선한 재료를 고르는 솜씨가 돋보인다. 무료주차, 2016-1221

와라이 _ 단아한 실내 분위기만큼이나 깔끔한 계절 특선 요리가 일품. 스시 카운터가 별도로 마련된 모리방에서 총 주방장이 직접 초밥을 말아주는 정통 일식 레스토랑.
무료발레주차, 3448-5100

◆ 추천 와인바

비노비노 _ 우리나라에 이탈리아 와인의 매력을 알린 수입상 비노비노가 직영하는 와인바. 합리적인 가격으로 이탈리아의 다양한 와인을 맛볼 수 있는 곳은 여기뿐. 발레주차. 518-7874

카사델비노 _ 트렌디한 청담동에서도 뒤지지 않는 감각을 지닌 우리나라 와인바의 1번지로 저렴한 가격이 큰 장점. 컨셉 있는 시음회로 애호가들을 실망시키지 않는다.
발레주차. 542-8003

베레종 _ 수년간의 프랑스 생활이 와인바 오픈의 원천이라 여긴다면 그건 오산. 남다른 호기심과 열정이 무기. 후한 주인장 인심과 범상치 않은 안주인의 음식 솜씨를 응접실처럼 밝은 곳에서 즐기는 곳. 주차. 552-8016

나오스 노바 _ 컨템포러리 아트가 건물 여기저기 숨어 있는 이름(나오스 노바, 새로운 신전)처럼 신비로운 공간. 역할을 정확하게 인식하는 소믈리에의 서비스를 받을 수 있다.
무료발레주차. 754-2202

뱅가 _ 복합 와인문화 공간인 포도플라자의 지하에 위치한 신생 와인바. 음식에 소홀할 수밖에 없는 와인바의 콤플렉스를 뛰어넘으려는 시도가 돋보인다. 와인칼럼니스트 김혁이 작성한 와인 메뉴를 구경하시라. 발레주차. 516-1761

에필로그

와인처럼 깊은맛

몇해 전, 독일 모젤에 간 적이 있다. 일면식도 없는 사람들과 함께 떠나는 여행이었다. 모젤 강변을 달리고 있었다. 우리는 버스를 타고 있었는데, 서로 간단하게 자기소개를 하자는 얘기가 나왔다. 내 차례가 되었다. 원래대로라면 일행들에게 나에 대한 이야기를 하는 시간이었지만, 나는 스스로에게 다짐하듯 조용히 몇 마디 했다.

"모든 와인을 다 오래 묵히진 못하죠. 모든 인간 역시 나이 든다고 성숙되지 않습니다. 전 그저 묵을수록 향내 나는 사람이 되고 싶습니다. 아주 천천히 익어가는, 그래서 깊은 맛이 나는 사람 말입니다."

어떤 식도락가가 특급 와인에게서는 광채가 난다고 말했던 것 같다. 난 광채는 아니더라도 와인을 벗 삼아 언제나 눈빛이 살아 있는 사람이고 싶다. 무언가를 채우려 혈안이 된 눈빛이 아니라 그저 유쾌하게 매진하는 눈빛이고 싶다.

그건 포도원 농부가 하루 종일 밭에서 지내며 어떤 가지를 쳐 낼까 궁리하는 눈빛이고, 어떤 송이를 솎아낼지 결정하는 눈빛이다. 보르도에서 샤토 라플레르를 빚고 있는 자크 기노도의 눈빛이 그러했다. 토스카나에서 페르칼로를 빚는 루카 역시 그랬다. 맑고 깔끔한 와인의 맛은 주인의 눈동자를 연상시킨다. 와인의 본질을 그대로 잔에 담아내는 솜씨를 보면 알 수 있다.

또한 나는 니콜라 졸리가 자신은 와인 양조자가 아니라 자연 보조자일 뿐이라고 새긴 명함에서, 로베르토 보에르초가 자신은 그저 포도 재배에 재주가 있는 촌부일 뿐이라고 고백하는 것에서 사람이 지닌 깊은 맛을 알 수 있었다. 그들은 하늘이 와인을 만든다고 믿고 있으며, 최선을 다하지만 겸손한 마음으로 인내하며 결과를 기다리는 사람들이다.

이김천이라는 한국화가가 있다. 그의 소망은 듣는 만큼 그리는 것이다. 밝은 그의 두 귀가 들은 그대로를 손가락으로 그려내고 싶어 한다. 그는 소리를 애호한다. 그리고 음향을 조율할 줄 안다. 홀로 묵상하며 듣는 소리의 감흥을 화폭에 옮기는 것이 그의 목표다. 그는 실로 들은 만큼 그릴 수 있기를 소원하고 있다.

나는 와인경매사다. 그래서 와인을 맛본 후 그 느낌을 제대로 표현할 수 있으면 얼마나 좋을까, 바라고 또 바란다. 그것은 성공에의 열망이 아니라, 와인의 맛과 향 그대로를 원고지에 옮기고 싶은 소박한 한 남자의 작은 소망이다. 그래서 책에 붉은 와인의 향기가 또박또박 인쇄되기를 바란다. 내 글에 감추어진 색깔을 보면서, 내 글에 감추어진 향취를 맡으며 모든 사람들의 인생에 와인이 가르쳐준 삶의 진짜 향내를 함께 나누기를 기대한다.

와인, 나이듦에 대하여, 그것이 숙성한다는 것.
사람, 나이듦에 대하여, 그가 성숙한다는 것.

프랑스 원산지의 모든 것

▫ 보르도 전역

원산지명	레드	화이트	로제	스파클링	귀부
Bordeaux	●	○			
Bordeaux Supérieur	●	○			
Bordeaux Clairet	●				
Bordeaux Supérieur Clairet	●				
Bordeaux Rosé			●		
Bordeaux Supérieur Rosé			●		
Bordeaux Mousseux		스파클링	스파클링		
Crémant de Bordeaux		스파클링	스파클링		
Bordeaux Sec		○			

▫ 앙트르-두-메르(Entre-Deux-Mers)

지역	원산지명	레드	화이트	로제	스파클링	귀부
전역(全域)	Entre-Deux-Mers		○			
	Entre-Deux-Mers Haut-Benauge		○			
	Bordeaux Haut-Benauge		○			
가론느 강 우안	Premières Côtes de Bordeaux	● 반쯤 단맛				
	Premières Côtes de Bordeaux +Commune	●				
	Cadillac					●
	Loupiac					●
	St-Croix-du-Mont					●
	Côtes de Bordeaux St.-Macaire		반쯤 단맛			
도르도뉴 강 좌안	Grave de Vayres	●	○			
	Ste-Foy-Bordeaux	●	○			

▫ 생테밀리옹과 포므롤(St.Émilion et Pomerol)

지역	원산지명	레드	화이트	로제	스파클링	귀부
St-Émilion	St-Émilion	●				
	St-Émilion Grand Cru	●				
St-Émilion Saterites	Lussac St-Émilion	●	○			
	Montagne St-Émilion	●				
	Puisseguin St-Émilion	●				
	St-Georges St-Émilion	●				
Pomerol	Pomerol	●				
	Lalande-de-Pomerol	●				
Others	Fronsac	●				
	Canon-Fronsac	●				
	Côtes de Castillon	●				
	Néac	●				
	Bordeaux Côtes de Francs	●	○			

□ 메독과 그라브(Médoc et Graves)

지역	원산지명	생산지	레드	화이트	로제	스파클링	귀부
Graves			●	○			
				반쯤 단맛			
	Pessac-Léognan		●	○			
		Pessac					
		Léognan					
Graves		Talence					
Supérieures		Martillac					
		Codaujac					
		Villenave-d'Ornon					
	Sauternes						●
		Sauternes					
		Fargues					
		Preignac					
		Bommes					
	Barsac						●
	Cérons						●
Médoc			●				
Haut-Médoc			●				
	주요산출마을명	Ludon					
		St Laurent					
		Macau					
	Margaux		●				
		Margaux					
		Contenac					
		Labarde					
		Arsac					
	Moulis		●				
	Listrac-Médoc		●				
	St-Julien		●				
	Pauillac		●				
	St-Estéphe		●				

□ 부르와 블라예(Bourg et Blaye)

지역	원산지명	레드	화이트	로제	스파클링	귀부
Bourg	Bourg	●	○			
	Côtes de Bourg	●	○			
Blaye	Blaye	●	○			
	Côtes de Blaye		○			
	Premières Côtes de Blaye	●	○			

	레드	화이트	로제
Bourgogne	●	○	●
Bourgogne Passe-tout-grains	●		●
Bourgogne Clairet	●		
Bourgogne Rosé			●
Bourgogne Aligoté		○	
Bourgogne Ordinaire/Bourgogne Grand Ordinaire	●	○	●
Bourgogne Ordinaire Clairet/Bourgogne Grand Ordinaire Clairet	●		
Bourgogne Ordinaire Rosé/Bourgogne Grand Ordinaire Rosé			●
Crémant de Bourgogne		○	●
Bourgogne Mousseux	●		

▫ 코트 드 뉘(Côte de Nuits)

지역	마을	1급(Premier Cru)	특급(Grand Cru)	레드	화이트	로제
	Marsannay			●	○	
	Marsannay rosé					●
	Fixin			●	○	
		Fixin 1er Cru		●	○	
	Geverey-Chambertin			●		
		Geverey-Chambertin 1er Cru		●		
			Mazis-Chambertin	●		
			Ruchottes-Chambertin	●		
			Chambertin-Clos de Bèze	●		
			Chambertin	●		
			Chapelle-Chambertin	●		
			Griotte-Chambertin	●		
			Chambertin-Clos de Bèze	●		
			Mazoyères-Chambertin	●		
			Latricières-Chambertin	●		
	Morey-St-Denis			●		
		Morey-St-Denis 1er Cru		●		
			Clos de la Roche	●		
			Clos St-Denis	●		
			Clos de Lambrays	●		
			Clos de Tart	●		
			Bonnes-Mares(일부)	●		
	Chambolle-Musigny			●		
		Chambolle-Musigny 1er Cru		●		
			Bonnes-Mares(일부)	●		
			Musigny	●		

지역	마을	1급(Premier Cru)	특급(Grand Cru)	레드	화이트	로제
	Vougeot			●		
		Vougeot 1er cru		●		
			Clos de Vougeot	●		
	Flagey-Échézeaux			●		
		Flagey-Échézeaux 1er Cru		●		
			Échézeaux	●		
			Grands-Échézeaux	●		
	Vosne-Romanée			●		
		Vosne-Romanée 1er Cru		●		
			La Grande Rue*	●		
			Richebourg	●		
			La Romanée*	●		
			Romanée-Conti*	●		
			Romanée-St-Vivant	●		
			La Tâche*	●		
	Nuits-St-Georges			●	○	
		Nuits-St-Georges 1er Cru		●	○	
	Côte de Nuits-Villages			●	○	
Bourgogne Hautes Côtes de Nuits				●	○	
Bourgogne Clairet Hautes Côtes de Nuits				●		
Bourgogne Rosé Hautes Côtes de Nuits						●

· 화이트의 Grand Cru는 Musigny뿐임.
· *는 모노폴(monopole)을 나타냄.

□ 코트 드 본(Côte de Beaune)

지역	마을	1급(Premier Cru)	특급(Grand Cru)	레드	화이트	로제
	Ladoix-Serrigny			●	○	
		Ladoix-Serrigny 1er Cru		●	○	
			Corton(일부)	●	○	
			Corton-Charlemagne(일부)		○	
	Aloxe-Corton			●	○	
		Aloxe-Corton 1er Cru		●	○	
			Corton(일부)	●	○	
			Corton-Charlemagne(일부)		○	
			Charlemagne(일부)		○	
	Pernand-Vergelesses			●	○	
		Pernand-Vergelesses 1er Cru		●	○	
			Corton(일부)	●	○	
			Corton-Charlemagne(일부)		○	
			Charlemagne(일부)		○	
	Savigny-lès-Beaune			●	○	
		Savigny-lès-Beaune 1er Cru		●	○	

	●	○
Chorey-lès-Beaune	●	○
Beaune	●	○
Beaune 1er Cru	●	○
Côte de Beaune	●	○
Côte de Beaune 1er Cru	●	○
Pommard	●	
Pommard 1er Cru	●	
Volnay	●	
Volnay 1er Cru	●	
Meursault	●	○
Meursault 1er cru	●	○
Blagny	●	
Blagny 1er cru	●	
Monthélie	●	○
Monthélie 1er cru	●	○
St-Romain	●	○
Auxey-Duresses	●	○
Auxey-Duresses 1er cru	●	○
St-Aubin	●	○
St-Aubin 1er cru	●	○
Puligny-Montrachet	●	○
Puligny-Montrachet 1er cru	●	○
Montrachet(일부)		○
Bâtard-Montrachet(일부)		○
Chevalier-Montrachet		○
Bienvenues-Bâtard-Montrachet		○
Chassagne-Montrachet	●	○
Chassagne-Montrachet 1er cru	●	○
Montrachet(일부)		○
Bâtard-Montrachet(일부)		○
Criots-Bâtard-Montrachet		○
Santenay	●	○
Santenay 1er cru	●	○
Maranges	●	○
Maranges 1er cru	●	○
Côte de Beaune-Villages/Côte de Beaune+commune… 14개 마을	●	
Bourgogne Haute Côtes de Beaune	●	○
Bourgogne Clairet Haute Côtes de Beaune	●	
Bourgogne Rosé Haute Côtes de Beaune		●

□ 마코네(Mâconnais)

지역　마을　1급(Premier Cru)	특급(Grand Cru)	레드	화이트	로제
Mâcon		●	○	●
Mâcon-Supérieur		●	○	●
Pinot-Chardonnay Mâcon			○	
Mâcon+Commune		●	○	●
Mâcon-Villages			○	
St-Véran*			○	
Pouilly-Fuiss			○	
Pouilly-Loché			○	
Pouilly-Vinzelles			○	
Viré-Clessé			○	

□ 샤블리와 오세르(Chablis et Auxerrs)

지역　마을　1급(Premier Cru)	특급(Grand Cru)	레드	화이트	로제
Petit Chablis(최저 알콜 농도 9.5%)			○	
Chablis(10.0%)			○	
Chablis Premier Cru(10.5%)			○	
	Chablis Grand Cru(11.0%)		○	
	Bougros/Les Preuses/			
	Vaudésir			
	Grenouilles/Valmur/			
	Les Clos/Blanchots			
Bourgogne Côtes d'Auxerre		●	○	
Bourgogne Clairet Côtes d'Auxerre		●		
Bourgogne Rosé Côtes d'Auxerre				●
Irancy		●		
Sauvignon de St-Bris*			○	

* 소비뇽블랑으로 양조

□ 코트 샬로네즈(Côte Chalonnaise)

지역 마을 1급(Premier Cru)	특급(Grand Cru)	레드	화이트	로제
Bourgogne Côte Chalonnaise		●	○	
Bourgogne Clairet Côte Chalonnaise		●		
Bourgogne Rosé Côte Chalonnaise				●
Bouzeron(Bourgogne Aligoté Bouzeron)			○	
Rully(레드 10.5%/화이트 11.0%)		●	○	
Rully 1er Cru(레드 11.0%/화이트 11.5%)		●	○	
Mercurey(레드 10.5%/화이트 11.0%)		●	○	
Mercurey 1er Cru(레드 11.0%/화이트 11.5%)		●	○	
Givry(레드 10.5%/화이트 11.0%)		●	○	
Givry 1er Cru(레드 11.0%/화이트 11.5%)		●	○	
Montagny(11.0%)			○	
Montagny 1er Cru(11.5%)			○	

□ 보졸레(Beaujolais)

지역 마을 1급(Premier Cru)	특급(Grand Cru)	레드	화이트	로제
Beaujolais		●	○	●
Beaujolais-Supérieur		●	○	●
Beaujolais Villages/Beaujolais+Commune		●	○	●
St-Amour		●		
Juliénas		●		
Chénas		●		
Moulin-à-Vent		●		
Fleurie 총칭: Crus du Beaujolais		●		
Chiroubles		●		
Morgon		●		
Régnié		●		
Brouilly		●		
Côte de Brouilly		●		

*이 표는 아카데미 뒤 뱅, 『와인수험강좌』, 미술출판사(일본, 2003)를 참조했다.

Anderson, Burton, *Best Italian Wines*, Little, Brown and Company(2001)

Belfrage, Nicolas, *Brunello to Zibibbo: The Wines of Tuscany, Central and Southern Italy*, Mitchell Beazley(2004)

Broadbent, Michael, *Vintage Wine*, Harcourt, INC.(2002)

Brook, Stephen et al., *A Century of Wine*, Mitchell Beazley(2000)

Dominé, André et al., *Wine*, Barnes & Noble(2004)

Faith, Nicholas, *The Winemasters of Bordeaux*, Prion Books Limited(1999)

Gabler, James M., *Passions: The Wines and Travels of Thomas Jefferson*, Bacchus Press(1995)

Johnson, Hugh & Robinson, Jancis, *The World Atlas of Wine*, Mitchell Beazley(2001)

Johnson, Hugh, *Story of Wine*, Mitchell Beazley(1998)

Joly, Nicolas, *Wine: from Sky to Earth*, Acres U.S.A.(1999)

Jukes, Matthew, *Wine*, Headline Book Publishing(1999)

Kramer, Matt, *Making Sense of Wine*, William Morrow and Company(1989)

Loftus, Simon, *The Anatomy of the Wine Trade*, Harper & Row Publishers(1985)

McCoy, Elin, *The Emperor of Wine*, HarperCollins Publishers(2005)

Oldman, Mark, *Oldman's Guide to Outsmarting Wine*, Penguin(2004)

Payne, Joel & Diel, Armin, *The Guide to German Wines*, Gault Millau(2005)

Perdue, Lewis, *The Wrath of Grapes*, Avon Books, INC.(1999)

Peynaud, Emile, *The Taste of Wine*, The Wine Appreciation Guild LTD.(1987)

Prial, Frank J., *Decantations*, St. Martin's Press(2001)

Ray, Cyril, *Lafite*, Stein and Day(1969)

Robinson, Jancis et al., *The Oxford Companion to Wine*, Oxford University Press(1999)

Rosen, Jannifer, Waiter, *There's a Horse in My Wine*, Dauphin Press(2005)

Sokolin, William, *Liquid Assets*, Macmillan Publishing Company(1987)

Sokolin, William, *The Complete Wine Investor*, Prima Publishing (1998)

Spurrier, Steven & Ward, Joseph, *How to buy fine wines*, Stephen Greene Press(1987)

Steinberg, Edward, *The Vines of San Lorenzo*, L'Artistica Savigliano(2004)

찾아보기

올 댓 와인

초판 1쇄 2006년 6월 26일
초판 18쇄 2022년 11월 30일

지은이 | 조정용
펴낸이 | 송영석

주간 | 이혜진
기획편집 | 박신애 · 최예은 · 조아혜
외서기획편집 | 정혜경 · 송하린
디자인 | 박윤정 · 유보람
마케팅 | 김유종 · 한승민
관리 | 송우석 · 전지연 · 채경민

펴낸곳 | (株)해냄출판사
등록번호 | 제10-229호
등록일자 | 1988년 5월 11일(설립일자 | 1983년 6월 24일)

04042 서울시 마포구 잔다리로 30 해냄빌딩 5 · 6층
대표전화 | 326-1600 **팩스** | 326-1624
홈페이지 | www.hainaim.com

ISBN 978-89-7337-753-4

파본은 본사나 구입하신 서점에서 교환하여 드립니다.